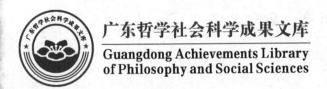

金融脆弱性、金融传染与金融投机攻击

JINRONG CUIRUOXING JINRONG CHUANRAN YU JINRONG TOUJI GONGJI

刘慧悦 著

·广州·

版权所有　翻印必究

图书在版编目（CIP）数据

金融脆弱性、金融传染与金融投机攻击/刘慧悦著. —广州：中山大学出版社，2020.12

（广东哲学社会科学成果文库）

ISBN 978-7-306-07071-5

Ⅰ.①金… Ⅱ.①刘… Ⅲ.①金融—研究—中国 Ⅳ.①F832

中国版本图书馆 CIP 数据核字（2020）第 227815 号

出　版　人：	王天琪
策划编辑：	金继伟
责任编辑：	廖丽玲
封面设计：	曾　斌
责任校对：	黄浩佳
责任技编：	何雅涛
出版发行：	中山大学出版社
电　　话：	编辑部 020-84111997，84110283，84110776，84110779
	发行部 020-84111998，84111981，84111160
地　　址：	广州市新港西路 135 号
邮　　编：	510275　传　真：020-84036565
网　　址：	http://www.zsup.com.cn　E-mail：zdcbs@mail.sysu.edu.cn
印　刷　者：	佛山家联印刷有限公司
规　　格：	787mm×1092mm　1/16　20 印张　388 千字
版次印次：	2020 年 12 月第 1 版　2020 年 12 月第 1 次印刷
定　　价：	78.00 元

如发现本书因印装质量影响阅读，请与出版社发行部联系调换

《广东哲学社会科学成果文库》
出版说明

  《广东哲学社会科学成果文库》经广东省哲学社会科学规划领导小组批准设立，旨在集中推出反映当前我省哲学社会科学研究前沿水平的创新成果，鼓励广大学者打造更多的精品力作，推动我省哲学社会科学进一步繁荣发展。它经过学科专家组严格评审，从我省社会科学研究者承担的、结项等级"良好"或以上且尚未公开出版的国家哲学社会科学基金项目研究成果，以及广东省哲学社会科学规划项目研究成果中遴选产生。广东省哲学社会科学规划领导小组办公室按照"统一标识、统一封面、统一形式、统一标准"的总体要求组织出版。

广东省哲学社会科学规划领导小组办公室
2017 年 5 月

序

自20世纪后半期开始,世界各国纷纷爆发了金融危机,金融危机的成因和表现形式也发生了很大的变化。特别是2007年以来,美国"次贷危机"引发的全球金融危机更是使各国深受其累,由此导致世界经济发生严重动荡,也引发了大量关于金融危机成因、金融风险防范以及虚拟经济和实体经济关联的研究。在诸多研究中,一种形成共识的观点认为,金融系统本身存在着一定的脆弱性。在现今这样的时代背景下,金融全球化、金融自由化和金融创新在推动经济发展的同时也加大了金融脆弱性。金融脆弱的内生性导致了金融投机攻击的易发性和危机传染的扩散性,开放经济下金融投机攻击的频发和金融传染范围的扩大又进一步破坏了各国金融系统稳定,由此形成了恶性循环。因此,基于金融风险管理的经济风险管理成为国家宏观经济管理的首要目标。

党的十九大报告将"深化金融体制改革,增强金融服务实体经济能力""提高直接融资比重,促进多层次资本市场健康发展""健全货币政策和宏观审慎政策双支柱调控框架,深化利率和汇率市场化改革"以及"健全金融监管体系,守住不发生系统性金融风险的底线"作为深化金融改革、加快完善社会主义市场经济体制的目标,旨在建立功能完善、运行稳定、能够有效促进实体经济发展的金融体系,这对处于国内外金融环境复杂、各种金融冲击和干预频发的金融发展阶段的中国而言,将是一个艰巨的理论探索和现实挑战。2017年11月,央行官网发表周小川行长的《守住不发生系统性金融风险的底线》,对当前中国金融业面临的风险进行了分析,文中指出,我国当前和今后一个时期内尚处于金融风险易发高发期,在国内外多重因素的压力下,风险点多面广,呈现隐蔽性、复杂性、突发性、传染性、危害性特点,结构失衡问题严重,违法违规乱象丛生,潜在风险和隐患正在不断积累,脆弱性明显上升,既要防止"黑天鹅"事件发生,也要防止"灰犀牛"风险发生。

本书在理论上和经验上系统地描述和检验金融脆弱性、投机攻击易发性、危机传染扩散性、金融危机内生性和国家经济风险管理等重大金融问题，给出金融危机内生性的表现方式、投机攻击的组合工具、金融风险传染的多种渠道，校验一些重要的金融理论命题和经济理论模型，并在实证检验中寻求我国金融体系中的重要"典型化事实"，为重新审视现代金融体制、市场运行机制和金融监管体系等提供理论支持和经验证据，并从广义角度给出金融发展与经济增长之间的相互影响关系，获得一些关于虚拟经济和实体经济之间的关联机制、宏观经济总量之间的相关性等重大问题的认识和发现，这些研究对于探究金融流动性失衡条件下国家之间金融风险控制和金融风险管理的有效合作机制，保证国家之间经济政策体系与宏观调控目标之间的合作性和相容性，降低国家之间金融投机攻击的易发性和金融危机传染的扩散性等，具有重要的理论意义和决策价值。

首先，本书对金融脆弱性一般理论框架和经典模型进行了介绍和梳理，将金融脆弱性的理论按照传统信贷市场的视角与金融市场的视角进行划分和归纳。传统信贷市场的主要理论包括：明斯基（Minsky）的金融不稳定假说、克瑞格（Kregel）的安全边界假说、银行的顺周期行为理论、银行挤兑论、Allen 和 Gale 的金融脆弱性模型。金融市场的脆弱性理论则主要是针对资产价格波动及其联动效应的研究，包括资产价格波动理论、汇率超调理论、价格波动的关联性理论等。

其次，本书对货币危机的四代理论模型进行了梳理和总结，对其进行了有效的引申和评价，在此基础上深入探讨了货币危机的微观作用机理和宏观传染模型。货币危机理论模型主要经历了四代的发展：第一代模型是无抵御政策和抵御政策模型，认为宏观基本因素的恶化是导致货币危机的主要原因；第二代是阶段性条件政策模型，认为货币危机的诱因主要是预期因素；第三代模型以道德风险模型、证券组合投资资本项目危机模型和羊群模型为代表，是从微观的角度对货币危机的解读；第四代模型则主要强调资产价格波动在金融危机爆发过程中的作用，同时也说明了金融规则与金融制度对金融体系的重要影响。对于货币危机的微观作用机理，为了深入了解金融传染的作用机制，本书对 Mendoza 等（2009）的模型进行扩展，加入结构化的金融机构，分析在资产负债表剧烈变动时，金融部门怎样将金融风险传递给其他微观主体并如何发生作用。同时，本书通过一个简单的两国模型对货币危机的宏观传染机制进行了解读。

对于金融脆弱性的研究，应以金融脆弱性水平的测度作为研究的起点和基础。为系统判断我国金融脆弱性的程度，本书对我国金融脆弱性的区间特征进行甄别。根据我国金融体系发展的特点、现阶段金融业发展的实际以及相关金融经济指标数据获得情况，本书借鉴传统的金融脆弱性指标体系，构建了我国金融脆弱性指数的指标体系。结果表明，1999年以来，我国的金融脆弱性指数一直处于上升趋势，这与我国的金融自由化进程息息相关。在此基础上，为了更为清晰地说明我国金融脆弱性波动的复杂动态结构，选用Markov区制转移模型对金融脆弱性指数路径的动态属性进行识别。研究的结果较好地模拟了金融脆弱性在"低脆弱性区制"和"高脆弱性区制"之间的变化过程，识别出我国金融脆弱性在区制转移过程中经历的两次比较明显的高脆弱性阶段。同时，模型的估计结果也刻画了金融脆弱性在"低脆弱性区制"和"高脆弱性区制"中的持续期，不同的持续期说明了金融脆弱性的冲击存在非对称性。因此，在金融风险管理中也应当采用有区别的政策工具。

对于一国而言，稳健的金融系统往往会呈现这样的特征：金融系统能够承受一定冲击，且能为投资者保证有利可图的投资机会，金融风险不易被传染且金融冲击扰动在金融体系内不易被放大。宏观审慎的监管方法也强调了金融稳定的关键在于金融体系基本功能得到充分发挥。本书在第六章的内容中，首先梳理了金融脆弱性的传导机制。在此基础上，根据实体经济与虚拟经济之间的传导机制，采用时变参数向量自回归模型研究实际产出增长率与金融变量之间的动态响应机制。检验的结果说明，虚拟经济和实体经济存在显著的关联性，金融的发展能够加速实体经济的财富积累过程，而实体经济对虚拟经济也存在影响，古典两分法在我国的经济发展中并不适用。从金融加速器与实际产出周期的长短期非对称性检验结果来看，实际产出增长率冲击确实能够影响金融变量，但是比较明显的是，实际产出增长率对金融变量的冲击并没有金融变量对实体经济的冲击作用大，金融加速器效应更为明显。同时，从冲击反应函数的时序特征来看，不同的经济发展阶段，冲击作用的强度和方向也在发生改变。

20世纪70年代后，国际资本频繁流动已经成为世界经济运行的一个显著特征。对于一国而言，资本流动性的增强能够加强资本要素的配置和周转速度，但也对国家资本的配置和流动性管理提出了新的挑战。近些年的金融危机，特别是2007年"次贷危机"引发的全球金融危机，使得流动性在金融风险中的作用引起研究者的关注，流动性问题正在成为影响世界金融稳定的重要因素。而流动性的内涵也在不断更新，流动性不足或流动性过剩的衡量，以及两者之间的瞬间逆转、在不同的经济部门之间存在的异质性，这些问题都可能导致金融脆弱性，从而引发实体经济波动。第七章对我国的宏观流动性进行了分析，说明国际资本流动在一国实体经济影响中的作用机制及流动性风险层次，总结了流动性结构失衡的典型事实，在此基础上，采用扩增因子向量自回归模型衡量我国宏观流动性并对影响宏观流动性的影响因素进行了检验，区分了我国资本流动在不同政策和市场环境中的变化路径。检验的结果说明，在资本项目尚未完全放开的背景下，各影响因素对于资本流动的影响均受到政策体制约束。

1994年的墨西哥金融危机和1997年的东南亚金融危机的经验证明，各国的货币当局在与国际游资的对抗过程中都受到了毁灭性的打击。国际游资利用金融杠杆打击一国金融系统，掠夺国家财富，使国际金融秩序受到严重威胁。为说明宏观经济中的金融投机行为，本书第八章沿用了Corsetti和Mackowiak（2006）以及Burnside等（2001，2006）的研究思路，将金融投机攻击引致的货币危机看成货币政策和财政政策协调失败的结果。在开放经济模型中引入政策转移机制，假定政策组合出现转换，投机攻击就会发生作用。通过对模型的分析，说明了固定汇率制度崩溃的原因。从经济政策组合机制角度和宏观调控机制方面，提供国家经济风险度量和管理的理论观点和经验证据。在模型的分析中，可以发现，当采用积极货币政策时，开放经济模型采用固定汇率制，而出现经济政策组合方式转变之后，固定汇率制将被迫向浮动汇率制转变，名义利率急剧上升，国债规模也快速增长，名义汇率也随之膨胀，出现加速攀升的通货膨胀，进而引发货币危机。

随着金融市场自由化、一体化程度提高，金融机构之间相互持有资产，资产价值相互关联在一起，一国金融体系的冲击将会急速扩散到它国的金融体系甚至实体经济中。早在1997年金融危机之后，对于金融传染的研究已经开始。随着近些年金融产品的不断完善，金融系统的复杂性更强，全球化进程的加快也加剧了金融传染的发生。此外，"次贷危机"之后的全球金融危机以及欧债危机的陆续爆发，使人们对金融传染的危害性和研究金融传染的必要性也有了进一步的认识。第九章主要探讨不同国家金融部门之间的传染，并对国际股票市场上的金融传染的动态相关性进行了研究，结果表明各国股票市场的条件相关系数存在一个显著的增长，金融传染现象在2007—2009年金融危机发生期间尤为显著。通过对三段金融危机爆发期的金融传染的动态关联系数与"正常状态下"的条件关联系数进行对比，可以发现，在金融危机爆发期，美国股票市场的波动对亚洲股票市场的影响更大。同时，说明了当代金融危机的新特征以及在开放经济条件下，一国在金融风险管理过程中不仅需要防范经济系统内生脆弱性，也要防范单一国家与他国之间由于金融传染产生的溢出效应。

党的十八大以来，我国金融市场逐步成熟、发展和壮大，目前已经形成了覆盖本币与外币、短期产品与长期产品、现货与衍生品的分层有序、互为补充的多层次金融市场体系。随着十九大报告为资本市场改革与发展明确了方向，我国多层次的市场将从完备迈入新的发展阶段；十九大报告中也提出了目前应当把多层次资本市场的建设扩容和互联互通作为主旋律，但前提仍旧是守住不发生系统性金融风险的底线。第十章对多层次金融市场之间的互通机制和风险传染路径进行归纳分析，在此基础上采用向量自回归模型及广义预测误差方差分解的方法对最重要的几个市场之间的金融压力溢出效应进行检验，说明我国多层次金融市场风险溢出效应强弱及其溢出机制，分析金融市场之间传导机制的一些客观规律。在我国的金融市场中，溢出效应较强的是房地产市场和股票市场，两者给其他金融市场带来的是正向的冲击作用；而外汇市场和债券市场的波动对于其他金融市场带来的则是负向的溢出效应，即两个市场收益率序列的波动将会持续给其他市场带来"跷跷板"效应。随着金融市场开放程度的不断加强，金融市场的相互冲击将会更为复杂多变。因此，需避免在极端情况下的金融市场负向溢出，做好充分的应对准备。政府职能部门、机构投资者及个人投资者需谨慎应对国内金融风险及各个市场间的风险传染。

最后，本书对我国系统性金融风险的相关命题提出系统性的认识与建议。进入新常态经济后，我国经济面临着增长速度换挡期、结构调整阵痛期、前期刺激政策消化期"三期叠加"的严峻挑战和国家金融危机持续外溢的影响。本书第十一章总结了国家经济风险的来源、层次、要素、基本程序、等级划分以及基本程序，在此基础上，结合国际经验和时代背景，结合国情和中国特色现代化道路，对我国建立和完善金融风险管理体系的必要性与紧迫性进行了系统阐述，力求对我国宏观审慎监管体系的构建思路提出较为科学、全面的建议，为我国防范系统性金融风险的通盘规划与开拓发展提供参考。

时近仲夏，岁在戊戌，木棉花下，本以为书稿的完成带来的是尘埃落定的踏实，而此刻却是魂牵梦萦的不舍。面前的这本书稿既包含了我在经济学领域求学和研究过程中所掌握的理论与方法，也包含了我基于所学对经济热点问题所提出的些许观点。对于金融脆弱性和金融危机的研究已经有许多颇有建树的研究成果，但对金融脆弱性引出的相关经典命题及这些命题在中国金融风险累积过程中充当的角色尚未有比较清晰的认识。本书分为三个部分，第一部分为理论叙述，对金融脆弱性、货币危机、金融传染的理论进行了详尽的梳理，为金融风险的研究提供理论基础；第二部分为实证检验，重点检验了我国系统性金融风险的程度及区制划分、金融市场与实体经济的交互作用机制、金融投机攻击及其政策组合工具、流动性结构失衡及其内在动因、开放经济背景下金融风险的传染路径、金融市场互通与金融风险溢出效应等。第三部分提出建议，主要针对理论和实证研究的结果提出在当前的时代背景下，守住不发生系统性金融风险的底线的策略和建议。

本书是国家社会科学基金青年项目"流动性结构失衡背景下的我国金融脆弱性与金融风险管理研究"（项目批准号：14CJY004）以及全国统计科学研究重点项目"我国金融脆弱性的动态特征、传染途径及宏观经济效应研究：统计测度与数值模拟"（项目批准号：2017LZ13）的最终研究成果之一。在此，对全国哲学社会科学规划办公室及国家统计局的支持和资助表示感谢。

刘慧悦
2018 年 5 月
于深圳燕晗山

目　录

第一章　导　论 ………………………………………………… 1
　第一节　问题的提出与研究的意义 ……………………………… 2
　第二节　概念的界定及其关系 …………………………………… 3
　　一、金融危机与货币危机 ……………………………………… 3
　　二、金融脆弱性与金融泡沫 …………………………………… 4
　　三、金融投机攻击与金融传染 ………………………………… 5
　　四、相关概念的关系分析 ……………………………………… 7
　第三节　本书的研究内容和结构安排 …………………………… 10
　第四节　本书的主要贡献及未来的研究方向 …………………… 13
　　一、本书的主要贡献 …………………………………………… 13
　　二、未来可能的研究方向 ……………………………………… 14

第二章　金融脆弱性理论的一般框架及模型 ………………… 15
　第一节　传统信贷市场的金融脆弱性 …………………………… 15
　　一、Minsky 的金融不稳定假说 ……………………………… 16
　　二、Kregel 的安全边界假说 ………………………………… 18
　　三、银行顺周期行为理论 ……………………………………… 19
　　四、银行挤兑论 ………………………………………………… 21
　　五、Allen 和 Gale 的金融脆弱性模型 ……………………… 23
　　六、银行业的市场竞争结构 …………………………………… 24
　第二节　金融市场的金融脆弱性 ………………………………… 25
　　一、资产价格波动理论 ………………………………………… 25
　　二、汇率超调论 ………………………………………………… 27
　　三、价格波动的关联性 ………………………………………… 31
　　四、信息不对称的理论解释 …………………………………… 32
　第三节　本章小结 ………………………………………………… 33

第三章　金融投机攻击模型的进展和经济政策操作反思 …… 35
 第一节　现代金融危机理论模型 …… 36
  一、第一代投机攻击模型：无抵御政策和抵御政策模型 …… 36
  二、第二代投机攻击模型：阶段性条件政策模型 …… 42
  三、第三代投机攻击模型：金融过度及金融传染 …… 46
  四、第四代金融危机模型：信号预警和代理人基模型 …… 49
 第二节　四代金融危机模型的评述 …… 51
 第三节　四代金融危机模型的政策操作反思 …… 52

第四章　金融传染作用机制与理论探索 …… 55
 第一节　金融传染渠道与机制 …… 55
  一、贸易传染渠道与作用机制 …… 56
  二、金融市场传染渠道与作用机制 …… 58
  三、预期传染渠道与作用机制 …… 60
 第二节　金融传染的微观视角：基于一般均衡框架 …… 61
 第三节　货币危机宏观传染的基本模型 …… 69
 第四节　本章小结 …… 72

第五章　我国系统性金融脆弱性指数的合成及动态特征 …… 74
 第一节　金融脆弱性的测度方法与评估体系 …… 75
  一、金融脆弱性的度量方法 …… 75
  二、金融脆弱性测度的指标体系 …… 79
  三、金融脆弱性度量相关研究回顾 …… 85
  四、国内外现有研究成果的不足 …… 88
 第二节　我国宏观金融脆弱性的测度 …… 89
  一、测度金融脆弱性的指标选取 …… 89
  二、金融脆弱性指标的主成分提取 …… 101
  三、金融脆弱性指数的计算结果 …… 103
 第三节　我国金融脆弱性时间路径的动态特征 …… 106
  一、Markov 区制转移模型 …… 107
  二、模型估计结果分析 …… 109
 第四节　本章小结 …… 113

第六章　金融加速器与实体经济波动 …… 116
第一节　金融加速器对宏观经济冲击的传导渠道 …… 117
一、借款人资产负债表渠道 …… 117
二、银行资产负债表渠道 …… 120
第二节　金融加速器对实体经济冲击效应的实证研究 …… 123
一、计量模型设定及估计方法 …… 123
二、变量的选取及说明 …… 125
三、非线性检验及参数模拟 …… 127
第三节　金融脆弱性与实体经济冲击的非线性机制检验 …… 130
一、实体经济冲击对金融脆弱性影响的长短期非对称性检验 …… 130
二、金融脆弱性冲击对实体经济影响的长短期非对称性检验 …… 132
第四节　经济发展不同阶段金融脆弱性与实际产出的非对称作用机制 …… 135
一、不同阶段实体经济冲击对金融脆弱性的非对称影响 …… 135
二、不同阶段金融脆弱性冲击对实体经济的非对称性影响 …… 138
第五节　本章小结 …… 141

第七章　流动性结构失衡及其内在动因 …… 143
第一节　流动性的理论综述 …… 144
一、流动性风险的层次和度量标准 …… 144
二、流动性冲击实体经济的传导渠道 …… 147
三、国际资本流动逆转与金融脆弱性 …… 149
第二节　流动性结构失衡的典型事实与金融安全 …… 151
第三节　流动性及其冲击传导机制的实证研究 …… 154
一、FAVAR 理论模型 …… 154
二、确定因子个数以及估计模型 …… 155
第四节　流动性波动的影响因子 …… 156
一、宏观信息集中的变量以及数据的处理 …… 156
二、模型估计及实证结果分析 …… 161
第五节　我国流动性冲击的传导机制 …… 162
第六节　本章小结 …… 166

第八章 金融投机攻击与经济政策组合规则 ………… 168
第一节 具有经济政策组合机制转移的动态随机模型 ………… 170
一、经济系统的优化模型 ………… 171
二、政府预算约束的作用和限制 ………… 173
三、初始经济政策组合机制的描述 ………… 176
四、投机攻击发生后的经济政策组合机制转换 ………… 177
五、发生经济政策组合机制转换后的经济政策规则 ………… 179
第二节 经济政策组合机制转移模型的均衡分析 ………… 179
一、度量经济政策转换机制的发生概率 ………… 180
二、经济政策组合机制转换前的均衡路径性质 ………… 181
三、经济政策组合机制转变点的性质 ………… 182
第三节 具有政策漂移的动态随机模型的经济政策启示 ………… 185

第九章 开放框架下金融市场传染效应的测度 ………… 188
第一节 国内实证研究综述 ………… 189
一、金融传染的实证研究评述 ………… 189
二、国内外现有研究成果的不足之处 ………… 193
第二节 国际金融市场金融传染的测度方法选择 ………… 194
一、GARCH 模型 ………… 194
二、DCC-GARCH 模型介绍 ………… 195
第三节 美国股票市场与亚洲新兴股票市场关联性检验 ………… 196
一、亚洲股票市场的市场特征 ………… 197
二、DCC-GARCH 模型的参数估计结果 ………… 201
第四节 金融危机期间风险水平与动态关联性的关系 ………… 206
第五节 基本结论和经济政策启示 ………… 210

第十章 金融市场互通与金融风险溢出 ………… 212
第一节 金融市场间金融风险传导机制概述 ………… 213
一、货币市场与资本市场之间的传导机制 ………… 213
二、货币市场与外汇市场之间的传导机制 ………… 215
三、外汇市场与资本市场之间的传导机制 ………… 217
四、金融市场中基础市场与期货市场之间的传导机制 ………… 218
五、金融市场一体化对金融市场之间传导机制的影响 ………… 222
第二节 金融市场间溢出效应的文献综述 ………… 223

一、研究地域范畴 224
　　二、研究方法范畴 225
　第三节　金融市场间系统性金融压力溢出效应检验 226
　　一、向量自回归模型及广义预测误差方差分解 226
　　二、数据来源及描述性统计 229
　　三、金融市场之间的净溢出效应 230
　　四、各金融市场的互通溢出效应 233
　第四节　本章小结 235

第十一章　国家经济风险与金融风险监管 236
　第一节　国家经济风险及风险管理 236
　　一、国家经济风险和风险管理概述 237
　　二、国家金融风险的来源和层次 239
　　三、国家经济风险管理的要素和基本程序 240
　　四、国家经济风险的等级划分和预警机制建立 241
　第二节　金融脆弱性与宏观审慎监管 244
　　一、国际金融监管理论的演进 244
　　二、审慎监管的基本制度 248
　　三、国际主要经济体金融监管的思路 250
　第三节　完善我国宏观审慎监管的建议 254
　　一、强化宏观审慎监管框架的顶层设计 254
　　二、完善金融系统性风险的预警框架 255
　　三、微观审慎监管与宏观审慎监管相互配合 256
　　四、实行差异化的金融监管政策 256
　　五、货币政策与宏观审慎监管的配合 257
　　六、加强金融监管的国际合作 257

参考文献 259
　中文参考文献 259
　英文参考文献 264

第一章 导 论

金融系统的产生和发展依附于实体经济，并在市场资源配置、资金流通和经济调控中发挥着重要作用。近些年来，随着世界金融市场一体化的发展，金融系统已经成为经济系统中的中枢系统。作为一个兼具开放性和复杂性的巨系统，金融系统也是一个远离平衡的动态系统，具体到经济运行当中，大量的不确定因素使"隐显"的金融脆弱性显现为宏观金融风险，并最终引发金融危机。20 世纪 70 年代以来，世界经济经历了一系列危机冲击即为例证。与此同时，金融市场一体化程度加强，国际资本高度流动，金融投机攻击行为频发，导致了更大规模和范围的金融动荡和经济波动。

自 1978 年改革开放以来，特别是中国加入 WTO（世界贸易组织）以后，我国经济融入世界经济的深度和广度逐步加强，金融领域的经济开放对于维护宏观经济稳定具有重要意义。目前我国经济已由高速增长阶段转向高质量发展阶段，正处在转变发展方式、优化经济结构、转换增长动力的攻关期，深化金融体制改革，增强金融服务实体经济能力都是新时代对中国经济发展提出的新命题。金融系统有着自己特有的运行特点和系统构成。因此，认识当今金融系统频发的金融投机攻击行为，正确辨识和度量金融系统发展过程中的金融脆弱性，进而探讨相应的宏观金融风险管理政策手段和制度安排，对我国经济发展和改革实践具有重要的指导意义。

本章主要阐明本书所要探讨的主要问题及研究的理论意义和现实意义，对本书所涉及的基本概念及其相关关系进行探讨、对比和辨析，最后对本书的结构安排、主要内容、研究方法和创新之处进行必要说明。

第一节 问题的提出与研究的意义

自20世纪后半期开始,世界各国纷纷爆发了金融危机,金融危机的成因和表现形式也发生了很大的变化。特别是2007年以来,美国"次贷危机"引发的全球金融危机更是使各国深受其累,由此导致世界经济发生严重动荡,也引发了大量关于金融危机成因、金融风险防范、虚拟经济和实体经济关联的研究。更进一步,由于经济开放性和国际关联性的增强,导致了显著的经济和金融"溢出效应",促使金融危机在世界范围内的传导现象愈发频繁和显著。因此,世界各国纷纷加大金融危机研究的力度,深入探求金融危机的根源。

在诸多研究中,一种形成共识的观点认为,金融系统本身存在的问题和有关部门的监管水平是金融风险管理的重中之重。其中,金融系统本身存在着一定程度的脆弱性,但在当前的时代背景下,金融全球化、金融自由化和金融创新在推动经济发展的同时也加大了金融脆弱性。金融脆弱性的内生性导致了金融投机攻击的易发性和危机传染的扩散性,开放经济下金融投机攻击的频发和金融传染范围的扩大又进一步破坏了各国金融系统的稳定性,由此形成了周期性波动和恶性循环。因此,基于金融风险管理的国家经济风险管理成为国家宏观经济管理的首要目标。在开放经济条件下,人们已经充分认识到:没有金融安全,就没有经济安全;没有经济安全,就没有国家安全。我国政府对金融安全问题高度重视,多次提出要建立货币市场、资本市场和保险市场的有机结合和协调发展机制,维护金融运行和金融市场的整体稳定,防范可能出现的系统风险。在开放经济条件下,我国的金融安全、金融预警及其风险管理机制不仅对我国经济发展起到了重要作用,而且对世界经济稳定也具有十分重要的作用。

但是,无论是发达国家,还是包括我国在内的处于快速发展中的新兴经济体,对于金融脆弱性、金融投机攻击、金融风险的目标管理都面临着一些重要的理论问题和经验问题,尤其是在经济全球化快速发展的今天,各国经济运行所涉及的变量众多,且各种变量之间的关系纷繁复杂、互相交织,国家经济政策的操作具有更大的不确定性和风险性。为此,需要对现有关于金融风险管理、金融脆弱性与金融投机攻击的理论假说进行归纳和梳理,提出更加有力的经验证据,同时,在目前政府财政政策和货币政策手段及操作需要更为合理化和系统化的今天,需要及早地建立"金融免疫系统",运用"金融稳定器"等政策工具和手段来加强金融风险管理,保障国家金融安全。

在这样的背景下,我们的研究旨在理论上和经验上系统地描述与检验金融脆弱性、投机攻击易发性、危机传染扩散性、金融危机内生性和国家经济风险管理等重大问题,分析金融脆弱性的测度及对宏观经济变量的冲击效应、金融投机攻击与经济政策的组合规则、金融风险传染的渠道及金融市场间传染的检验,为重新审视现代金融体制、市场运行机制和金融监管体系等提供理论支持和经验证据,并从广义角度得出金融深化发展与经济增长之间的相互影响关系。

同时,当前金融危机、金融投机攻击、金融风险扩散和金融风险管理等诸多实践为本书研究虚拟经济和实体经济之间的关联机制、宏观经济总量之间的相关性、金融发展与经济增长之间的关系等重大问题提供难得的机遇,本书将利用当前现实经济背景来校验一些经济理论命题和经济理论模型,并在实证检验中寻求新的重要"典型化事实"。

第二节 概念的界定及其关系

虽然金融危机已经发生了多次,许多学者也对金融危机的成因进行了深入分析和探讨,但是每次金融危机的成因和结果都有很大区别和不同,因此,需要从一些基本概念上对金融危机和成因进行界定和分析。

一、金融危机与货币危机

虽然对金融危机(financial crisis)的研究由来已久,但是目前对金融危机的定义还没有统一的说法。Crockett(1997)对金融危机的描述性定义为:"金融体系出现严重困难,绝大部分金融指标急剧恶化,各类金融资产价格暴跌,金融机构大量破产。"而与此不同,Mishkin(1999)指出:"金融危机在于道德风险和逆向选择的问题凸显,无法有效地将资源导向那些拥有高生产率的投资项目,从而导致金融市场的崩溃。"这两者之间的区别在于,前者关注金融危机的表象和结果,而后者则指出了金融危机的原因。这两个定义其实是互补关系,不存在概念上的冲突。

在《新帕尔格雷夫大辞典》中,金融危机表现为"一国或多国全部或大部分金融指标,如资产(证券、土地)价格、短期利率、金融机构倒闭数和商业破产数的短暂、急剧和超周期的恶化"。该定义实际上与 Crockett(1997)的金融危机定义基本相同,都是从金融危机的表现形式和具体结果方面来定义金融危机,强调了金融危机的全面性和周期性。

与金融危机高度相关的一个概念是货币危机。在《新帕尔格雷夫大辞典》中,货币危机(currency crisis)是指:"某一国或几国的货币要兑换为其他国家的货币,它通常表现为迫使这些国家货币贬值的巨大压力,其结果是这些国家货币的大幅度贬值。"1998年,国际货币基金组织(IMF)对货币危机的定义为:"某种货币的汇兑价值的投机性冲击导致货币贬值(或币值急剧下降),或迫使当局投放大量国际储备或急剧提高利率来保护本币。"Kaminsky和Reinhart(1998)将货币危机定义为:"对一国货币的冲击导致货币大幅贬值,或外汇储备大幅减少,或两者兼而有之。"也有一些学者对货币危机进行了描述性定义,如Frankel和Rose(1996)认为当货币危机发展到一定的程度就会发生货币崩溃(currency crash),给出的具体波动幅度为:"一年内货币名义贬值至少25%,同时贬值率比前一年上升至少10%。"Eichengreen、Rose和Wyplosz(1996)说明货币危机是指"人为地制造外汇市场压力,使汇率、利率和外汇储备变动的加权超出其平均值2个标准差"。

伴随着现代金融业的发展和金融产业形式的更新,金融危机的概念也出现了某种程度的分化。具体来说,金融危机的表现层次和形式可以分为货币危机、债务危机、银行危机、次贷危机等类型。石俊志(2001)的研究认为,金融危机发生的基本阶段可以划分为:经济危机→货币信用危机→货币危机→金融危机。虽然这样的划分方式还没有得到广泛认可,但是从中可以看出,在金融危机中,货币危机是最重要的一种类型,并且是金融危机发生的必经阶段,也是金融危机形成的主要前提。这也是在研究金融危机过程时,经常要描述和分析货币危机的原因。

二、金融脆弱性与金融泡沫

随着金融危机的不断爆发,20世纪80年代出现了金融脆弱性的相关概念。由于经济学家研究视角的不同,对金融脆弱性的定义也不尽相同。最早对金融脆弱性进行系统定义的是Minsky(1982),他所定义的金融脆弱性是指"由于企业经常进行高负债经营,这种企业特点决定了金融系统具有更容易失败的特性,该特性被称为金融内在脆弱性"。该定义也就是狭义的金融危机。其后,经济学家又对金融脆弱性的定义进行了很大程度的扩展,广义的金融脆弱性是指一种趋于高风险的金融状态,泛指一切融资领域中的风险急剧增大,包括信贷融资和金融市场融资的风险情形(黄金老,2001)。通常所说的金融机构负债过多,安全性降低,承受不起市场波动的冲击,就是广义金融脆弱性的表现。早期人们主要从狭义角度来理解金融脆弱性,现在则更多地从广义角度对金融脆弱性进行分析。

除了从广义和狭义的角度对金融脆弱性的阐释以外,也有从金融制度、金融结构等角度对金融脆弱性进行定义和说明的,例如有的定义认为,金融脆弱性是指由于金融制度、结构存在不均衡,导致风险集聚,金融体系丧失全部或部分功能的金融状态(伍志文,2003)。显然该定义是将金融脆弱归因于金融体系的内在原因。

在与金融脆弱性相关的概念中,金融泡沫(financial bubbles)是一个较为特殊的概念,这一概念目前在国内外尚未形成统一的认识。Kindleberger(1978)的《新帕尔格雷夫经济学大辞典》中也曾经认为经济理论界还没有对泡沫形成一致的定义,但它指出泡沫行为的出现往往是"预期的逆转通常伴随涨价,随后价格暴跌,最后以金融危机收场。一般来说,繁荣的时间要比泡沫的状态久些,价格、生产和利润的上升也相对平缓,接下来就是以暴跌(或恐慌)形式出现危机,或者不发生危机以繁荣的逐渐消退而告终"。泡沫根据载体不同可以分为金融泡沫和非金融泡沫。其中,金融泡沫就是在资金融通领域发生的一类经济泡沫。根据金融产品的不同,金融泡沫又分为资本市场泡沫(包括股票泡沫、债券泡沫、金融衍生产品如期货泡沫等)、价格水平泡沫(恶性通货膨胀或恶性通货紧缩)以及外汇泡沫等。非金融泡沫一般包括房地产泡沫、艺术品泡沫以及某种特定的商品如郁金香泡沫等。

三、金融投机攻击与金融传染

投机是经济活动中常见的一种市场行为,在金融市场中,投机行为的存在能够带来市场直接投资、套期保值、价格发现、分担风险等方面的经济效益。Keynes(1936)和 Hicks(1975)指出,投机是保险市场的替代物,他们认为投机是由交易者的风险偏好决定的,投机的功能是将价格风险从更加厌恶风险的交易者手中转移出来。一般而言,投机有广义和狭义之分,其中广义的投机包括政治投机、金融投机、紧缺商品投机等,而狭义的投机包括货币性的投机，如股票投机、收藏品投机等。金融投机攻击（speculative attack）就是在金融投机的基础上发展起来的一个概念，指投机者为了牟利，在一国金融市场上大量抛售以该国货币为面值的资产，以此来消耗该国的外汇储备，使该国最终放弃对官方汇率的维持。由此可见，金融投机攻击的概念常常是与货币汇率和货币危机相联系的。如果某个国家或地区受到某一经济体的货币汇率的投机攻击，那么货币汇率的贬值就会发生，此时该国或该地区的当局必须动用大量的国际储备应对投机攻击，从而导致国际储备的大量流失以及利率的被迫提高，此时，可以认为这个国家或地区发生了货币危机。随着近些年来金融市场的复杂化，投机攻击者操纵资本的规模和能力逐渐提高，金融分析能力和分析技术也向多样化发展，因此，现代的投机攻击已不是传统意义上利用即期外汇市场和自有资本进行的简单投机，而是采用复杂的投机技术和组合策略进行；不仅要利用各种金融工具（包括股票、债券、外汇、期货等）进行投机，而且还将利用货币当局央行的防御策略进行再投机；不仅是对外汇市场进行投机攻击，也可以利用外汇市场与证券市场、衍生工具市场的联动关系在这些市场上同时进行投机。这种复杂的投机攻击往往会创造出更多的获利机会，使攻击的效果更为显著，央行的防御也更为无力。

经济理论界认为如果金融危机从一国向另一国传输，则金融传染（financial contagion）就发生了。但是，关于金融传染的定义有很大的分歧，对金融传染定义的不同将导致研究方法与研究思路的不同。Gerlach 和 Semets（1995）认为，金融传染就是对一个国家货币的成功攻击而导致的其他国家的货币投机攻击压力的增加。Eichengreen、Rose 和 Wyplosz（1996）则认为金融传染就是一个国家在某一时点上发生货币危机的概率是否与其他国家在同一时点上发生货币危机有关。范恒森和李连三（2001）的研究认为，在高度关联国家的金融市场上，金融危机的发生呈现很高的相关性，金融危机从一个国家（或地区）向另一个国家（或地区）传输，这种现象被认为是金融危机传染。此外，还有一些经济学家从金融传染渠道的角度对金融传染进行了定义。Calvo 和 Reinhart（1996）将金融传染定义为不同国家金融市场间相互依赖和市场的协同运动，他们指明市场间的相互依赖会产生溢出效应，溢出效应的存在使得一国的货币危机传播开来。这种金融传染也被称为"基本面传染"。此外，还存在一种传染，与基本面的情况无关，而仅仅是与投资者或其他金融经纪人的个体行为相关，这种传染被称为"真正的传染"（Kaminsky & Reinhart，2000），也被称为"纯粹性传染"（Masson，1998）。Calvo 和 Mendoza

(2000)的研究认为，这种纯粹性传染并不能确定是个体的"非理性"行为造成的，有时候，理性的行为同样会导致货币危机的传染。

四、相关概念的关系分析

以上对本书涉及的一些基本概念进行了辨析，接下来，将着重分析这些概念之间的逻辑关系和递进层次。

（一）金融风险、金融脆弱性与金融危机

首先，金融风险应该是用标准的概率来描述可能存在的潜在损失性。在健康的经济环境中，一旦外部的破坏性威胁由潜在状态转化为现实状态而造成对金融系统要素或结构的某种破坏，脆弱性就会产生。故而金融脆弱性不仅包括可能的损失，还包括已经发生的损失。其次，金融脆弱性的生成时序可分成五个部分：

（1）初始风险，即不确定事件，是经济系统初始时期所处的状态。有些金融风险的发生具有"混沌"性质，即金融危机的发生对经济系统的初始条件或者初始经济冲击十分敏感。因此，在分析金融风险的时候，对金融系统和经济体系的初始条件十分关注。

（2）风险应对策略的选择集合。一个经济系统的金融脆弱性程度不仅由经济系统的属性所约束，还敏感地依赖经济系统的风险管理和风险处置能力。如果经济系统拥有比较有效的风险应对策略，那么就可以在一定程度上消化和降低金融脆弱性程度。

（3）风险所造成的损失后果，即脆弱性程度。金融脆弱性的体现还需要经济系统自身运行来形成，如果经济系统具有较强的抵御能力或者化解能力，即使具有显著的金融脆弱性，那么形成的实际效应也可能比较微弱。

（4）资产补偿机会集合。由于金融脆弱性是经济系统中金融资产运行的效率和安全性所引致，在处理金融脆弱性时，一定要有资产补偿机制，因此，在这个方面的选择机会和作用效果将直接影响金融脆弱性的程度和作用。

（5）末态风险。这项指标相当于对金融脆弱性进行临界值或者压力测试，也就是要检验和判断金融脆弱性引发风险的最终状态，利用金融脆弱性的"最大风险值"来度量金融脆弱性的最大损失。风险管理中，将最大风险最小化也是一种重要的风险管理策略。

由此可见，金融脆弱性是由金融风险发生和金融主体对风险做出反应的关系、频率和时间决定的，且它阐述了金融系统因丧失风险抗御能力所表现出机体羸弱特征的一种病理状态。当脆弱性程度在"触发点"作用下超过处于漂移状态的临界面时，金融系统急剧坍塌，危机开始爆发，而金融危机又会加重金融的脆弱性。由此可见，若将金融风险看作逻辑起点，那么金融脆弱性就是金融风险与危机的"中间地带"。因此，金融脆弱性并不一定会引发金融危机。黄达（2004）认为，金融脆弱仅仅说明的是金融体系已经具有不稳定性，由金融脆弱到金融危机还需要一个积累的过程，判别是否发生了金融危机，需要观测金融危机指标值是否达到了危机的临界值。Sundarajan 和 Balino（1991）指出，金融危机即"大部分金融机构的负债高于其资产的市场价值，导致挤兑和资产结构变化，出现部分金融机构倒闭、政府干预的情形"。可见，金融脆弱积聚到一定程度时才会爆发金融危机。因此，三者的关系如图 1.1 所示。

图 1.1　金融风险、金融脆弱性和金融危机的发生机制

在上述图示过程中，金融危机的发生顺序为：经济系统初始状态受到经济冲击或者突发事件影响，由于经济系统中存在金融脆弱性，导致此时潜在金融风险由隐性向显性转变，最终形成对经济系统和实体经济产生严重影响的金融危机。

（二）投机攻击、金融脆弱性与金融危机

随着金融全球化的发展，金融投机攻击变得更为复杂和多见，投机攻击的发生使经济发展受到冲击的可能性增加，同时如同"催化剂"一样大大加快了金融脆弱性向金融危机的转化速度。从形式上看，早期的投机攻击主要是针对国际石油市场以及农产品市场的行为，而对实体经济的影响力有限。但目前随着投机攻击手段和技术的发展，国际私人资本和机构投资者已经成为投机攻击行为的新执行者，它们往往将一国的货币汇率作为攻击目标，而这种金融投机攻击往往能使一国的货币急剧贬值，从而迅速瓦解货币体系，造成货币危机甚至引发全球金融危机。20 世纪 90 年代以来，针对货币汇率的投机攻击已经成为引发金融危机的重要原因。1992

年的欧洲货币危机、1994年的墨西哥金融危机和1997—1998年的亚洲金融危机都是从货币危机开始的。

在图1.2所示的传导过程中，金融危机的发生顺序为：经济系统初始状态受到经济冲击或者突发事件影响具体细化为投机攻击，投机攻击产生实际效果的主要原因在于经济系统中存在金融脆弱性，扩散和加剧后转化为金融危机。

图1.2　投机攻击、金融脆弱性和金融危机的发生机制

（三）金融传染、金融脆弱性与金融危机

在大多数情形下，金融冲击具有负外部性，这种负外部性可以通过金融投机攻击和金融风险传染来体现。由于金融全球化的发展，一个国家的金融冲击往往会对其他相关国家产生金融传染，金融传染的发生会加剧其他国家的金融脆弱性，也可能成为引发该国金融危机爆发的诱因。在当前全球的金融环境中，一国与他国的金融联系日趋紧密，如国际贸易规模扩大、国际资金流动性增强等都为金融传染的发生和扩散提供了"优质上壤"。2007年美国的金融危机发生以后，最初的信任危机、道德危机造成了金融系统内部不稳定、金融结构出现脆弱性，但其后，金融危机表现出了极大的"传染性"，并在2008年演变成了一场全球性的、系统性的金融危机，各国的虚拟经济和实体经济都受到了极大影响。

在图1.3所显示的传导过程中，金融传染起到了前面投机攻击的作用，其区别在于金融传染的范围更为宽泛，相同之处在于仍然是借用金融脆弱性作为危机催化的载体，最终形成金融危机。需要注意的是，上述传导层次具有轮回性，即发生金融危机后，由于金融传染的存在，金融危机还会进一步扩散和加剧，呈现出周期性和扩散性的特点。

图1.3　金融传染、金融脆弱性和金融危机的发生机制

第三节　本书的研究内容和结构安排

本书将现代金融理论和经济政策理论相结合，以经济全球化进程中的开放经济为基本前提，基于我国宏观金融流动性充足但结构性失衡的背景，主要内容包括：分析金融脆弱性的形成原因和本质属性，描述和定量刻画金融投机攻击、金融风险传染渠道、金融风险度量与金融风险管理等多种经济层面和经济行为之间的内在关联机制和传导机制，为国家经济风险管理提供经验证据和决策参考依据。

本书的内容主要分为十一章，以理论的梳理和框架的构建为基础，以国家金融脆弱性现象的总结、影响因素的分析、解决方法的评估为研究的思路。

第一章为导论，主要阐明了所要探讨的主要问题及本书选题的理论意义和现实意义，对书中所涉及的基本概念及其相关关系进行探讨，给出了研究的基本框架和思路，对本书的结构安排、主要内容、研究方法和创新之处进行必要的说明。

第二章至第四章为全书的理论篇，主要对金融脆弱性理论及货币危机理论进行了总结和整理。在第二章中，主要考虑的是在封闭经济条件下的金融脆弱性问题。目前国内对于金融脆弱性的研究主要是从金融风险和金融危机的角度进行探讨，将金融脆弱性、金融风险和金融危机混为一谈，而对于金融风险及金融危机的研究，往往仅是从一些零散的表象开始进行判断，对于金融脆弱性的理论根源探讨不多，这使得在对金融脆弱性的政策建议探讨时缺乏理论支持，偏离现实实际，也无法发挥政策建议的功效。因此，在该章中，首先梳理金融脆弱性的基本理论和方法，特别是与我国经济发展中实际联系较为紧密的观点和模型。本书遵循学术界的两个主流视角，即传统信贷市场上的脆弱性和金融市场的脆弱性（黄金老，2001）进行归纳，对脆弱性的经典理论进行评述，并侧重于对主要理论进行简要的模型概括。

基于对封闭经济环境下的金融脆弱性理论的介绍，第三章的理论分析将研究思路延伸到开放经济当中，重点介绍金融投机攻击的四代理论模型，其中第一代理论模型和第二代理论模型较为成熟，主要阐述了货币危机发生的宏观机理，第三代模型则侧重从微观视角对货币危机进行解释，第四代模型强调了金融资产价格在金融危机爆发中的作用，同时，也强调金融规则和金融制度的影响。在此基础上，本书对其进行有限的引申和评价，借此对一些经受国际投机攻击和发生金融危机的国家采取的经济对策进行反思。进一步地，第四章中拓展研究金融传染的微观作用机理和宏观传染模型，说明金融传染对本国经济及他国经济的影响。

从第五章开始至第十章为本书的实证篇，在这六章中主要探讨金融脆弱性、金融投机攻击、金融传染与金融溢出几个核心问题，为理论的研究提供实证的检验依据。

随着我国金融体制改革的推进，金融系统的发展正逐步融入国际正轨，金融业的开放也会进一步推进，系统性金融风险的因素也在不断积累，应对系统性金融风险，主题是防范，防范的前提是识别问题（周小川，2018）。在第五章，将对我国金融系统的金融脆弱性进行测度，评估我国金融体系的系统性风险程度。国际上已经有比较成熟的指标体系构建金融脆弱性指数，但我国经济发展的实际和他国仍有区别，因此，首先需要构建我国系统性金融脆弱性度量的指标体系，结合我国宏观经济发展实际，选取了14个具有代表性的指标。然后选用因子分析法对14个指标进行合成，构建我国金融脆弱性指数，从整体上观察金融脆弱性的变动趋势。但是金融脆弱性的变动趋势是动态的、复杂的，因此，这一章将会选择马尔科夫区制转移模型对金融脆弱性指数序列的内在波动机制进行评估，说明"高脆弱性区制"和"低脆弱性区制"之间的非对称性关系，结合金融脆弱性的测度结果，分析我国金融脆弱性的生成机制，提出控制我国系统性金融脆弱性的政策建议。

第六章主要讨论的是金融脆弱性对我国宏观经济的冲击机制。经济的平稳运行，离不开金融稳定。我国系统性金融脆弱性的根源，从表面上看是在金融市场，实质根源在于实体经济以及实体经济和金融市场的结合方式上（杨成长，2018）。因此，需要对金融市场和实体经济之间的冲击传导机制进行实证检验。第六章首先从理论上梳理了金融脆弱性的传导机制。在此基础上，采用时变参数向量自回归模型研究实际产出增长率与金融变量之间的动态响应机制。检验的结果说明，金融市场和实体经济存在显著的关联性，金融的发展能够加速实体经济的财富积累过程，而实体经济对金融市场也存在影响，古典两分法在我国的经济发展中并不适用。从金融加速器与实际产出周期的长短期非对称性检验结果来看，实际产出增长率冲击确实能够影响金融变量，但是比较明显的是，实际产出增长率对金融变量的冲击并没有金融变量对实体经济的冲击作用大，金融加速器效应更为明显。同时，从冲击反应函数的时序特征来看，不同的经济发展阶段，冲击作用的强度和方向也在发生改变。

在实体经济和虚拟经济的传导路径中，流动性渠道也是重要的通道之一。流动性是国际经济、金融联结的重要环节，流动性状况与一国的宏观经济波动密切相连，不论是流动性过剩或流动性短缺都会引发流动性结构失衡，从而影响国家金融稳定。在全球经济一体化的今天，流动性结构失衡引发的金融风险已经蔓延全球，而流动性的内涵也在不断更新，流动性不足或流动性过剩的衡量，以及两者之间的瞬间逆转、在不同的经济部门之间存在的异质性，这些问题都可能导致金融脆弱性，从而引发实体经济波动。第七章的研究内容中，着重对我国的宏观流动性特征进行了分析，解析国际资本流动在一国实体经济影响中的作用机制，在此基础上，衡量我国宏观流动性并对影响宏观流动性的影响因素进行了检验，区分了我国资本流动在不同政策和市场环境中的变化路径。

随着经济一体化进程加快，国际金融投机资本的力量不断提升。第八章的内容是针对金融投机攻击现象的探讨。到目前为止，学术界对投机性攻击的研究并不多见，特别是我国学者对金融投机攻击的研究更是寥寥无几（刘慧悦，2013）。但投机攻击确实是金融危机发生之后的经常性行为之一。在第八章的研究中，将投机攻击引致的货币危机视为货币政策和财政政策组合协调失败的结果。在此基础上，研究不同的政策组合机制的转换机制，固定汇率制如何被迫转移，利率、国债、汇率等经济变量又在这样的转换机制中发生何种变化。运用数理分析的方法在理论上描述和分析投机攻击的影响过程和危机传导机制，为经济政策组合机制和宏观调控提供国家经济风险度量和管理的理论观点和经验证据。

在经济全球化的背景下，实际上资本要素配置在国际层面已经达到更优配置，但是金融风险也更加易发，金融传染也更加难以预测。金融传染机制在金融理论中很难找到合理解释。但比较有共识的观点是，在开放经济的背景下研究金融传染，主要以国际贸易、资本流动、金融市场联动与国际金融合作为立足点，考察一国金融危机爆发中金融传染的发生及其传导机制。基于此，第九章的内容侧重于研究金融市场联动的传导机制，采用 Engle（2002）的动态条件相关 DCC-GARCH 模型对美国股市与亚洲七国股票市场之间的关联性进行分析，并通过判断三段金融危机爆发期——亚洲和俄罗斯金融危机、IT 网络泡沫危机、"次贷危机"引发的 2008 年股票市场崩盘的美国股市与亚洲股市之间的动态相关性系数的变化，判断美国股市与亚洲股市之间的金融传染情况，对金融发展全球化条件下，各国之间的金融传染效应进行分析和评价。

多层次的资本市场结构是一国金融市场成熟的重要表现,目前,我国已经形成了覆盖本币与外币、短期产品与长期产品、现货与衍生品的分层有序、互为补充的多层次金融市场体系,但金融市场之间的风险溢出效应成为多层次的金融市场发展的阻碍,金融市场之间风险溢出效应的识别和监管对于国家多层次的、完备的金融市场体系至关重要。因此,需要对我国金融市场之间的风险压力传导机制进行区分。第十章对金融市场之间的金融压力溢出机制进行辨析,在此基础上选用向量自回归模型及广义预测误差方差分解的方法对最重要的几个市场之间的金融压力溢出效应进行检验,说明我国多层次金融市场风险传染的现状,分析金融市场之间传导机制的一些客观规律,并给出相应的建议。

第十一章是本书的建议篇,对我国系统性金融风险面临的新的经济制度背景进行了归纳总结,在总结我国和国际上金融风险管理经验的基础上,对金融风险管理提出了系统、科学、全面的建议,结合新经济学的核心思想,给出我国系统性风险管理和货币政策操作的建议。

第四节　本书的主要贡献及未来的研究方向

一、本书的主要贡献

(1) 对金融脆弱性和金融危机的理论及模型进行了翔实的介绍和系统的总结。关于金融脆弱性和金融投机攻击的理论模型始终处于不断的发展和变化中,对金融投机攻击理论模型的整理和总结对于研究金融脆弱性、金融投机攻击行为都至关重要。本书的研究从更为全面的视角对两个与金融风险息息相关的命题进行了整理和总结,并进行了有限的引申和修正。

(2) 分析和判断狭义和广义金融脆弱性的成因及影响。金融脆弱性是开放经济和金融经济条件下经济系统的内在属性。金融既能够以"加速器效应"促进经济增长,也能够因为脆弱性而积累和放大金融风险,这意味着任何衍生金融工具在套利和避险的同时,也具有风险传染和金融攻击的作用,因此,本书提出了"风险管理"的"再管理"思路,并研究和分析了"风险再管理"工具。

(3) 在金融流动性失衡的背景下,以金融脆弱性、投机攻击和危机传染为基础，系统地进行金融风险度量和预警。在"金融脆弱性→投机攻击→金融危机→危机传染→危机扩散"的链条基础上测算的金融脆弱性指数将为金融风险管理提供充分的判断依据。同时说明在我国金融抑制条件下，金融流动性失衡的形成机理，描述和分析主要市场运行态势和主要特征。通过对主要市场运行态势和主要特征进行描述和分析，从中寻求流动性失衡对金融脆弱性的影响和作用方式。

（4）基于非线性、时变模型的金融脆弱性冲击效应检验，说明虚拟经济和实体经济的关联效应，将合成的金融脆弱性指数序列应用于对实体经济冲击效应的检验，采用非线性时变模型分析冲击传导渠道效应。在开放经济模型中引入政策转移机制，假定政策组合出现转换，金融脆弱性攻击就会发生作用。在此基础上，分析固定汇率制如何被迫转移，利率、国债、汇率等经济变量又在这样的转换机制中发生何种变化。

（5）在研究中定量刻画和实证检验金融传染在国与国之间、同一金融市场间以及一国内部不同金融市场间的内生机制和影响渠道。将金融传染问题从静态分析过渡到动态分析，在对金融传染不同层次的实证检验的基础上，进一步分析金融传染的多维性、扩散性和风险性等。还在"二元经济"框架下，深入分析金融流动性失衡表象的实质和来源，并描述流动性失衡对我国金融和经济运行产生的种种影响并给出相应对策。

二、未来可能的研究方向

（1）金融脆弱性的研究。可以将金融摩擦与金融加速器的效果进行区分和甄别，识别金融冲击对实体经济的非对称作用机制。进一步地，对于虚拟经济与实体经济的联系，也可以在动态随机一般均衡的框架下进行下一步研究。

（2）对于投机攻击行为的研究，目前更多的是对发生过投机攻击的国家受冲击后的政策反应及其政策效果的分析。本书在此基础上，研究了固定汇率制如何被迫转移，利率、国债、汇率等经济变量又在这样的转换机制中发生何种变化。进一步地，可以基于反事实分析和数值模拟的方法对政策的效果给出经验证据。

（3）在金融自由化和全球经济一体化的背景下，金融开放与金融深化对金融脆弱性的影响机制和影响效果也是应当进一步研究的内容之一。本书的研究对这一部分内容仅进行了定性的探讨与总结，可以在此基础上进一步进行定量分析。

第二章 金融脆弱性理论的一般框架及模型

金融脆弱性描述了金融系统因逐步丧失抵御风险的能力所显现出的一种羸弱状态。金融脆弱性是现代金融系统经常存在的内生属性。由于目前学术界关于金融脆弱性的定义和界限并未达成统一认识，因此，目前还没有统一的度量金融脆弱性的理论和计量方法。但是，金融脆弱性的理论和模型已经相对比较成熟，特别是20世纪70年代之后，这方面的理论研究已经积累了丰富的研究成果，出现了很多具有代表性的金融脆弱性模型。对金融脆弱性进行研究，既可以从封闭经济状态进行研究，也可以从开放经济角度进行分析。本章将描述和分析金融脆弱性理论的一般框架，并对一些经典金融脆弱性模型进行解释，探讨在封闭经济环境下，引发金融脆弱性的主要原因，寻找其理论根源。下一章将会把探讨的范围扩展到开放经济，研究开放经济条件下金融投机攻击和现代货币危机传染的理论模型。

第一节 传统信贷市场的金融脆弱性

对金融脆弱性的理论研究最早是关于货币脆弱性的研究，Marx（1872）认为，货币在它产生的时候就已经具有了特定的脆弱性。同时，他又提出银行体系内在脆弱性假说，认为银行体系加速了私人资本转化为社会资本的进程，为银行信用崩溃创造了条件。这是从信用制度的角度来分析银行的脆弱性，认识是极其深刻的。Keynes（1931）通过对货币职能和特征的分析也说明了货币的脆弱性，他认为货币可以作为现时交易之用，也可以作为贮藏财富之用。人们愿意用不生息或生息很少的方式持有财富，这是因为货币能够用于现货交易，在一定限度内，值得为它所具有的流动性牺牲利息。Fisher（1933）是最早开始对金融脆弱性机制进行较深入研究的经济学家，通过总结前人的研究成果，他认为金融体系的脆弱性与宏观经济周期密切相关，尤其与债务的清偿紧密关联，是由过度负债产生债务——通货紧缩过程而引起的。对于金融脆弱性的现代研究则是首先从传统信贷市场的脆弱性开始的。

一、Minsky 的金融不稳定假说

经济学家 Minsky（1986）是最早系统提出金融脆弱性的学者之一，在他著名的"金融不稳定假说"中对金融脆弱性进行了比较系统的诠释。Minsky（1986）认为金融系统的脆弱性主要来源于银行系统波动引发的不稳定，银行系统的产业特征和属性是金融脆弱性的主要来源。在市场外部环境发生变化时，金融机构特别是银行部门的投资方向和经营状况都会随之波动，市场主体与银行的债权债务关系也会随之变化。在信贷市场上一旦出现银行现金流不足以偿还债券的情况，就会出现信贷危机，金融危机也就可能随之发生。在 Minsky（1986）的"金融不稳定假说"中，将经济系统的借款企业分为三个基本类型，分别称为"抵补性借款企业"（hedge-financed firm）、"投机性借款企业"（speculative-financed firm）与"庞氏融资企业"（Pozi-financed firm）。

"抵补性借款企业"是指那些现金流量大于所负债务的企业。这些企业在生产经营的过程中，现金收入能够偿还自己的债务款项，并能够进行抵补性的融资来满足生产经营活动中对于现金流量的要求。应该说，抵补性借款企业不仅总的预期收入要大于债务额，而且每一期的现金流也要大于到期的债务本息。因此，对于金融机构来说，这些企业是最为安全的借款者。

为了描述抵补性借款企业的投资特征，将债务和利润用不等式表示为：

$$CC_t < Q_t, \; t = 1, \cdots, n \tag{2.1}$$

式中：CC_t 表示到期的债务本息；Q_t 则表示金融机构与企业所预期的企业利润。

"投机性借款企业"是指虽然企业预期收入总量大于债务总额，但是在借款后一段时期内，它的预期收入要小于到期的债务本金。这类企业往往需要依靠债务滚动，也就是我们常说的"借新还旧"来实现企业的正常生产经营活动。对于这些企业而言，信贷策略和债务管理显得尤为重要，他们需要掌握合适时点和金额来安排自己的债务。这类企业也是经济系统和金融市场中受市场环境影响最大的一部分企业。

同样地，投机性借款企业的特征可以表示为：

$$CC_{t-1} > Q_{t-1}, t = 1,\cdots,n \tag{2.2}$$

$$CC_t < Q_t, t = n+1, n+2, \cdots \tag{2.3}$$

"庞氏融资企业"是指不仅在近期的现金流量小于其现金支出，甚至所获得的净收入也无法偿还债务利息的企业。在这样的情况下，"庞氏融资企业"如果不选择破产的话，则不得不持续融资而使负债不断增加。在金融市场中，"庞氏融资企业"是高危的借款企业，这类企业可能并非由于经营不善导致破产。很多企业在投资于长期项目时往往会出现这样的情况，由于投资过大，在短期内只能通过持续的负债来维持生产，一旦长期收益无法达到预期收益，则很可能出现资不抵债的情况。因而，这类企业对市场利率有较强的敏感性。用式子表示庞氏融资企业的特征为：

$$CC_t > Q_t, t = 1, 2, \cdots, n \tag{2.4}$$

Minsky（1986）的"金融不稳定假说"认为，在一个完整的经济周期中，最初多数的企业都属于抵补性借款企业，企业往往进行谨慎的投资；但随着经济进入快速扩张期，市场预期利润的提高促使很多企业开始放松警惕，开始逐步进行过度投资。同时，金融机构在乐观的市场形势的诱导下以及高利润的驱动下，也开始放松金融管制；随着经济系统中投机性借款企业和"庞氏融资企业"数量的大幅增加，金融风险也不断累积，金融脆弱性不断增强。金融结构将逐渐地由"抵补性金融"转变为"投机性金融"再转变为"庞氏金融"。这时，一旦有任何事件打断了信贷资金流入生产部门，就会导致企业的违约破产，进而影响到银行系统乃至整个金融市场，引发金融危机。而在这一经济周期结束以后，就会开始新一轮的循环。Minsky（1986）还对这一现象循环发生的原因进行了分析，认为这一现象是由两个原因引起的：一是由于银行家的代际遗忘（generation ignorance argument），二是由于银行间的竞争压力（rivalry pressure argument）。正是这两个原因导致上述金融危机和经济周期之间的互动与共存。

在 Minsky（1986）的研究中并没有将理论模型化，但其后很多经济学家都对金融不稳定假说进行了模型研究。其中 Lavoie（1986）、Taylor 和 O'Connell（1985）等较早地进行了这方面的工作，认为金融系统的脆弱性是内生的，与市场经济息息相关，是可能导致金融危机爆发的根源。Foley（1987）通过对企业的累积债务和投资总额的关系的描述，对金融脆弱性的假说进行了深化，他认为包括企业、银行在内的经济个体之间信贷关系深化的主要原因在于企业债务的扩张，而这种信贷关系的深化必将导致企业流动性状况恶化。Chiarella（2001）在对金融脆弱性假说模型化时认为，负债累积所导致的银行系统的不稳定只是金融市场波动的基础因素，信贷者之间的关系也是引发金融脆弱性的原因。Setterfield（2004）在模型中加入家庭主体，认为家庭和企业都可能引起金融不稳定，而金融机构对于家庭和企业行为的不同反应都可能导致金融脆弱性的发生。Foley（2001）、Meirelles 和 Lima（2006）将金融脆弱性假说模型进一步完善，对企业金融的区域分类以及参数变化对三类金融企业的影响进行了详细的阐述。Minsky（1986）的"金融不稳定假说"从传统信贷市场的角度对金融脆弱性进行了系统的定义和解释，是金融脆弱性系统理论的基础。但是，"金融不稳定假说"缺乏微观基础，仅仅是以市场主体的非理性行为作为研究的起点进行的分析。

二、Kregel 的安全边界假说

Kregel（1997）在 Minsky（1986）所做研究的基础上，从企业的角度进行了研究，提出了著名的安全边界（margins of safety）理论。安全边界是指银行获得的风险报酬，是借款人支付给银行的贷款利息的一部分。在银行遇到不测事件时，例如借款人突然无法实现过去的优良信用记录，安全边界的设置会给银行系统提供保护。因此，无论是对贷款人还是对借款人来说，都需要对预期的现金收入说明书和计划投资项目承诺书进行认真系统研判，从而确定双方都能够接受的安全边界。

一般而言，金融机构对于安全边界的设置十分苛刻，但是由于竞争压力的普遍存在，并且对于市场的预期能力相对有限，银行在实际操作中往往还会遵循所谓的摩根规则（JP Morgan Rule）进行信贷决策。在摩根规则的指引下，金融机构对以往借款人的信用记录非常重视，同时又假定"未来是过去的重复"，因此较少地对投资项目的未来进行预期。这导致在经济繁荣发展时期，每个借款人的信用记录都能得到很好维护，在正常情况下很多不能得到贷款的企业或是那些原本需要支付更高贷款利率的企业在繁荣时期都很容易得到贷款，这实际上就造成了一种虚假繁荣。正如 Keynes（1936）所指："这种成功并非企业有什么特殊的本领，而仅仅是由于在一个扩张的环境中投资。因为 5% 的经济增长率比 0.5% 的经济增长率更能掩盖一个 2% 的投资预测错误。"

Kregel（1997）基于安全边界的概念，将金融脆弱性划定为"那些缓慢的、难以察觉的对安全边界的侵蚀"。当安全边界逐渐被侵蚀达到极限时，因为不同个体对于经济现状及前景的判断与金融机构和借款企业的预期不尽相同，如果突然发生意外情况，企业为保证生产经营所需的固定现金流，必然会选择改变现有的投资行为，或者拖延对贷款人的利息支付，或者另外联系其他贷款银行。一旦两者都不能实现，企业就只能放弃原有的投资计划，或者变卖其他投资资产。此时就会进入 Fisher（1993）提出的债务紧缩过程：价格下跌、实际债务负担加重和供求法则逆转（即价格降低导致供给增加、需求减少）。于是，价格进一步下降，投资进一步萎缩。

Kregel（1997）的安全边界假说从银行的角度出发，认为金融脆弱性的根源在于银行信贷原则的失误。Minsky（1986）的金融不稳定假说从企业主体行为剖析，将金融脆弱性归咎于企业投资决策。但总体上来说，他们都是从传统信贷市场的角度对金融脆弱性进行研究和分析。

三、银行顺周期行为理论

Allen 和 Gregory（2003）提出了机构记忆假设和银行的顺周期信贷行为理论，对银行行为的周期性进行了探讨。信贷行为的顺周期理论假定银行在市场经济关系中不仅仅充当金融中介的作用，同时也是经济发展中一个追求利润最大化行为的经济主体。因此，任何银行业自身的失败都会引起信贷人员的警觉和重视。但是随着时间的推移，这种警觉和重视逐渐减弱，从危机中获得的认识逐渐变得不那么强烈，这是因为：

（1）经历过严重金融危机的信贷从业人员的人数逐步减少，或许该行业人员流动性较大，或者因为其中很多人员离开银行系统或退休，而新进职员没有经历金融危机的经验，对危机的认识和洞察没有那么敏锐，一些做法和认识可能重复以前人员的经历。

（2）由于人们具有忘记痛苦的天性，因此，即便是那些仍旧在银行系统工作的信贷人员依旧会忘记经济危机带来的创伤。在经济繁荣时，即便是那些有经验的信贷人员也会再一次忽视对借款人信用的考核，对借款人的投资项目不再仔细辨别，出于追求商业利润或者收益的目的，把信贷的标准再次降低。

这些现象的根源都在于银行系统是以利润最大化为根本经营目标，并且缺乏长期利润最大化的实施和保证机制，盲目地认为短期利益可能带来长期收益。如果信贷政策过于严格，那么在减少了低质量的贷款项目的同时也会减少高质量的贷款项目，一旦对银行高质量客户关系造成影响，那么必然会影响银行的长期收益。因此，银行的顺周期信贷行为从理论上看是经济周期发展的必然结果,也是金融中介对经济形势的一种理性反应。

银行的顺周期信贷行为有几个重要的特征:

(1) 经济繁荣时的信贷总量显著增加,经济衰退期的信贷总量则快速下降。

(2) 在经济繁荣时,对企业的信用评级普遍很高,而在经济衰退时,信用评级往往很低。

(3) 银行准备金在经济开始出现下滑趋势时就难以提高。

经济信贷行为的顺周期性在理论界仍旧是一个有争议的问题。很多学者的研究表明,如果信贷市场有效,银行业经营者应该具有对经济周期的完整认识,那么必定在经济繁荣期收取更多的风险准备金,这时银行的信贷行为应该是逆周期的;但是如果信贷市场不充分有效,此时信贷行为的顺周期就会充分表现出来,导致金融系统的内生脆弱性。尽管理论上并未对顺周期的行为形成统一认识,但是在实证检验的过程中,一般假设金融市场是不完善的且存在信息不对称性,因此,经济学家多数还是支持顺周期的信贷行为的观点。

实际上,银行信贷行为的顺周期理论是金融体系顺周期理论的最重要组成部分,而金融体系的顺周期性的研究是目前金融学研究的重点课题之一,在信息不对称和市场不完善的情况下,金融市场上很容易产生逆向选择、道德风险等问题。Bernanke 和 Gertler(1986)在一个内生的新古典经济周期动态模型中引入信息不对称和借方清偿能力的变化,首次提出了信贷市场对宏观经济波动的放大作用。Bernanke、Gertler 和 Gilchrist(1996)将之前的研究进行了拓展和融合,正式提出了"金融加速器"理论(简称为 BGG 理论)。该理论主要从信息不对称的角度研究信贷市场金融脆弱性。在 Bernanke、Gertler 和 Gilchrist(1999)的研究中,运用动态新凯恩斯主义模型分析了信贷市场的摩擦对经济波动的影响。在模型中假定企业净值 N_t 是投资收益 R、企业资金需求 K、企业生产行为 H 和市场摩擦风险 ω 以及外部融资成本 $S(k)$ 的函数,则有:

$$N_t = F[R, K, \omega, H, S(k)] \tag{2.5}$$

如果信贷市场中存在摩擦成本和信息不对称,资本总需求不变,那么外部融资成本和企业资产净值 N 负相关,即 $S(k)$ 随经济周期反向变动;而企业生产净值随经济周期正向变动,表现在模型中即 K 和 R 随经济周期正向变动,因此,企业融资情况必然发生波动。信贷市场这种状况变化引发的初始冲击被放大的机制就称为金融加速器。

除银行自身的信贷行为导致的顺周期性和金融加速器机制引发的顺周

期性以外，新旧《巴塞尔协议》的资本约束监管的框架在经济周期中也会产生过度的顺周期效应，从而加剧金融体系的脆弱性。

四、银行挤兑论

Kindleberger（1978）提出的"太阳黑子理论"指出：金融脆弱性或金融危机是由银行恐慌造成的，而银行恐慌是参与主体的"暴徒心理"（mob psychology）与"歇斯底里"（hysteria）的体现，因此，金融脆弱性的发生受外生的随机因素影响。Diamond 和 Dybvig（1983）将"太阳黑子理论"进行模型化（简称 DD 模型），认为参与主体的"暴徒心理"和"歇斯底里"致使参与主体"协调失败"，从而导致银行挤兑出现。这一理论强调，虽然银行基本面仍然健康，但是由于金融活动参与主体预期的变化也可能造成金融脆弱性的产生。具体来看这个典型的多重均衡模型：

假设一个封闭的经济体，经济期包括三个阶段 $T=(0,1,2)$，并存在这样的一种生产技术，在 $T=0$ 时给每位存款人每 1 单位同质初始禀赋，在 $T=2$ 时有 R 单位产出（$R>1$）。如果在 $T=1$ 阶段生产被打断，则仅有 1 单位的产出，此时的生产技术表示为：

$$T = 0 \text{ 时}, Y = -1 \qquad (2.6)$$

$$T = 1 \text{ 时}, Y = (0,1) \qquad (2.7)$$

$$T - 2 \text{ 时}, Y = (R,0) \qquad (2.8)$$

经济体中包括两类投资者：$i=(1,2)$。其中"$i=1$"表示无耐心的存款者，"$i=2$"表示有耐心的投资者，并且每类投资者在 $T=1$ 时就已知自己的类型。$T=1$ 时，如果存款人发现自己是无耐心的投资者，那么原始投资仅用于消费，$c_1^1=1$（c_T^i 表示类型是"i"类型的存款人在 T 期的消费）；如果存款人发现自己是有耐心的消费者，那么他就可以在 $T=2$ 时获得产出 R 用于消费。而在 $T=0$ 时，所有消费者都不知道自己所属类型，因此只能用初始禀赋进行消费。

此时，将金融中介——银行引入模型当中，银行为存款人提供了活期存款契约，此时，无耐心的消费者在 $T=1$ 时获得的消费水平为 $c_1^{1*}>1$；而有耐心的消费者在 $T=2$ 时获得的消费水平为 $c_2^{2*}<R$。因为存款人都是风险厌恶者，因此，他们愿意与银行建立契约关系。

假定银行对每位没有耐心的存款人承诺的收益为 r_1（$r_1>1$），因为存在银行的连续服务约束，存款人的收益取决于取款时的位置。V_1 为无耐心存款者取走的每单位存款的收益，这与存款人在 $T=1$ 时的何位置取款有关，同理，V_2 为没有取走的每单位存款在 $T = 2$ 时的收益。用式子表示为：

$$V_1(f_j, r_1) = \begin{cases} r_1, & f_j < r_1^{-1} \\ 0, & f_j \geq r_1^{-1} \end{cases} \tag{2.9}$$

$$V_2(f, r_1) = \max\left\{\frac{R}{1-f}(1 - r_1 f), 0\right\} \tag{2.10}$$

式中：f_j 表示第 j 位存款人取款前的存款总量；f 表示 $T = 1$ 时被取走的活期存款总比例。

因此，银行在提供活期存款契约时能够实现两种均衡。第一种均衡是能够实现最佳风险分担的均衡，此时无耐心的存款人在 $T = 1$ 时的取款总量与有耐心的存款人在 $T = 1$ 时的等待达到均衡，银行成功地实现了风险的分散，社会资源达到了合理配置，这正是在自给自足经济中引入银行系统的重要意义。此外，还存在另外一种均衡，所有的存款都由于"暴徒心理"的存在而处于恐慌的状态，并都选择在 $T = 1$ 时取款，因为此时存款人都能得到比 1 单位的投入更加多的收益，存款人存入的本息和要大于银行清算的资产，此时银行挤兑出现。

DD 模型提出了预言自我实现的银行恐慌模型，在给定先后顺序和资产的变现成本后，证明了银行与存款人之间的流动性保险契约存在双重纳什均衡：挤兑均衡和非挤兑均衡。金融脆弱性的产生根源于挤兑均衡的存在，而银行挤兑实际上就是在银行活期存款契约下一个不令人满意的均衡，银行挤兑一旦出现，将对真实经济产生巨大的危害。在 DD 模型中实际上也提出了应对银行挤兑的措施：如可采用"暂停取款"的措施或建立"存款保险制度"防范银行挤兑的发生。

DD 模型提出之后，很多经济学家都对其进行了发展和完善。Wallace（1988）对 DD 模型的"连续服务约束"进行了探讨，认为这一假设与存款保险的政策有冲突。Edward 和 PingLin（2000）将 DD 模型的三个阶段简化为两个阶段，证明了此时经济中只存在一个最优均衡，但该模型忽略了银行运转的动态性。Wallace（1996）将模型中的单一生产技术划分为短期的生产技术和长期的生产技术。这些对模型的深化和发展主要是针对 DD 模型原有假设进行的。此外，还有一些拓展将静态的 DD 模型拓展为动态的形式。如 Temzelides（1997）对模型不断重复的情况下的银行危机发生特点进行了研究，认为把握金融危机恐慌的频率以及不同阶段市场结构的特点，能够降低金融危机爆发的频率。Ernst-ludwig 和 Thadden（2000）将模型从一期变为多期，他们的观点将经济期看成是不间断的动态过程，对存款契约的激励问题进行了深入探讨。

五、Allen 和 Gale 的金融脆弱性模型

从前面的介绍中看到，20 世纪 30 年代以来对于金融脆弱性的研究主要是从信贷市场的主体角度进行的分析；20 世纪 80 年代开始，金融脆弱性的理论则更多的是从信息经济学的角度进行的分析。80 年代后期以来金融脆弱性的理论发展，经济基本面的理论和外生冲击的理论则呈现不断融合的趋势。Allen 和 Gale（1996，2003）（简称 A – G 模型）试图将两种观点统一，他们的研究认为：内生脆弱性的一个极限状态也就是"太阳黑子脆弱性"，因此，两者在本质上是一致的。他们的模型中假设投资者满足其自身的激励相容约束（incentive compatibility constraint），那么他必然在"$T = 2$"的时候提存，DD 模型中所提到的挤兑的均衡也就不能出现，经济中不存在协调失败的情况。A – G 模型中假设市场是进行长期资产交易的，市场中不存在流动性的冲击和资产收益的差异，那么 $T = 1$ 时投资者可进行 $T = 2$ 时的合同，而不必对物质资本进行清算，模型假定下式成立：

$$\eta(\theta) = \alpha + \varepsilon\theta, \varepsilon \geq 0 \qquad (2.11)$$

式中：$\eta(\theta)$ 为"$T = 1$"时实行提存行为的投资者比例；α 是银行所受到的个体冲击；θ 是银行受到的内生脆弱性冲击（即基本面冲击）。则"$\theta = 0$"代表一种极限状态，银行业仅仅受到自身的"太阳黑子冲击"，基本面没有对银行业发展产生任何冲击和影响。若 $\theta > 0$，则经济中两种冲击均存在，基本面冲击和"太阳黑子冲击"的关系也就相应建立起来了。模型说明，政府不一定要对银行挤兑实行干预。当安全的资产收益在银行内部和外部相等时，金融风险的存在是可以的，这是因为，资本的合理配置应该满足两个条件——必须投资一部分资本于风险资产上，且此时早期的提存者必须承担一部分风险。如果安全资产在银行的内部收益比在外部获得的收益更高时，那么银行挤兑也就无法达到最优配置，此时，政府对于银行的干预会将社会福利提高到最大值。除此以外，假设安全资产在银行内部和外部获得的收益能够相等，但是由于市场中存在风险资产交易，此时银行挤兑需要成本。这是因为银行挤兑出现后相应的风险资产也会大量抛售，资产价格急剧下降，也就会出现帕累托改进的余地。

值得一提的是，Allen 和 Gale（2000）设计了一个模型对信贷扩张与泡沫之间的关系进行分析，认为如果投资者不是用自己的货币资本进行投

资，而是采用银行贷款进行投资，假设其投资的组合价值大于银行贷款的价值，那么他将获得投机利润；但是如果资产组合的价值不足以偿还贷款，那么他就会选择破产以避免更大的损失。这种收益和风险的不对称性导致投资者的风险转移，产生了过度投资现象。这一观点很好地解释了2007年由美国"次贷危机"引发的全球金融危机。

六、银行业的市场竞争结构

对于银行业竞争结构与金融脆弱性之间关系的考察，现有的研究主要集中于两个方面：第一，银行业的竞争程度高低是否说明资源配置效率的高低；第二，银行业的竞争加剧是否代表着信贷市场上脆弱性增强。这种市场结构和金融脆弱性关系的问题事实上是一个尚有争论的话题，目前对于两者的关系主要存在两种不同的观点。

第一种观点从银行的特许权价值（charter value）、风险行为和垄断租金的角度出发进行研究，认为垄断的银行业市场结构更有利于金融稳定。Keeley（1990）的研究认为，20世纪80年代美国银行业竞争的加剧导致垄断租金被侵蚀，从而引发了银行业的破产。他认为，在市场竞争加剧的情况下，银行业的边际利润随之减少，每家银行为追求自己的最大化利润就可能采取冒险的行为，对那些信用状况较差的贷款人给予贷款，导致银行业的风险增加，信贷市场的脆弱性加剧。Perotti和Suarez（2002）的研究认为，政府会采用一系列的优惠条件让有清偿能力的银行接管那些破产的银行。Boyd等（2004）认为，寡头垄断的银行市场结构能够使银行部门拥有更多的资本缓冲来应对金融冲击，保证金融体系的稳定。Park和Peristiani（2007）认为，特许权价值高，银行破产的机会成本也相对较高，银行管理者将在信贷行为中表现谨慎，因此将极少参与影响未来收益的高风险投资项目。Matutes和Vives（1996）认为，银行业竞争加剧将引发各银行存款资源不足，银行业边际利润降低，福利水平下降。Hellmann、Murdock和Stiglitz（2000）也强调了竞争加剧对各银行吸纳存款的影响。他们以美国的存贷款危机和日本危机为例说明过度的风险承担将使社会成本加大，而产生这一问题的原因正是在于金融自由化的发展、银行业壁垒的撤销、竞争的加剧导致的利率降低，等等。而商业银行往往受到政府部门的保护，因此，他们更愿意冒着破产的危险进行投资，将可能的损失分担给政府和存款人，这就是所谓的银行业的"赌博"行为。

第二种观点认为竞争性的银行业市场结构更容易保持金融稳定。产业组织理论的观点认为，竞争的市场结构能够通过降低价格、提高产量来促进经济增长。很多经济学家认为银行业的发展也是如此，主张要提高银行业的市场竞争水平，但是从根源上看这是与传统的产业理论有区别的。Guzman（2000）使用一个简单的一般均衡模型对垄断和竞争的银行体系与资本积累的关系进行了比较。研究说明，垄断的银行市场结构中，银行部门倾向于压低市场利率、提高贷款利率，这种市场行为必然导致资本积累低效率。Mishkin（1999）的研究认为，如果银行规模过大，对于国民经济的影响也就越大，此时政府需要为其提供公共贷款和补贴，银行的道德风险问题应运而生，而垄断银行也更愿意从事高风险的投资行为。Caminal 和 Matutes（2002）认为，银行业的市场竞争不强，信贷的配给也就相对较少，如果此时经济中存在不确定性，贷款数量增大，银行破产的可能性也就会增大。

对于信贷市场的金融脆弱性研究，除上述主要理论之外，政治经济学和行为经济学还有一些其他重要的理论，这里就不一一赘述。

第二节 金融市场的金融脆弱性

在上一节中已经阐述了传统信贷市场的金融脆弱性，对于信贷市场的金融脆弱性多是描述银行机构的过度信贷冲动的理论，这也是金融机构脆弱性形成的主要原因；对于而金融市场的金融脆弱性，则多是针对资产价格的波动及其联动效应的研究。

一、资产价格波动理论

传统的资产价格波动主要是指股市中的资产价格异常波动。Keynes（1936）曾经指出，经济的繁荣会推动资产价格的上升，这就是"乐队车"效应（underdog）——在经济周期处于上升期时，多数的投资者开始涌向价格的"乐队车"，从而使股票价格的上升速度要快于经济发展的速度，这时，用经济的基本面已经无法解释股市价格的过度增长。同理，在经济转入下降期时，市场的预期也相应地发生变化，投资者开始转而涌向挤兑的"乐队车"，股市的资产价格泡沫随之破灭。总体上看，宏观经济的波动是相对温和平缓的波动，但是股市的波动则是迅速而剧烈的，在宏观经济的带动下，有时仅仅一个简单的变动信号也可能引起股市的轩然大波。在交易性的制度中，高买低卖的技术性特征也是导致股市股票价格异常波动的因素。Kindleberger（1987）的研究认为，市场的集体非理性行为是导致过度投机从而引发资产价格异常波动的主要因素。Lagunoff 和 Schreft（2001）通过一个动态随机博弈模型说明了股票市场的价格波动对整个金融市场的影响。该模型具有两个基本特征：一是市场上的投资者拥有多元化的投资组合，但其投资组合和支付委托之间都有紧密的联系；二是在宏观经济的基本面受到冲击时，会导致一些投资者的投资出现损失，这些出现损失的投资者将重新分配投资组合，从而打破了原有的紧密联系。Lagunoff 和 Schreft（2001）认为，在帕累托最优的均衡状态被打破时，一般会出现两种情况：一是投资者之间的联系逐渐断裂从而引发金融市场的金融脆弱性；二是投资者对未来的预期做出了准确的判断，此时将资产转为以更为安全的形式进行投资，股票市场的流动性发生大幅波动，同样会加剧股市的金融脆弱性。不论是投资者的何种行为，在股票市场中都会引发金融脆弱性。两位学者同时指出，股票市场规模越大，金融市场的金融脆弱性越强。近些年来，在金融市场上资产价格过度波动是一种易发现象，由于金融市场各部门之间的联动性较强，资产价格过度波动引发的价格泡沫，往往会通过传递效应、不对称效应和金融加速器效应加速金融系统的风险累积，使整个金融市场的脆弱性加剧，最终导致危机的爆发。

（一）资产价格的传递效应

随着国际金融市场一体化程度的加强，全球范围内的股票市场、外汇市场和货币市场更加紧密地联系在一起，任何一个国家的任何一个金融市场的价格波动都会对本国的实体经济发展产生影响，也会引起其他国家的价格波动，甚至导致全球市场的金融体系崩溃。这种国与国之间、不同市场之间的资产价格的相关联系，被称为资产价格的传递效应。Banerjee（1992）的研究认为，这种资产价格的传递根源在于投资者之间的从众效应。在国际金融市场中，当某一国家的股票市场发生资产价格泡沫的破灭引发金融危机时，市场中的每个投资者的预期都会发生变化，在从众效应的作用下，这种泡沫的破灭迅速传递，在国际金融市场中形成传染。他的研究在一个连贯的决策模型中说明了在信息不对称的市场中，心理因素的传递将会导致金融市场之间的联动。Misati 和 Nyamongo（2012）的研究认为，一国的金融政策有可能影响他国的金融市场。近些年来，随着金融国际化、金融一体化的发展，国际金融的关联性不断加强，国际债务链条日趋复杂，金融交易体系的日益庞大使得支付清算体系更加脆弱。一国的资产价格发生过度波动产生资产价格泡沫时，在国际金融市场中，它的债权国会受到直接的影响，从而产生连锁反应。金融资产价格泡沫破灭之后，金融机构的流动性危机又会进一步导致清偿能力的危机，如果汇率泡沫随之出现，该危机将通过国际贸易的渠道在国际市场上进行传染。

（二）资产价格的非对称效应

资产价格的非对称效应，是指在资产价格泡沫的运行机制中，当其处于上升状态时，资产价格对商品和劳务的价格产生的直接带动力较小，但却能够给金融体系带来很大的间接影响。这是因为，在资产价格进入快速上升通道时，对金融机构的信贷能力的需求更大，此时金融机构不得不以资产作为抵押物继续其贷款行为，这就必然导致金融风险的产生，加剧金融市场的脆弱性。一旦受到外部冲击，资产价格的急剧下降将会给金融机构带来巨大的损失，甚至导致金融体系的崩溃，金融危机爆发。Bernanke、Gertler 和 Gilchrist（1999）的研究对资产价格的这种不对称效应进行了准确的分析，认为如果资产价格快速上升，商品和劳务的价格增长幅度不大，但是如果资产价格发生急剧下降，将会给金融体系的稳定性带来很大影响，这在多次金融危机中都得到了实践的支持。

总体来看，随着经济发展和金融一体化趋势的增强，国际金融市场结构发生很大变化，主要特点是资本市场的迅速发展，金融资本在国际市场上的流动性和可交易性都不断增强，股票市场、外汇市场和房地产市场的价格偏离均衡都会成为资产价格泡沫的载体，其后，资产价格泡沫又会通过传递效应、不对称效应和金融加速器效应在国际市场间传染，由此可见，资产价格泡沫正是金融市场脆弱性的重要根源之一。

二、汇率超调论

另一个影响金融市场脆弱性的重要根源是汇率，不论是在固定汇率制度下还是在浮动汇率制度下，汇率都是影响金融市场脆弱性的重要推动因素之一。而在浮动汇率制下，汇率波动和错位更易发生。Dornbusch（1976）提出了汇率超调理论，模型中假定商品和劳务市场的价格都具有价格黏性（sticky price），研究金融资产市场在扰动（比如货币供给的增加）的冲击下从一种稳态到另一种稳态转变过程中出现的现象。汇率波动的主要原因是外部冲击带来的资产价格商品的过度反应。而超调从本质上看是资产价格的一个普遍特性，不是汇率所独有的。在资本市场上，现在的收益和资本利得所诱发的某种资产价格的行为即成为超调。

假设经济中的某一国家的即期的资产总收益率为 i，则其资产收益率应该由两部分构成，即期收益率的贴现值和资本利得的贴现值，用公式可表达为：

$$i = \frac{r}{P} + \frac{\dot{P}}{P} \qquad (2.12)$$

式中：r 为某种资产的本期资产收益率，也可以表示市场利率；$\dot{P}$ 为资本利得；P 为资产市场价格。那么，在稳态时有 $\dot{P} = 0$，$i = r/P$。

此时假定套利行为可确保 i 是某个给定市场的收益率；在短期内，新信息对投资者的预期产生影响，r 会随之高于其稳态值，那么在该项资产价格上将会有一个瞬间的增加或"跳跃"出现以反映该额外收益率的现值，而 r 中的暂时利得将引致资本亏损，此时：

$$\frac{\dot{P}}{P} < 0 \qquad (2.13)$$

对一个有限期间内的额外收益进行预期将导致出现一种关于瞬间升值被一种逐渐降值所跟随的锯齿形模型。通常来看，超调在很大程度上是由过分投机、错误的预期和"泡沫"造成的。

Dornbusch（1976）的汇率超调理论中假设：①商品具有价格黏性；②金融市场瞬间出清，完全的资本流动确保不抛补的利率平价持续成立；③本国是小型经济体，他国利率和价格水平都是固定的，本国经济对他国经济无影响。则有：

$$\begin{aligned} i - i^* &= \Delta S^e \\ \Delta S^e &= \theta(\bar{e}_s - e_s) \end{aligned}, \theta > 0 \qquad (2.14)$$

式中：i 代表本国利率；i^* 代表他国利率；ΔS^e 为本币相对于外币的预期贬值率；$\bar{e}_s$ 为现行均衡汇率值的自然对数；e_s 为现行即期汇率制的自然对数；θ 反映的是市场预期对相对于均衡值的本币高估或低估的敏感性系数。就任何给定程度的本币高估而言，θ 越大，预期的本币贬值速度越快。

造成汇率超调的原因有很多，本章仅通过货币供给量的增加来说明汇率的超调过程，选用货币供给的增加来分析主要是由于货币供给的增减在汇率的超调过程中所造成的影响最小，无须任何暂时的商品流的变化，就可以通过价格的变化来调节实际现金余额的存量。那么，在一国货币供给量增加的情况下，从长期看，如果购买力平价理论成立，则价格水平和汇率必须按照货币供给增加的百分率变动；但在短期内，由于价格黏性的存在，实际现金余额会顷刻增加，国内利率瞬时下降，以达到货币市场的新均衡。

$$\frac{M^s}{P} = ky - li, \; k,l > 0 \tag{2.15}$$

根据货币市场均衡方程，在短期内 P 不变，实际国民收入 y 不变的情况下，由货币供给增加引起的货币市场失衡，必然依靠降低利率来抵消，这里 i 表示度量机会成本的利率。一种情况是，本国货币收益率与外国货币收益率相等，即在外国利率 i^* 不变的情况下，当国内利率 i 下降时，资本将会被风险中性的套利者调往外国进行套利；另一种情况是，本国货币贬值，即当货币供给突然增加、利率 i 突然下降时，根据 $i - i^* = \Delta S^e$，在今后一段时期内外汇市场对本国货币的预期会稳步升高，国内利率降低导致资本外流。鉴于市场参与者的预期效应，本币汇率的变化率表现为本国与外国之间的利率差异。

在调整过程中，由于利率是瞬时下降的，且为恢复稳态值而必须上升。在保持商品价格固定不变的条件下，利率 i 的作用将显现。当其下降幅度 M^s 增大时，本币汇率瞬时贬值的幅度也随之增大（即本币即期汇率低估），这需要通过货币升值来达到新的长期均衡值。因此，货币短期供给增加形成了汇率超调，即汇率调整幅度超出了新的长期均衡汇率。

随着时间的推移，商品价格逐渐走高，利率上升并趋向不变的长期均衡水平。主要原因是，当价格 P 上升时，实际货币供给下降（M^s/P），当商品价格 P 上升的百分率与货币供给增加的百分率相等时，实际货币供给量就与货币供给增加前的均衡实际值相等。此时，本币汇率逐步升值并达到新的长期均衡值。由此可见，在汇率超调过程中，购买力平价不成立。本国物价 P 逐步上升的主要原因是，当货币供给增加时，货币余额超过意愿持有的水平，为恢复合意的货币余额水平，人们会增加支出，导致物价 P 上升。

在 Dornbusch（1976）的汇率超调模型中，由于商品市场与金融资产市场的出清速度不一致（金融资产市场是瞬时出清的，而商品市场的出清则是随时间推移缓慢进行的）以及市场预期，导致在货币供给量增加的情况下，本币汇率的先贬后升违反购买力平价。

黏性价格条件下的汇率超调模型是对布雷顿森林体系固定汇率制崩溃后的现实世界的汇率超调行为的反映。因此，它不仅在汇率决定理论上填补了空白，而且具有政策上的实际指导意义。特别是，在一个国家采取紧的货币政策（例如降低货币供给增长率）以提高利率的情况下，如果该国满足 Dornbusch（1976）的汇率超调假定，就会出现汇率超调；否则，就不一定会出现汇率超调。

当满足汇率超调假定的国家采取提高国内利率的紧缩货币政策时，本币实际汇率会上升。在其他条件相同的情况下，实际汇率上升会使出口下降、进口上升，造成产量下降、失业增加、工厂倒闭、已占领市场的丧失。因此，满足汇率超调假定的国家政策制定者必须运用诸如征收利息平衡税、实行双重汇率等手段将金融资产部门和实业部门隔离开来。当然，如果能实行固定汇率制，汇率的超调就可以被避免。

汇率超调也是造成浮动汇率制下汇率剧烈变动的一个重要因素。国际经济的迅速发展受到影响，由于汇率多变会给进行国际商贸往来的经济主体带来汇率风险，经营稳健的经济主体不愿冒汇率风险或进行套期保值的成本太高。在无法实行固定汇率制的情况下，要通过增大系统运行中的阻滞作用，即当外界扰动使利率突然上升或下降时，及时采取措施以降低利率上升或下降的速度和幅度，来减轻或消除汇率超调的影响。

Chang 和 Velasco（2000）指出，固定汇率制度终将以货币危机为代价，除非央行愿意充当最后贷款人，银行危机才可以避免。由于政府通过操纵汇率将其维持在不适应宏观经济形势的水平上，导致市场参与者信心脆弱，一旦投机力量大到足以操纵市场，政府控制汇率稳定的能力会更加薄弱。

浮动汇率制度下汇率的易变性成为汇率运动的基本特征。而当市场汇率的波动幅度超出了真实经济因素所能够解释的范围时，汇率将呈现过度波动的状态。在浮动汇率制度下，由于经常出现汇率的过度波动甚至错位，汇率体系的稳定性会更加弱化。Dornbusch（1976）在汇率超调理论中指出，在浮动汇率制度下，因为面对某种初始的外部冲击，汇率会随之发生剧烈波动和错位。在金融市场中，投机资本运动以预期为心理基础，投机活动在预期的指导下成为现实行为。初始的市场预期发生的微小变化会通过累加，引起汇率的大幅波动。

很多金融危机的实践经验表明，中间汇率制度和金融脆弱性是密不可分的。如果政府采用中间汇率制度，那么政策的公信力就将较差。Eichengreen 和 Hausman（1999）认为，在固定汇率制度下，银行和企业会大量持有未对冲的外币债务，同时不愿去对冲外汇风险。此时，若人们的预期出现偏差或国内的经济状况发生变化，金融脆弱性就会暴露出来。由于投机基金不断攻击，银行的外债由于本币贬值而膨胀，汇率下跌，随之可能爆发银行危机甚至金融危机。不仅银行如此，企业和个人也存在同样状况。

三、价格波动的关联性

前面已经描述了国际金融市场的强关联性，下面将运用戈登模型（Gold Model）和利率平价理论（rate parity）对资产价格波动在国际金融市场之间的关联性进行简单的解释。戈登模型又称固定增长模型或股利贴息不变模型，是探讨股票价格、预期的基期股息、贴现率和股息固定增长率之间关系的基础模型。模型中假定：①股利的支付在时间上是永恒的；②股息的增长速度是固定的常数；③在模型中贴现率要大于股息固定增长率。那么有：

$$P = \frac{1}{i - g}D \tag{2.16}$$

式中：P 为股票价格；D 是预期的基期股息；i 为贴现率；g 为股息固定增长率。

由于假设（3）的存在，则贴现率 i 应该由货币市场利率 r 和风险报酬率 Rr 两部分构成，则有：$i = r + Rr$。

因此，戈登模型可写为：

$$P = \frac{D}{(r + Rr - g)} \tag{2.17}$$

此时，戈登模型说明了股票价格与货币市场利率、风险报酬率和固定股息增长率之间的关系。其中，股票价格 P 与货币市场利率 r 是负相关关系，市场利率越高，人们购买股票的倾向越小，因而股票价格越低。这一经验已经被各国的实践所证实。

在利率平价理论中曾经描述了一国货币市场利率和汇率之间的关系，在资本自由流动和利率自由化的假设下，投资者的套利行为会使国际金融市场上以不同货币计价的相似资产的收益趋于一致，那么，开放经济下利率的平价可表示为：

$$r = r^* + f \tag{2.18}$$

式中：r 是本国市场利率；r^* 为外国货币市场的利率；f 为本国货币相对于外国货币的预期贬值率。而这一贬值率在汇率市场中实际就是本国货币的远期贴水（或升水）。则有：

$$P = \frac{D}{r^* + f + Rr - g} \tag{2.19}$$

上式说明股票市场价格与本国的货币预期贬值率之间是反向的关系。当股票价格提高时，国际金融市场中的本币升值；反之，当股票价格降低时,相对于外币而言,本币贬值。1997年东南亚金融危机爆发时,股票价格和本国汇率同向变动就是明显的例证。

对于不同金融市场关联性的解释,在理论界也给出了一些其他的观点。总的来看,宏观角度的研究主要是说明经济因素的变化对金融市场价格波动的影响,在经济基本因素的影响下,金融市场的价格变化往往反映的是中长期的趋势,然而却无法解释市场短期非理性的波动;对于短期非理性的解释,行为经济学则给出了很好的解答,行为经济学理论认为信息不对称、信息传递障碍、信息成本等问题的存在是投资者无法做出理性行为的重要原因,反映到金融市场中,就表现为资产价格的异常波动(包括层叠模型、声誉模型、传染模型等)。从微观市场结构的市场上看,市场交易机制、做市商制度和市场参与者的性质也对金融市场之间的资产价格关联性产生影响。在国际金融市场中既存在理性的投资者又有很多非理性的投资者,理性的投资者根据对经济基本面的研判进行投资,使其市场价格符合经济基本面;非理性的投资者则往往关注噪音信息,其投资行为使市场价格与经济基本面发生偏离。

四、信息不对称的理论解释

在前文已经介绍 Diamond 和 Dybvig(1983)研究发展的 DD 模型,提出了道德风险在金融危机爆发过程中的作用机制。但很明显,道德风险因素不能完全对金融危机做出解释,同时也没有充足的"典型事实"对其进行说明。基于此,20世纪70年代兴起的信息经济学为资本市场的金融脆弱性提供了进一步的解释。

众所周知,古典经济学的经典假设之一就是信息的完全性。信息经济学在微观层面的研究则强调信息不对称导致了市场的不均衡性。正是因为信息不对称的存在,市场存在交易成本,金融中介才会应运而生。金融市场作为虚拟经济的具体模式脱离于实体经济,信息在市场主体中的作为更为明显。而市场主体之间的信息不对称必然会带来金融市场的噪声交易(Black,1986)[1]。金融市场主体包括政府、上市公司、投资银行、其他市场中介、投资者等。市场主体的差异性决定了噪声交易者与理性交易者的博弈关系。而一般情况下,市场的噪声交易者占主导地位,这大大地降低了市场的有效性,资产价格也在噪声交易中产生转移。进一步地,理性

---

[1] 噪声交易区别于真实交易,市场主体依据金融资产的基础价值变动进行交易是真实交易,而交易方依据失真信息进行交易则称为噪声交易。

交易者在市场中也不能仅仅依靠对市场基本面的分析进行交易，而要参考噪声交易者行为，并逐步沦为噪声交易者，造成资产价格的进一步偏移，加剧金融泡沫出现，导致市场的金融脆弱性加剧。

信息不对称对金融市场的脆弱性影响同时也表现于由于信息不对称引致的逆向选择问题的出现，最直接的表现为股权融资模式本为筹资风险最低的融资模式，但由于信息失真，投资者对证券市场信息分析缺乏信心，对上市公司的股票价值评估准确性较差，从而回避股权融资模式，在筹资过程中首先利用自有资金，其次选择债权融资模式，最后才选择股权融资，这成为公司最优的"啄食"顺序。Myers-Majluf 模型是啄食理论的主要支持（Myers & Majluf, 1984）。显而易见，债权融资因存在固定的利息费用，筹资风险高，市场中如果多数投资者倾向于选用债权融资模式，会进一步加剧金融市场的风险。

除此以外，信息不对称引发的道德风险问题也会加大资本市场的风险程度。这体现在上市公司通过股权融资模式获得资本以后，企业经营者可能转移资金投向。通过债权融资模式进行筹资的企业会受到银行等金融中介机构的监督，但是通过股权融资模式进行筹资则可能对投资者进行隐瞒。这是因为，证券市场中汇集的大多是信息分析能力有限的个体投资者，他们仅依靠上市公司及金融中介提供的信息进行分析，处于信息劣势，没有机构投资者的专业分析能力和监管能力。同时，鉴于监管成本较高，个体投资者也不可能牺牲自我利益去成全其他个体投资者。此时，道德风险中的"公共绿地"问题也就出现了。这些行为必然使得金融市场的脆弱性进一步加强。

第三节 本章小结

本章的研究主要考虑在封闭经济条件下的金融脆弱性问题。目前国内对于金融脆弱性的研究主要还是从金融风险和金融危机的角度进行探讨，将金融脆弱性、金融风险和金融危机混为一谈，而对于金融风险及金融危机的研究，往往仅是从一些零散的表象开始进行判断，对于金融脆弱性的理论根源探讨不多，这使得在对金融脆弱性给予政策建议时缺乏理论支持，偏离实际，也无法发挥政策建议的功效。因此，在本章中，首先需要梳理金融脆弱性的基本理论和方法，特别是与我国经济发展联系较为紧密的观点和模型。由于目前国际上对金融脆弱性的研究视角繁多，基于第一章中对于金融脆弱性概念的界定，本章采取学术界的主流视角：传统信贷市场的脆弱性和金融市场的脆弱性（黄金老，2001）。根据这两个线索对脆弱性的经典理论及模型进行了评述。

对于信贷市场上金融脆弱性的理论探讨，最早的研究是从封闭经济中信贷市场的主体说起，它们分别是企业和银行，主要的理论包括了明斯基的金融不稳定假说和克瑞格的安全边界说；而对于信贷市场的金融脆弱性的探讨，更一般的角度是从信息不对称、大众心理以及银行内部制度的角度进行系列分析，其中银行挤兑论认为银行业恐慌的发生是参与主体的"暴徒心理"（mob psychology）与"歇斯底里"（hysteria）行为作祟。

金融市场的金融脆弱性表现为金融资产价格的过度波动，而这种波动也是金融体系脆弱性累积的重要来源。一般认为，任何影响资产未来收入流量的心理预期都会引起资产价格的波动。有一种说法：资产价格间接地决定自身。即高的价格决定新一轮、再一轮的价格攀升，低的价格决定新一轮、再一轮的价格下滑。只有这种单方向的市场能量释放完毕，才会开始反向的循环，而这种自我循环必然造成资产价格的过度波动。金融市场价格定价的过程受不完全信息的影响较大，因此具有一种内在不稳定倾向，这种倾向导致金融资产价格经常处于波动之中，不同的资产价格会呈现出不同的波动特征，在金融市场中又相互作用、相互影响，引发金融脆弱性。金融市场资产价格的变量众多，理论界对于资产价格的研究主要集中于股票价格和汇率波动。因此，本章从股市的角度对资产价格波动进行了解释，接着对 Dornbusch（1976）的汇率超调理论进行了介绍，并利用戈登模型（Gold Model）和利率平价理论对资产价格之间的相互影响进行了判断，最后从信息经济学的角度对金融市场的金融脆弱性进行了分析。

第三章　金融投机攻击模型的进展和经济政策操作反思

1961年,诺贝尔经济学奖获得者蒙德尔在"最优货币区域理论"(Mundell,1961)一文当中写道:"只要固定汇率、黏性的工资和价格水平阻止了国际价格体系在调整过程中实现自身的本质作用,那么显然阶段性支付余额危机将是国际经济体系当中的一个内在的特征。"20多年以后,蒙德尔提出的阶段性国际货币支付危机便大量地出现在金融体系比较脆弱的国家当中。在20世纪90年代,欧洲、墨西哥、亚洲等地发生的金融危机吸引了经济学家的注意力,人们十分关注对政府控制的汇率进行的投机攻击,并使用新的理论和计量方法分析这些事件的发生。上一章已经对封闭经济条件下金融脆弱性的理论进行了介绍,但金融脆弱性绝非在封闭的经济环境中发生的,开放经济下的金融投机行为和金融传染的发生对金融风险的扩大具有重要的作用。在这一章中,将说明开放经济条件下金融投机攻击与金融传染的理论模型。

在本章中,首先将给出货币危机的四代主要理论模型。其中第一代理论模型和第二代理论模型较为成熟,主要阐述了货币危机发生的宏观机理,第三代模型则侧重从微观视角对货币危机进行解释。第四代模型的兴起主要强调了金融资产价格在金融危机爆发中的作用,同时,也强调金融规则和金融制度的影响。本章将对四代货币危机理论模型进行对比和总结,并且对其进行有限的引申和评价,借此对一些经受国际投机攻击和产生金融危机的国家采取的经济对策进行反思。

第一节 现代金融危机理论模型

一、第一代投机攻击模型：无抵御政策和抵御政策模型

Krugman（1979）首先发展了第一代投机攻击模型，其后，很多经济学家对模型进行了发展。Flood 和 Garber（1984）对 Krugman（1979）的模型进行了发展，放弃了原模型中的完全预见能力假设，假定国内信贷过程是满足随机分布的，因此，投机攻击的时间也就不能确定，在此基础上，他们构建了一个简单的线性模型，用以说明投机攻击行为。Connolly 和 Taylor（1984）的研究认为，在汇率制度崩溃之前确实存在着实际汇率上升以及经常性项目恶化的情况。在他们对汇率体制和投机攻击的分析中，主要发展了对汇率制度崩溃以前商品贸易相对价格的变动行为分析。Krugman 和 Rotemberg（1991）对投机攻击的目标区域进行了划定。1994年墨西哥金融危机又给了经济学家新的启示，Flood、Garber 和 Kramer（1996）的研究将中和的干预政策和利率政策结合到第一代货币危机模型当中，假设一国货币当局的主要工作就是固定汇率，在此基础上，分析了国内货币市场私人部门和政府部门的行为方式。为了进行理论说明，下面给出最为简单的汇率模型。国内货币市场均衡方程可以表示为：

$$m_t - p_t = -\alpha(i_t), \quad \alpha(\cdot) > 0 \tag{3.1}$$

式中：变量 m_t 是国内高能货币供给，p_t 是国内价格水平，m_t 和 p_t 均是水平值的对数转换；i_t 是国内名义利率的水平值。因此，方程（3.1）是利用实际货币余额表示的货币需求函数，显然货币需求与名义利率负相关，即名义利率越高，则货币需求越低，因此，方程（3.1）右端出现负号。

假设国内货币供给受到两种中央银行资产支持，即货币供给的来源主要有国内信贷和国际储备。假设国内信贷的对数变量为 d_t，国际储备的对数变量为 r_t。作为一种会计等式，可以近似地利用对数线性表示为：

$$m_t = d_t + r_t \tag{3.2}$$

国内市场的价格水平和利率水平受到国际套利机会和投机条件的影响。价格水平受到购买力平减条件的约束：

$$p_t = p_t^* + s_t \tag{3.3}$$

式中：p_t^* 表示国外价格水平的对数值，在下述分析中可以假设该变量为常

数；s_t 表示对数汇率，也表示外汇的国内货币价格。在固定汇率阶段，国内价格水平与国际价格水平同步变动。

利率满足隐性利率平减条件（Uncovered Interest Rate Parity）：

$$i_t = i_t^* + s_t' \tag{3.4}$$

式中：i_t^* 表示外国货币利率；s_t' 表示预期或者实际汇率的变化率，它的变化表示国际储备的变动促使国内货币市场进行均衡调整。在具有浮动汇率阶段，国际储备的数量一般是保持固定的，通过汇率的波动来调节国内货币市场均衡。

为了使用上述模型分析一些历史上发生的金融投机攻击，还需要将模型进行进一步扩展，引入货币乘数、国内价格、收入和消费等变量，以及证券市场和货币市场的随机扰动冲击等。

当经济系统中不存在不确定性时，假设汇率固定在"$s_t = \bar{s}$"的水平上，从上述模型当中可以得到：$s_t' = 0, i_t = i_t^*$。

假设国内赤字融资要求信贷规模以常数数率 μ 增长，并且 p_t^* 和 i_t^* 都是常数，则有：

$$r_t + d_t - p^* - \bar{s} = -\alpha(i^*) \tag{3.5}$$

当汇率、国外价格和国外利率都是固定的，d_t 以数率 μ 增加，则有：$r_t' = -\mu$。

显然在这种情形下，这个国家将耗尽所有储备并且固定汇率制度将最终坍塌。为了分析如何和何时出现崩溃，需要描述储备逐渐耗尽时政府的具体行为。在危机过程当中，政府的不同行为将影响危机发生的时点和规模。

当危机发生的时候，大多数政府主要有两种策略：要么允许汇率进行浮动，就像墨西哥在 1994 年所做的那样；要么促使本币贬值，使固定汇率水平向较低水平跳跃，就像 1992—1993 年期间大多数欧洲国家所做的那样。假设在危机当中，投机者购买政府剩余的外国货币储备，而这些储备是政府用于维持固定汇率的，这时政府将允许汇率进行浮动。我们知道固定汇率制一定要崩溃的，为了发现攻击时点，本书引进影子汇率（Shadow Exchange Rate）的概念。影子汇率的定义是当投机者购买政府用于维持固定利率的剩余外汇储备时，政府开始对外汇市场进行干预时出现的浮动汇率水平。它对于评价在危机时期投机者的利润至关重要，因为这是投机者从政府购买的外汇储备的价格水平。

影子汇率表示为 $\tilde{s}_t$，它是在出现投机攻击以后使得货币市场平衡的汇率水平，这个时期外国储备已经耗尽。与投机攻击发生以后的货币市场相容的汇率水平满足：
$$d_t - \tilde{s}_t = -a(\tilde{s})'_t \tag{3.6}$$
则汇率是：
$$\tilde{s}_t = \alpha\mu + d_t \tag{3.7}$$

在图 3.1 中画出了上述方程和投机攻击之前的固定汇率情形，两条曲线相交于 A 点，此处：$d_t = d^A$。假设 $d_t < d^A$，如果此时投机者在这个 d_t 水平开始投机攻击，则投机攻击以后货币将贬值，这样投机者从政府购买的外汇储备将会出现资本损失。因此，这种情况下不会出现投机攻击。

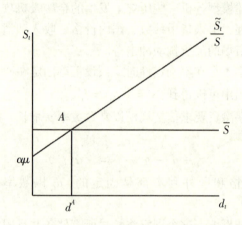

图 3.1　确定性模型中的攻击时间

假设投机者等待到 $d_t > d^A$ 的时候开始投机攻击行为，现在 $\tilde{s}_t > \bar{s}$，这意味着对于投机者来说，从政府购买的每一单位外汇储备都是有利可图的。投机者可以预期到这种资本收益，并且为这种利润进行竞争。在模型假设的框架下，投机者之间的竞争方式是彼此之间进行跳跃，并且尽早进行投机攻击。这样的竞争持续下去，直到将攻击时间推迟到时点 "$d_t = d^A$"。由此可以推断到，可以预见的投机攻击在 "$\bar{s} = \tilde{s}_t$" 时一定发生。由于投机者之间的竞争性，排除了汇率变量出现跳跃的可能。

假设投机攻击的规模是 Δr_t，在投机攻击当中这个增量是负的。根据方程（3.1）式，在投机攻击以后，汇率开始按照速率 μ 上升。因此，利率平减等式要求国内货币利率按照 μ 跳跃。在可以预见的投机攻击的时点上，这一点对于第一代投机攻击模型来说是十分重要的。这时国内货币利率出现突然的跳跃，这预示着未来货币的贬值。

在出现投机攻击的时候，货币市场出现两点调整。一个是高能货币攻击出现与投机攻击规模相同的减少；另一个是对国内货币需求减少，这是因为国内货币利率升高意味着未来货币的可能贬值。在投机攻击发生的瞬间，货币市场的平衡要求货币供给的减少同货币需求的降低严格匹配。因此，这时有：

$$\Delta r_t = -\alpha\mu \tag{3.8}$$

由于国内信贷满足约束：

$$d_t = d_0 + \mu t \tag{3.9}$$

国际储备流量满足：

$$r_t = r_0 - \mu t \tag{3.10}$$

在投机攻击的时点 T，国家的外汇储备降低到零水平。发生投机攻击的条件是：

$$-\Delta r_T = r_0 - \mu T = \alpha\mu \tag{3.11}$$

求解出投机攻击的时点为：

$$T = \frac{1}{\mu}(r_0 - \alpha\mu) \tag{3.12}$$

上式表明，初始外汇储备水平越高、信贷扩张速度越慢，外汇汇率体制崩溃所需时间越长。对于上述第一代投机攻击模型，可以在几个方面进行修正。一种情形是引入政府的抵御政策（Sterilization Policy）。假设在投机攻击过程当中货币供给保持常数水平：$m_t = \overline{m}$。在汇率固定的情形下，货币市场的均衡条件是：

$$\overline{m} - p^* \quad \overline{s} = -a(i^*) \tag{3.13}$$

随着攻击的进行，国家的外汇储备逐渐耗尽，经济体制转向浮动汇率体制，货币供给开始按照速率 $\mu > 0$ 增加。在这种情形下，浮动汇率 $\tilde{s}_t$ 也按照速率 $\mu > 0$ 增加。国内外利率平减使得：$i_t = i_t^* + \mu$。因此，攻击结束后，国内货币市场均衡变为：

$$m - p^* - \overline{s} = -a(i^* + \mu) \tag{3.14}$$

这时可以得到：

$$\tilde{s}_t - \overline{s} = \alpha\mu > 0 \tag{3.15}$$

这说明无论货币权威将 $\overline{s}$ 定得多高，无论货币权威持有的国际储备数量有多大，$\tilde{s}$ 总是大于 $\overline{s}$。换句话说，根据上述简单模型推断，如果货币权威计划对攻击进行抵御，并且投机者知道这样的计划，那么固定汇率体制必将瓦解。

由于这个简单模型表明固定汇率同完全抵御政策是不相容的，因此，固定汇率制下，完全抵御最终将无效。该模型说明政府对抗金融投机攻击所能做的就是从货币市场当中将投机攻击行为消除，并且将其转移到其他市场中去。因此，在一定程度上可以对该模型进行进一步的讨论。政府对金融投机攻击的抵御一般涉及扩张国内信贷，并且使用它购买国内政府证券。国家剩余的资产数量将从货币市场向国内债券市场转移。

Flood、Garber 和 Kramer（1996）曾经跟踪过投机攻击从货币市场到债券市场的转移，认为攻击行为的发生是国内抵御行为驱动的。这时除非投机攻击本身具有抵御性，否则货币政策同攻击以前是一样的。因此，国内信贷还是按照速率 μ 增长，并且与投机攻击无关。这时替代以前的隐性利率平减条件，在国内和国外利率差异当中加入基于债券的风险奖励，这时国内货币利率按照下述方式增长：

$$i_t = i_t^* + s_t' + \beta(b_t - b_t^* - s_t), \beta > 0 \quad (3.16)$$

式中，b_t 是国内政府债券在私人手里的持有量，b_t^* 是外国货币债券在本国私人手里的持有量，均是对数形式。以速率 μ 扩张本国信贷将刺激私人资产重新配置，最终将促使政府持有的国际货币储备向私人部门转移。这些储备是支付利息的外国货币资产，因此，当储备降低时，b_t^* 增加。这时储备的变化率是：

$$r_t' = \frac{1}{\mu}(1 + \alpha\beta) \quad (3.17)$$

在前面的分析当中，投机攻击的发生时点避免出现汇率的跳跃，在攻击发生的时点上，货币供给的跳跃同货币需求的跳跃相匹配，因此，汇率在投机攻击发生的时刻没有变化。现在由于货币供给对投机攻击没有产生反应，而仍然要求汇率没有出现跳跃，因此，为了维持货币市场的均衡，要求附加条件使得国内利率在可以预见的投机攻击发生时刻也不出现跳跃。此时从方程（3.7）可以看出，投机攻击发生的时点正好是使得 s_t' 的向上跳跃与风险奖励的向下下降匹配。通过在简单的利率平减条件中增加风险奖励，可以使得具有投机攻击抵御的模型同固定汇率相容。当抵御政策使得货币供给固定时，风险奖励能够调整保持货币需求也保持常数。但是这里也有一个缺陷，那就是将风险奖励引入具有完全预见的模型当中具有一些逻辑上的冲突。

对于第一代模型的另一个主要推广是在不确定性条件下求解投机攻击模型。在以前的模型中，假设完全可以预见投机攻击。这不是因为攻击是可以完全预见的，而是因为在简单的模型中可以说明潜在的经济结构中私人部门是如何对非相容经济政策进行反应的。

第一代模型的分析说明，一个大的资产市场的投机攻击事件并不一定伴随着巨大的经济冲击。到目前为止，模型当中并没有出现巨大的经济冲击。当使用这些模型来解释近年来出现的一些事件时，不确定性是一种关键因素。市场参与者从来不能肯定什么时间发生投机攻击，在投机攻击开始后也不敢肯定汇率的变化幅度有多大。这种非确定性经常反应在实际经济行为中，也就是当预见危机将要出现时，国内利率经常出现一定程度的提高。

在确定性模型中，最终一定将要受到攻击的固定汇率过程中没有涉及财富在政府和投机者之间的转移。但是在现实的危机当中，私人部门的财富增长经常是以政府的价格固定权威为代价的。当经济个体可以从政府的储备当中以固定汇率进行购买，然后立即以危机发生以后更高的汇率卖出，这样财富的转移就发生了。在以某种概率可能受到投机攻击的固定汇率体系中，汇率权威向投机者提供了一种自由竞价（call option）机会。如果对这种假定进行推广可以得到，固定汇率是竞价的执行价格。而且竞价的数量就是支持固定汇率的外汇储备。当然，在实际市场交易竞价和固定汇率政策条件下的竞价之间有一个重要差别，即市场交易过程当中产权的确定是十分清楚的，而在政策竞价当中不是这样的。在一次攻击中，外汇储备的配置是非确定的。但是外汇储备的配置顺序对于理解危机过程当中投机者的行为是很重要的。特别地，对于一种资产提出了一个竞价，这种资产价格的均值和方差，以及价格分布的其他性质之间是相关的。

Flood 和 Marion（1996）曾经给出了一种满足特殊分布的模型，其中引入了政府的完全抵御和风险奖励。这里的风险奖励是从预期效用最大化推导出来的。假设在危机前后货币供给仍然保持常数，则利率平减关系变为：

$$i_t = i_t^* + E_t(\tilde{s}_{t+1}) - \tilde{s}_t + \beta_t(b_t - b_t^* - \tilde{s}_t) \tag{3.18}$$

这个表达式同以前的公式有两点区别：首先，它在离散随机框架下引入了风险奖励，这有别于以前的连续时间序列完全可预期情形。其次，它具有变系数特征，特别地，如果预期效用是预期财富函数的增函数，是财富方差的减函数，则有：

$$\beta_t = zVar_t(\tilde{s}_{t+1}) \tag{3.19}$$

其中，z 是由偏好确定的常数。如果模型当中包含私人行为是非线性的，则模型存在多重解。如果经济个体预期到将来可能存在更大的变差，即较大的 $Var_t(\tilde{s}_{t+1})$，它通过隐性利率平减条件影响国内利率，并且传导到货币需求中，这导致汇率更大的变差，固定汇率不得不放弃。预期的变动也将改变相关的影子汇率，这决定了投机攻击是否获利，并且改变攻击时点。具有时变的风险奖励模型中，货币危机仍然是非相容政策的结果，这是第一代货币模型的重要结论。此外，私人行为的非线性可能是金融危机另外的源泉，非线性的存在使得经济可以从没有攻击的均衡突然跳跃到冲击均衡。

二、第二代投机攻击模型：阶段性条件政策模型

Obstfeld（1994，1996，1997）发展了第一代标准模型，构建了第二代投机攻击模型，主要引入了私人部门的线性行为，由货币线性需求函数表示，也引入了政府的线性行为，由国内线性信贷增长函数表示。这些线性条件同完全预期等条件交互作用，可以得出可以预见的唯一的投机攻击时点。但是一旦在行为方程中引入非线性，则将会得到多重均衡的结果。因此，第二代投机攻击模型的主要特征是在行为方程当中引入了一定程度的非对称性。

第二代投机攻击模型首先注意在政府行为方程当中的非对称性的潜在重要作用。第二代模型主要研究私人行为发生改变时，政府的政策会做出怎样的反应，或者当固定汇率政策和其他目标之间存在明确替代效果时政府行为将会怎样。一些研究的结果表明，即使政府政策与固定汇率制度是相容的，当投机攻击发生时，政策的变化也能够使经济陷入危机。与此相反，第一代模型则认为，在攻击发生之前，由于政府政策与固定制度非相容，从而引发金融危机。但之后的研究则表明，如果市场预期发生变动，那么就会产生与政策变动一样的效果，带来自我实现的危机。第二代投机攻击模型假定经济可以处于非攻击均衡，这时投机者掌握信息，但却没有追求可能利润的机会。在这样的情形下，任何协调预期和投机者行动的因素都可能随时突然导致投机攻击的发生。

第二代投机攻击模型强调政府行为当中的非线性导致多重均衡。这些非对称性通过多种方式来引入模型当中。首先介绍将政策非线性引入到第一代模型当中。假定这种政策非线性使国内信贷增长率出现漂移。如果对于固定汇率没有攻击，则信贷按照速率μ_0增长；如果存在投机攻击，则信贷按照速率μ_1增长。

在图3.2中存在两条影子汇率线，一条对应信贷扩张速率μ_0，另一条对应较高的信贷扩张速率μ_1，它们与固定汇率线的交点分别为A点和B点。现在假设初始的d满足$d<d^B$，如果没有投机攻击，这时影子汇率落在$\tilde{s}_{1t}$线上。如果投机者进行攻击，则影子价格跳跃到$\tilde{s}_{2t}$线上，它仍然低于固定汇率水平，由于这时对于投机者来说没有资本收益，因此没有进行投机攻击的诱惑。如果国内信贷没有按照速率$\mu=\mu_0$增加，则固定汇率

政策同国内的信贷政策是相容的，固定汇率可以永远地持续下去。

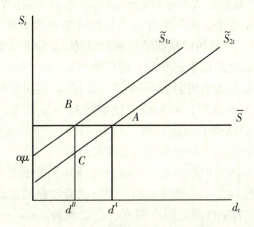

图3.2　确定性模型中的攻击时间

现在假设信贷处于水平 d^B，这是两条线的交点。当 $\mu = \mu_0$ 时，影子汇率处于更低的直线 C 点上。如果投机者攻击固定汇率，则影子汇率从 C 点跳跃到 B 点，这时攻击成功，但是却不能获得任何资本利润，因为投资者购买的政府储备没有转为资本收益。这时经济可以永远地停留在 C 点，也可以永远停留在 B 点，也就是此时会出现两个均衡点。假设信贷水平在 d_A 和 d_B 之间，即 $d_B < d < d_A$，若投机者资本雄厚，冲击规模足以令经济发生变化（如索罗斯1992年对英镑的冲击），经济将处于冲击均衡（均衡点在 $\tilde{s}_{2t}$），若市场上只有资本较少的外汇交易商，且他们的预期和行为不协调统一，其冲击规模不足以将经济从无冲击均衡推动到冲击均衡，此时会出现多重均衡。最后，如果 $d \geq d^A$，则固定汇率将会遭受冲击。

总的来看，在第二代投机攻击模型中，政府行为的非线性会导致多重均衡。第一代货币危机模型中认为危机发生的根源为宏观基本面因素的恶化和固定汇率制度之间产生的冲突。但第二代投机攻击模型则认为，在货币危机引发的过程中，主观预期也扮演了很重要的角色。Obstfeld（1994）运用一个三要素分析过程较为完整地阐述了第二代模型的思想：肯定存在某种原因，使得政府愿意放弃固定汇率制；也肯定存在某种原因，使得政府愿意捍卫固定汇率制；市场参与者的预期会影响政府对成本和利益的权衡，由此产生一个动态逻辑循环过程。市场参与政府行为及其相互作用的非线性导致了多均衡点的存在。政府在决定是否维持固定汇率制度时考虑的损失函数为：

$$L = [a(e-e') + br]^2 + R(s) \qquad (3.20)$$

其中，e 和 e' 是以对数形式表示的汇率。e 为在没有承诺的情况下，政府部门期望维持的汇率水平，实际上可以说是经济基本面因素的反应；e' 是政府承诺的固定汇率。r 是居民预期的汇率贬值率；a 和 b 是固定常数；$R(s)$ 实际上是政府放弃固定汇率制度发生的信誉成本。$a(e-e')$ 表示政府为了坚持承诺的汇率而付出的机会成本。br 表示因公众预期即将发生贬值而产生的成本。从损失函数看，如果政府能够维持固定汇率，则 $R(s)$ 为 0；如果一国政府不能维持其固定汇率，则 $R(s)$ 为一个固定的常数。此时，政府面临的维持固定汇率的决策是一个博弈过程。

如果政府放弃固定汇率制度，必然会选择其偏好的汇率 e，随后市场在短期内将不再预期汇率会继续变动，因而政府放弃固定汇率制度的成本为 $R(s)$。如果政府坚持固定汇率制度，总成本为 $[a(e-e') + br]^2$。因此，政府决定是否坚持固定汇率制度，必须比较 $[a(e-e') + br]^2$ 的相对大小。放弃固定汇率和维持固定汇率总成本之间的关系，决定了一国政府的经济行为。

如果市场预期政府将会坚持固定汇率制度，则 br 为 0。因此，如果 $[a(e-e') + br]^2$ 小于 $R(s)$，政府将不会放弃固定汇率。

如果市场预期政府将放弃固定汇率制度，此时如果 $[a(e-e')]^2$ 大于 $R(s)$，政府将放弃固定汇率，选择其偏好的汇率水平。但如果 $[a(e-e')]^2 < [a(e-e') + br]^2$ 出现，则公众对汇率贬值与否的预期必将实现。则此时存在多种均衡，而市场预期决定最终达到哪种均衡。因此，可以说市场存在自我实现的特征。

第二种引入非线性的方法假设私人部门行为存在非线性。Flood 和 Marion（1997a，b）给出了受分布性质约束的模型，其中引入了政府的完全抵御和风险激励。这里的风险激励是从预期效用最大化推导出来的。假设在危机前后货币基础仍然保持常数，则利率平价关系变为：

$$i_t = i_t^* + E(\tilde{s}_{t+1}) - \tilde{s}_t + \beta_t(b_t - b_t^* - \tilde{s}_t) \qquad (3.21)$$

这个表达式同以前的公式有两点区别：首先，它在离散随机框架下引入了风险奖励，这有别于以前的连续时间序列完全可预期情形。其次，它具有变系数特征，特别地，如果预期效用函数是预期财富的增函数，是财富方差的减函数，则有 $\beta_t = zVar_t(\tilde{s}_{t+1})$，其中 z 是偏好确定的常数。

如果模型当中包含私人行为的非线性，则模型存在多重解。若经济个体预期到将来可能存在更大的变差，即较大的 $Var_t(\tilde{s}_{t+1})$，这种不确定性将通过非套补利率平价关系影响国内利率，并传导到货币需求中，这将导致汇率更大的变差，使得一国放弃固定汇率制度。预期的变动也将改变相关的影子汇率和投机攻击时点。该模型说明私人部门非线性行为可能加速金融危机的爆发。同时，使经济从没有投机攻击的均衡跳跃到冲击均衡。

除此以外，对第一代模型的另一个主要推广是在不确定性条件下求解投机攻击模型。在以前的模型中，为了简化私人部门对经济政策的反应，假设私人部门完全可以预见投机攻击。在确定性模型中，在固定汇率受到攻击过程中没有涉及财富从政府转移到投机者手中的探讨，这与现实情况是不相符的。经济个人从政府的储备中以固定汇率进行购买，然后立即以危机发生以后更高的汇率卖出，这时财富的转移就发生了。在非确定性情况下，假设固定汇率制度可能受到投机攻击的概率，而概率分布满足一些特殊分布函数，因此，概率分布的形状和中心距实际就会影响到政策的结论。

第二代金融危机模型依旧从金融投机攻击的角度对金融危机的爆发进行解释。这一代金融危机模型具有较为突出的特征：在金融危机处理的过程中，政府的行为更为主动，因此，政府在此类金融危机中面临实际政策工具的相机选择后的激励问题（Kydland & Prescott，1977）。第二代金融危机模型也被称为阶段性条件政策模型，因为其将经济周期作为影响因素，认为政府对于固定汇率制度的维持依赖于经济周期的阶段。在特定区间内存在多重均衡及自我实现机制。投机攻击行为只有使政府的决策改变时，投机者才有利可图。通过对经济周期不同区间的区分，说明了政府、公众之间的动态博弈过程中存在多重均衡，并且这种多重均衡存在自我实现的特性。

这一代的阶段性条件政策模型说明，仅仅依靠稳定的经济政策并不能规避金融危机。固定汇率制度存在天然的不足会诱使投机者对其进行攻击。传统意义上的金融危机的爆发往往以财政的过度扩张为诱因，但实际上，假设国家失业率和债务压力达到一定程度，固定汇率制度就可能步入以自我实现为特征的、在公众预期推动下的多重均衡。实际上，1992年至1993年的欧洲金融危机就是典型的佐证。而多重均衡的出现也说明了金融系统存在内生的不稳定性（Bernanke & Gertler，1987）[1]。金融危机的典型事实说明投机攻击并非专门针对选择固定汇率制度的国家，那些汇率制度为浮动汇率制度的国家也会因为市场预期而受到金融危机的波及。同时，第二代投机攻击模型也说明，在特定的区间内，投机者的行为具有

---

[1] 金融脆弱性与金融风险有差异，金融风险是潜在损失的可能性，金融脆弱性不但包括潜在损失，还包括已经发生的损失（郑鸣，2007）。广义的金融脆弱性是经济系统内在的趋于高风险的金融状态，泛指一切金融领域的风险积聚（黄金老，2001）。

"歧视性"，对于那些抵御金融风险能力相对较弱的国家，受到的金融冲击将会更广泛，强度也会更大。

三、第三代投机攻击模型：金融过度及金融传染

之前关于金融危机模型的研究侧重于货币危机的成因分析（Eichengreen, Roseand & Wyplosz, 1995）。1990年以后出现的货币危机，特别是1997年之后的亚洲金融危机出现了一系列新的典型的"经济事实"：一是货币危机往往与银行危机相伴相生；二是政府部门的担保引发的道德风险导致金融过度（financial excess）[1]；三是不同渠道的金融传染也加剧了金融风险的叠加[2]。1997年的亚洲金融危机与1980年的拉美债务危机已经不能用之前的金融投机攻击模型进行解释。Kaminsky（2001）认为，它们从本质上说并非是"新"的危机。但是金融危机实际上来看已经有了新的特征。Krugman（1998）的经典文献对这一时期的金融危机进行了较为全面的描述："货币危机的爆发由金融中介机构出现，随之出现银行挤兑，进而实体企业大量倒闭，实体经济受到毁灭性打击。"

Krugman（1998，1999）的研究认为，银行危机和货币危机爆发的先后顺序并非引发金融危机的关键，银行体系的崩溃也不是金融危机发生的核心问题。对金融危机模型的研究，应当更多地考虑危机的传播和扩散的问题，因此，金融危机爆发的主要原因在于：从微观角度看，公司资产负债表所决定的企业融资风险及由此引发的金融传染；从宏观角度看，社会资本流动性对实际汇率的作用机制和对经常账户的影响以及由此引发的金融过度问题。在克鲁格曼的模型中，是投资者信心的丧失导致市场预期的传递，造成恶性循环而最终滑入危机的漩涡；而在流动性风险模型中，有形资产的提前清算是导致损失的原因。模型中引入的资本泡沫，说明经济安全的市场中资本泡沫也有可能破灭。模型基于一个部门的经济增长，假设资本可以自由流动和进出，由于没有设置预算约束，因此，相当于政府部门实际为银行部门的信贷活动提供了担保。

值得注意的是，第一代和第二代货币危机模型中，金融中介的作用机

---

[1] 对金融中介机构而言，在金融机构无法进入国际市场时，过度的投资需求并不是导致大规模的过度投资，而是市场利率的升高。当金融机构可以自由进出国际金融市场时，金融中介机构的道德冒险会转化成为证券金融资产和房地产的过度积累，这就是金融过度。金融过度加剧了一国金融体系的脆弱性，当外部条件合适时，将导致泡沫破裂，发生危机（Krugman, 1998）。

[2] 金融传染的主要路径有三条：一是同一国家实体经济部门之间的金融传染；二是不同国家实体经济部门之间的金融传染；三是不同国家之间金融部门之间的金融传染（Baur, 2010）。

制并未纳入金融风险分析的框架中。鉴于此,对银行危机的成因分析逐渐增多,强调了金融中介在金融风险爆发中的重要作用,也将金融危机的研究从宏观作用机制的研究延伸到微观主体行为的研究。Krugman（1998）的模型研究了金融中介在金融危机演进中的重要作用。模型假设经济运行有两期,在第一期,企业进行融资和投资用于第二期的产品生产,产量方程为:

$$Q = (A+u)K - BK^2 \qquad (3.22)$$

其中:u 是随机变量,代表在企业融资和投资过程中可能出现的风险；K 代表资本总额；A 和 B 是相关系数。模型适用于小型开放经济体,为了模型推导的便利,假定固定汇率为1,国内实际利率为0。资本追求利润最大化,因此,借入资本的成本应当等于用于资本的边际产量（dQ/dK）:

$$r = A + u - 2BK \qquad (3.23)$$

如果不存在干扰,则投资将达到最优状态,一单位资本的预期收益等于借贷成本。在没有干扰的经济下,资本的数量如下:

$$K = [A + E(u) - r]/2B \qquad (3.24)$$

此时,将金融中介加入模型中进行探讨。金融中介在国际金融市场上进行融资,在本国市场中进行信贷行为。假设 $r > 1$,金融中介将有利可图,获得纯收益 P。此时,金融中介将在资本市场上买下所有资本 K,并且能够分享收益,这种情况显然对经济是非常有利的。但由于市场中存在大量潜在的金融中介,竞争的存在将会使得市场出现更为复杂的多重均衡。Irwin 和 Vines（1999）在经典的研究的基础上对市场的多重均衡进行分析,假设经济是包括金融中介、政府部门和外资银行三部门的经济。由此形成的均衡可区分为短期均衡和长期均衡。长期均衡和短期均衡的实现路径如图 3.3 所示。

在政府做出承诺之前,存在唯一的长期均衡点为 $D = D'$,且 $r = 2\bar{r}$,一旦政府承诺无法保证,则经济将进入新的区制,达到新的平衡,此时,长期的均衡利率为 $\bar{r}$,且 $D^{LR} = D''$。此时债务规模也将逐渐向长期均衡收敛。

短期来看,政府部门在危机阶段的担保确实可能引发金融过度。图 3.3 中,$D = D'$ 是政府承诺的债务水平,当债务规模上升,但 $D < \bar{D}$ 时,唯一的短期水平出现在线段 L_1 上,即短期均衡利率水平为 $r = \bar{r}$；当 $D \geq \bar{D}$ 时,多重均衡可能通过三种路径实现:"较好的"短期均衡路径、"不稳定的"短期均衡路径和"崩溃的"短期均衡路径,如图 3.3 中的 L_1、L_3、L_2。这说明,在债务规模达到临界点之后,金融风险可能随时过渡到另外的均衡状态,当"崩溃"均衡出现时,金融危机也随之发生,最终结果必

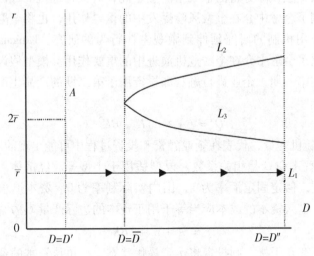

图3.3　短期内的多重均衡

然是产出水平和资本存量急速下降至政府担保前水平。

从第三代模型来看，多重均衡出现在短期内，政府担保引发的道德风险将会导致金融过度问题的发生，金融过度会加剧一国金融体系的脆弱性。一旦国外的债权人拒绝继续融资，要求政府兑现担保，财政赤字就会随之出现，如果政府此时选择以"货币化"的方式来弥补赤字，公众的预期会导致货币的贬值，最终货币危机和银行危机将同步发生。Goldfajn 和 Valdes（2010）也对货币危机和银行危机同步发生机制进行了解释，认为当一国发生危机时，金融中介机构为了保障流动性减少对拆借解市场上的国外银行提供流动性，最终引发银行危机和货币危机同步发生。这就是金融传染渠道中的银行贷款渠道（Allen & Gale, 1999）。

第三代货币危机模型针对东南亚货币危机呈现出来的特征提出理论上的解释，但与前两代货币危机模型一样，理论上具有针对性而没有普遍性。第三代模型强调金融过度和货币政策如何影响金融危机，也对金融危机的蔓延进行了解释。同时，模型偏重于强调资本账户的作用。所得到的制定政策方面的启发是：防止国内企业从国外过度借债；促进出口，增加出口占产出的份额；为了应对危机，可以考虑实行紧急资本管制，以此来切断利率和汇率之间的联系。否则，国民经济对外债的过分依赖和脆弱的经济条件容易导致国际资本市场对国内经济的坏预期，进而就会导致金融危机的爆发。

四、第四代金融危机模型：信号预警和代理人基模型

与以往不同的是，Krugman（2001）提出的第四代金融危机的理论模型强调金融危机与货币危机的不同，货币危机模型强调汇率在金融风险滋生、发酵和爆发过程中的核心作用，但在现代金融危机中，金融资产价格的作用不容忽视。Breuer（2004）则认为，货币危机和银行危机的同步发生与金融体制和金融规则息息相关，如股东权利、信息披露、金融监管等问题都会导致金融体系和金融政策的扭曲。而政府制定的各式政策、社会政治因素等也是模型中需要考虑的重要变量。这也是第四代金融危机模型。但是，很少有模型能够将这些变量纳入金融风险分析的框架之中，因此，对金融攻击和金融危机理论的探讨演化入第四代以早期信号预警模型和代理人基模型［agent-based model（ABM）］为代表。

其中最为重要的研究是货币危机是否为可以预见的事件，具有系统的早期预警信号。在20世纪90年代以前发生的事件中，货币危机一般被认为具有显著的可以预测的成分，利用第一代标准模型可以识别一些基础变量有助于推断危机的发生。通过国内信贷形成进行的财政赤字融资被认为是导致投机攻击的根源。当货币权威使预算赤字货币化以后，它导致了国际储备的逐渐减少。最终，投机者攻击固定汇率，使得政府进行防卫的储备耗尽。一些经验研究的结论证实，在攻击之前，国内物品价格开始上涨，这些价格增加导致实际汇率衰减。近来一些理论研究已经将预测金融危机的潜在的市场基础变量进行了扩展。事实上，任何经济变量都是政府社会福利函数的一部分，同固定汇率产生联系的经济目标都可能成为加剧系统性金融脆弱性的因素，包括失业率和银行体系的状态等。这些经济变量可以帮助我们提高预测危机的能力，但是变量的选取和金融风险指标体系的构建是比较难以推广的，这是因为通过经济事实可以看出，在不同国家和不同时期内，这些经济变量的权重都发生了变化。

代理人基模型区别于传统的一般均衡模型，可以对经济主体中的非线性行为进行更为准确的衡量和模拟。Farmer和Foley（2009）的经典文献中对代理人基模型进行了广泛的阐述，认为经济系统也是类似生态系统的复杂演化系统，因此，对于经济系统中代理者之间的博弈性的、适应性的集体行为，以及经济代理人的预期、行动、策略的研究能够不依赖于经济均衡的假设，考察经济体在非均衡的不稳定状态下如何运行。Thurner等（2010）以及Poledn等（2013）的研究将代理人基模型应用于对金融危机

的分析中,认为杠杆作用和保证金制度都会影响到金融市场稳定,在模型中,假定证券市场交易者包括噪声交易者和基金交易者两种类型,交易者可以做出持有现金和持有股票两种决策。噪声交易者买入和卖出是随机的,一般围绕着持有资产的基本价值进行交易。而基金投资者则着重于套利交易,在市场价格高于基本价值时采取买入策略;反之,则采取卖出策略。基金交易者在交易过程中会应用杠杆向银行类金融机构借贷。银行作为代理人之一负责基金融资,对基金具有杠杆率的约束作用。而普通投资者则选择投资于业绩表现良好的基金或持有现金。市场的价格机制是供需均衡决定的,即噪声交易者需求加普通投资者投资于基金的需求等于股票的总供给。在这样的设定下,研究通过计算和模拟得到了一些重要的结论:一是高杠杆率对金融脆弱性有放大效应,会导致市场下跌加剧,最终造成股票市场崩盘;二是高杠杆率的基金财富在下跌过程中急剧蒸发;三是高杠杆率导致市场的厚尾和波动聚集;四是动态杠杆率的约束比固定杠杆率的约束更快导致市场崩盘。另外一篇利用代理人基模型对金融危机进行解释的经典文献是 Korobeinikov(2009)的,研究将经济主体分为相互作用的 N 个复杂代理人分为两种类型,分别是"健康"的子群 $X(t)$ 和"易受感染"的子群 $Y(t)$,"易受感染"的子群在金融脆弱性发生时,由于未能履行其偿债的经济责任则可能对"健康"子群产生"激活作用"和"传染效应"。系统中两者的动态结构如下:

$$\dot{x} = -\beta x y^{\alpha} \qquad (3.25)$$

$$\dot{y} = \beta x y^{\alpha} - \frac{y}{\sigma} \qquad (3.26)$$

模型中的参数包括 α、β 和 σ。其中,α 代表与"健康"子群联系的激活子群数量;β 代表激活率系数;σ 代表激活子群影响被激活子群的平均时间。模型为避免金融危机提供了一个新的思路:可以通过减少金融传染的时间来降低金融危机发生的可能性。模型也说明,在现实金融脆弱性出现时,这类带有"激活作用"的子群是非常危险的,因此,需要对微观金融机构进行监测和防控。

总的来看,第四代金融危机模型侧重于强调资产价格和制度因素对金融危机的作用,侧重于对金融危机的预警,侧重于对市场微观层次的分析,也对金融机构和金融体系之间的关系进行了解释。而最新出现的代理人基模型对金融危机的解释则基于未来金融市场状态是由众多异质的、具有学习能力和演化特征的个体交互决定假设进行研究。金融风险爆发之后,金融主体之间的"激活效应"和"传染效应"会产生交互作用,因此，监管机构不能仅对单个金融机构进行风险监管，必须关注系统性风险管理，构建市场程序化的止损策略，对市场中偶发的金融冲击进行及时管控，防止进一步的事件冲击，在风险因素存在时，要引入相应的协调机制来稳定市场。

第二节 四代金融危机模型的评述

四代国际金融危机理论分析的角度各不同，第一代危机模型认为宏观基本因素恶化是导致货币危机的重要原因，第二代危机模型认为其关键因素是预期，而第三代危机模型更侧重于对微观金融主体的分析，第四代金融危机模型则强调金融危机和货币危机的不同，特别是强调了资产价格波动对金融危机的"引擎"作用。货币危机的发生从内外因的角度来看大致可以划分为两类：一类是以 Krugman（1979）为代表的第一代危机理论和以 Akerlof 和 Romer（1993），Krugman（1998）的道德风险模型为代表的内因论，认为国内经济基本状况恶化是引发危机的主要原因；另一类是以 Obstfeld（1994）的第二代危机模型为代表的外因论，认为外部经济条件的变化对国内经济的冲击是引发危机的重要原因，尤其是国内外利率差拉大引起资本的套利，导致资本大量外流，最终使固定汇率制瓦解。分析其原因在于：外因论主要强调国际经济政策的不协调，特别是货币政策不协调是导致危机产生的主要原因，但并不一定意味着危机发生时本国经济状况也同步恶化。

第一代模型中，经济基本面的失衡使国际收支持续逆差（主要是经常项目逆差），导致外汇储备不断减少，在某个时刻外汇投机者集中攻击本国货币，使外汇储备化为乌有，政府不得不放弃固定汇率，本国货币大幅贬值。在 Krugman（1979）的模型中，经济基本面的失衡是货币发行量超过货币需求量。第一代货币危机理论认为政府经济政策之间的冲突是造成一国货币和汇率制度崩溃的根本原因，以对 20 世纪 70 年代末的"拉美"式货币危机的解释为代表的第一代货币危机理论认为，各国政府所执行经济政策之间的冲突是造成一国货币和汇率制度崩溃的根本原因，这种分析也可以解释 1998 年后发生在俄罗斯与巴西的货币波动。这些金融危机发生的一个突出的特点就是没有明确的事先预见性，金融指数和金融模型对这些金融危机缺乏推断和预警，但这并不意味着经济学家没有对所发生的金融危机引起警觉和重视。事实上,从墨西哥金融危机(1973—1982 年)和阿根廷金融危机(1978—1981 年)开始,第一代金融危机模型已在理论研究上被正式提出。这一期间的金融危机特点是国内经济政策过度宽松,因此,第一代模型主要说明了在经济当中的私人个体试图从操纵非相容政策当中获利时,固定汇率政策连同危机前过度扩张的基础变量是如何促使经济陷入危机当中的。

第二代投机攻击模型主要是为了进一步描述和分析 20 世纪 90 年代发生在墨西哥和欧洲的投机攻击特征。其理论和模型同第一代具有两点主要区别:一是经受投机的国家,它们的经济周期阶段和银行体系也正处于紧约束当中,这是由伙伴国家和自己的货币政策造成的,因此这些因素束缚了它们,并且阻止了它们使用其他措施应对汇率平减(exchange rate parity);二是第一代模型推断的市场基础行为与欧洲的投机攻击没有相关性,第一代模型不具备预测此时金融危机的能力。

第二代投机攻击模型不能完全地解释后来出现在亚洲的金融危机,为此,人们需要对第二代金融投机攻击模型进行修改和扩展,这就是所谓的第三代投机攻击模型。总体上看,第三代模型主要侧重从微观视角对金融脆弱性进行解释,并不具备解释投机攻击行为的功能。应该说,第三代和第四代模型还不成熟,基本上是第二代模型的扩展,也没有形成自己的鲜明特色,但它已经将一个国家的金融脆弱性融入模型当中,这时可以利用模型判断一个金融基础脆弱的国家经受投机攻击以后出现的可能结果。

第三节　四代金融危机模型的政策操作反思

金融危机的出现,导致了对经济学的反思和演化,作为"新经济学"核心的金融稳定目标也成为宏观调控的出发点(刘金全等,2013)。对以货币危机为代表的金融危机的研究,大多集中在金融风险预警指数的构建方面,这些金融指数的开发无疑有助于推断金融危机的发生,但是很难将这些方法推广到大多数国家和在同一区域长期使用。货币危机按照定义,是由某些金融变量大的和潜在获利的跳跃引发的,在现实中,自由金融市场的运作要么极小化这种跳跃,要么一旦识别它们就立即改变这些金融变量的路径,使得金融风险不可预测。金融变量的可预测性和利润化跳跃是自由资本市场的难解之谜。因此,研究具有约束条件的资本市场和自由资本市场结合的数据实例，可以指出一些样本数据范围内的预测性，但是使用这些数据建立的模型推断样本区域以外的自由资本市场的行为，在逻辑上存在一定的疑问和困难。

2008年金融危机以来，市场超预期风险因素逐步增多。对我国来说，金融国际化背景下，借鉴国际金融危机救助经验，得到的启示包括：

（一）继续采用稳健的货币政策

Krugman（1998）对金融危机模型的逐步研究认为，金融体系在货币危机中的崩溃是由金融体系固有的脆弱性导致的。因此，金融体系中的脆弱性是无法避免的。在我国经济发展中，货币政策对经济增长拉动的边际效应逐步下降，系统性金融脆弱性的矛盾持续存在，此时宽松的货币政策对经济发展无益，只有稳健的货币政策能够有效地防止市场投机行为的出现，也能抑制社会杠杆风险的加剧。

（二）重视"预期管理"，增强汇率弹性

从第一代和第二代的金融危机模型来看，投机攻击的目标往往选择汇率。特别是对于金融体系不完善的国家来说，国际融资行为存在外部不经济，会放大汇率变动的负面冲击效应，导致金融危机的发生甚至一国经济的倒退，这种投机行为还可能以新的形式出现。二代货币危机模型已经解释了在市场多重均衡的状态下，政府担保的公信力对私人部门决策具有重要影响。如果政府公信力较低，则市场恐慌将会出现，继而形成"羊群效应"，汇率超调现象将会出现。汇率稳定和货币政策的独立性很难同时达到（Mundell，1961；周小川，2012）。我国强调"增强汇率弹性的同时，保持人民币汇率在合理均衡水平下的基本稳定"，也就是强调汇率制度将会更加灵活，因此，央行应当合理应用操作空间，逐步增强汇率弹性，进一步推进人民币国际化进程，加强政策工具之间的协同效应。

（三）调整杠杆结构

目前，我国经济发展处于重要的战略机遇期，经济增速显著下行，但信贷增速仍保持高位，而高杠杆对金融脆弱性具有放大效应。因此，应采取适当的措施，调整杠杆在不同的经济主体间合理分布，实际上就是促进债务结构的合理化。其中，银行部门作为中介机构需要发挥其协调作用。首先，需要对自身的不良资产进行及时处理，清退僵尸企业，提升自身的杠杆使用效率。在供给侧改革的背景下，将资产配置到国家经济转型需要

的重点领域，配合企业进行去产能，合理企业资产配置。其次，银行需要重点监控违约风险，加强融资企业的表外理财监管。最后，银行部门应扩展相应的海外业务，帮助企业进行海外融资，将杠杆风险合理配置到海外，完成杠杆优化和杠杆转移。

（四）促进虚拟经济和实体经济均衡发展

第三代和第四代金融模型的发展给监管当局提出了新的思路。类似东南亚货币危机表面上看是由货币贬值引起的实体经济波动，实际上在危机爆发之前，东南亚地区经济就出现市场需求的下降，导致利息升高、本币贬值的问题，投资者行为函数中存在经济波动的预期，实际上这是一种自我实现的均衡。因此，虚拟经济和实体经济之间存在"溢出效应"和"反馈效应"，这种关联性和一个国家的具体经济增长阶段、市场条件、金融发展程度、国际贸易、资本开放和流动程度、货币发展机制和宏观经济政策等因素密切相关（刘金全，2004）。我国经济发展的引擎正在逐步转换，从长时期和深层次来看，虚拟经济和实体经济的结构性矛盾仍然突出，金融领域和房地产领域存在资产泡沫，非实体经济中聚集大量资源，意味着供给侧结构性改革尚未实现。因此，应当对金融"空转"及"虚化"问题进行调整，强调金融服务于实体的基本功能，注重对实体经济部门的杠杆风险的引导，金融监管部门要及时出台相应监管措施，加强宏观审慎监管，防范实体经济中的金融风险，抑制资本"脱实向虚"。

（五）加强资本市场管制

我国的金融市场尚不健全，银行体系的脆弱性仍旧存在，一旦投机资本通过汇市、股市发起攻击，在短期内完成汇率和利率的调整比较困难，因此，抵御金融投机攻击不能缺少资本管制。Krugman（1999）认为，在应对突发性金融危机时，可采取两种策略：一是紧急发放贷款，并且紧急贷款的额度要满足公众预期，才能有效防范金融风险；二是加强紧急资本管制，这一解决方式可以有效地、最大限度地避免资本外逃。2016年末，中国人民银行发布《金融机构大额交易和可疑交易报告管理办法》，2017年初明确的《个人购汇申请书》对个人购汇用途进行限制。这些政策都是在人民币贬值预期不可逆的前提下，应用紧急资本管制手段对国家金融风险的合理管控。因此，在全球流动性收紧和美联储持续加息的压力下，应当对跨境资本流动和人民币贬值预期进行协调管理，防止两者之间相互促进和强化引发系统性金融风险。

第四章 金融传染作用机制与理论探索

20世纪90年代之前,货币危机的传染效应并不明显,但在资本市场全球化的背景下,虚拟经济与实体经济的关联度逐步提升,资产的配置形式也更为多样,全球金融资产急剧增长,货币供给缺乏有效控制,这使得金融风险更易在一国之内、国与国之间进行传染。目前对金融传染的研究主要是在开放经济的背景下进行的探讨。一般而言,目前对金融传染的内在机制的研究比较成熟的研究成果主要包括三大机制:贸易机制、金融机制和预期机制。实际上,国际贸易、跨国资本、金融市场互通、金融自由化程度、信息披露机制、国际金融合作等多方面因素都可能影响金融传染的方向和程度,增加经济脆弱性,引发投机攻击发生,进而导致金融危机的爆发。

在本章中,首先对金融传染的渠道和作用机制进行总结,将金融传染的路径主要划分为三条:一是同一国家实体经济部门之间的金融传染;二是不同国家实体经济部门之间的金融传染;二是不同国家金融部门之间的金融传染。在此基础上,侧重于解读国际金融传染的发生,对经典的金融传染渠道和机制进行概括、整理和总结。然后,基于一般均衡模型的研究视角聚焦于金融传染的微观作用机制和宏观传染模型,说明金融传染对本国经济及他国经济的影响,对现有的理论和模型做出有限的引申和评价。

第一节 金融传染渠道与机制

对于金融传染渠道的理论研究实际已相对成熟,一般认为金融传染的主要路径主要有三条:一是同一国家实体经济部门之间的金融传染;二是不同国家实体经济部门之间的金融传染;三是不同国家金融部门之间的金融传染(Baur,2010)。而金融传染的作用机制主要通过贸易传染、金融市场传染及预期传染三条渠道发生。下面对三条渠道的发生机制分别进行解释。

一、贸易传染渠道与作用机制

金融传染的发生并非只存在于虚拟经济领域,实际上,两国之间由于贸易相关性的存在,金融领域风险能够通过贸易渠道传输到他国。中国一直实行以出口为导向的发展战略,统计表明,我国贸易出口总额从 2000 年的 2492 亿美元飙升到 2014 年的 23427 亿美元,中国贸易出口在世界出口总额中所占比重由 2000 年的 3.9% 上升到 2014 的 12.2%,继续保持第一大出口国地位。凭借出口导向的经济增长模式,我国国际收支持续保持"双顺差",经济得到飞速发展。但由于贸易依存度较高,也更易受到国际金融市场波动的影响,特别是"次贷危机"爆发以来,中国经济发展模式亟待调整和完善。除贸易途径之外,FDI(对外直接投资)也属于实体经济中国与国之间的关联渠道,我国作为吸引外资最多的发展中国家,FDI 对我国经济贡献度大、国别来源广、贸易依存度高、投资金额高、涉及产业宽、企业数量多且规模大,金融危机爆发后,投资的变化会引发资本市场的波动,进而加大金融风险。因此,外商直接投资也是重要的贸易经济金融传染途径之一。这也是早期有关金融传染的经典观点。

(一)贸易传染途径

贸易传染途径是国与国之间实体经济传染的基本路径。当一国爆发金融危机时,与之存在重要贸易往来的他国会受到剧烈影响,贸易传染一旦发生,将会通过直接双边贸易和间接的多边贸易传导至他国经济,影响他国经济的运行与发展[1]。从直接双边贸易渠道来看,国际金融危机发生之后,一国的价格的竞争力和总需求会受到影响,进而影响他国(Rijck-eghem & Weder, 1999)。

1. 价格竞争力

当一国发生金融危机时,最直接的影响是本币贬值,本币贬值意味着该国商品和劳务在价值量不变的情况下,价格下跌,但该国商品的出口竞争力增强,出口增加,进口减少;而与之有贸易关联性的国家在商品价格不变的情况下,产品竞争力下降,出口减少,进口增加,企业将大面积破产,贸易赤字增加,外汇储备减少,此时更易遭受货币投机攻击,国与国

---

〔1〕 在国与国之间贸易渠道的金融传染中,更为主要的是直接双边贸易导致的金融传染,它对一国传染发生影响程度高,传播速度快。因此,本书主要挑选直接双边贸易的传播因素进行分析。

之间的金融传染效应形成。图4.1描述了贸易传染渠道的价格因素引发金融传染的路径。

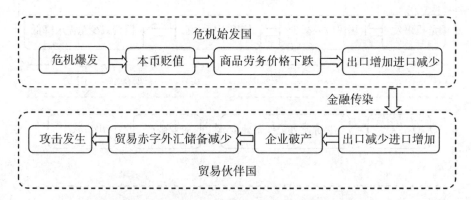

图 4.1 贸易传染渠道的价格因素引发的金融传染

2. 总需求

总需求因素是从经济基本面分析金融传染的爆发，这种理论认为，一旦金融危机发生，国家经济基本面将会受到重创，国民收入减少，消费降低，总需求降低，其贸易伙伴国的产品和劳务出口相应降低，国际收支恶化，投机攻击发生，国家金融风险爆发。除此之外，通货膨胀因素也会引发一国经济基本面的变化。如果一国经济发展进入通胀周期，货币相对贬值，企业利润虚增，假如发生大面积破产，金融体系稳定性将不能维持。整体来看，不论是价格竞争力的因素还是总需求因素或物价因素，其本质都是一国经济基本面发生变化之后，引起货币相对贬值导致他国投机攻击的发生。图4.2描述了贸易渠道的总需求因素引发金融传染的路径。

(二) 外商直接投资途径

直接投资指投资者直接开厂建立新企业，或者并购，购买企业股份，以掌握企业一定的控制权。对外直接投资的出现主要是资本追求高于国内投资的收益，在一定条件下可以替代或补充进出口，其往往是一项长期投资，因而比证券投资更易被东道国接受。直接投资传染指若甲国发生危机，甲国会从其有直接投资的乙国撤资，危机传染给乙国。此外，外商投资者从甲国撤资，此时若丙国具有与甲国相似的经济状况，则外商直接投资者认为丙国经济也出现危机或将要出现危机，也会从丙国撤资，使丙国的直接投资减少，诱发丙国也陷入危机。

金融危机爆发以后，FDI渠道传染机制发生了变化，在经济全球化背

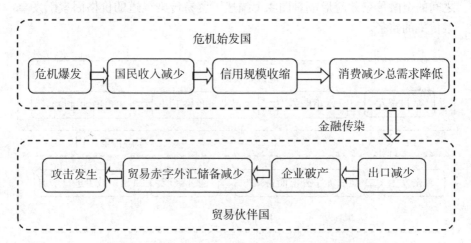

图 4.2 贸易传染渠道的总需求因素引发的金融传染

景下,依托于投资关系的金融传染在国与国之间发生得更为频繁。这种直接的投资传染机制主要有两种形式:一种传染是在被投资国发生金融危机时,外商直接从该被投资国撤资,甚至将企业也从与其他经济体征类似的国家撤走,此时金融危机传染到其他国家,这种传染称为相似传染。另一种传染是当投资国发生危机时,由于需要缩减经营规模不得已将企业从他国撤走,而被投资国本身经济基本面良好,由于大量投资企业所在国家金融危机,经贸活动减少,这种金融传染也被称为投资来源传染。2007 年的金融危机通过外商直接投资渠道出现的传染效应与 20 世纪 90 年代的金融危机不同,之前的金融危机更多见的始发国为发展中国家,即相似传染,由于发展中国家发生金融危机而导致外资大量撤离,而此次金融危机的始发国为发达国家,是由于投资来源国出现危机而引发的世界性金融危机。

二、金融市场传染渠道与作用机制

金融市场跨国传染机制也被称为"金融溢出(financial spillovers)机制",是指一个国家因宏观经济波动导致金融市场流动性不足,进而引发与之有密切联系的其他国家和金融机构出现流动性短缺,导致金融危机爆发。两个市场间的金融联系包括银行贷款、资本市场渠道以及预期渠道等。具体而言,可以分为两种情况:情况一为直接型,指两个国家有直接投资联系;情况二为间接型,指两个国家间虽无直接投资关系,但均与第三国有联系。因此，从金融市场的联系看，金融市场的传染途径主要有两条：

（一）共同贷款人传染途径

第一种情况下，金融传染主要是由金融中介机构引发的。金融中介机构的流动性受到冲击，就可能减少与之相关的他国金融市场上金融机构的头寸。这种应对流动性短缺的手段会导致他国货币量的波动，引发他国流动性问题，进而有可能引发金融危机。该种渠道也被称之为"共同贷款人的传染途径"。如拉美债务危机中，拉美国家为促进经济发展，从美国和日本等国和欧洲的金融机构借入大量资金，而借入量又大大超过其实际偿还能力，使得欧美等的金融机构产生大量坏账，有的甚至出现破产，金融机构受此冲击后，纷纷从与债务国经济发展相似的国家中撤资以规避风险。1988年，拉美国家共交给发达国家311亿美元，而它们从发达国家那里仅得到76亿美元的贷款，这种资金倒流使本来经济发展平稳的一些国家也因此被卷入债务危机。

（二）财富效应的传染途径

第二种情况下，金融传染发生的根源在于金融市场价格的波动对风险偏好不同的投资者资产配置产生影响，资产组合中资产种类分配的变化，会出现收入效应和替代效应两种结果。在一般情况下，替代效应会大于收入效应，投资者会增持某种资产为市场带来更多流动性。但是在极端情况下，收入效应也有可能大于替代效应。投资者通过变现的方式减少风险资产头寸，导致市场流动性降低。这种情况下的投资者对他国金融风险的影响并非通过金融中介机构实现的，而是国外投资者直接参与各国的金融市场引发的。这种直接的国与国之间在金融市场上发生的金融传染也被称为"财富效应的传染途径"。随着金融自由化进程的加快，各国对国外投资者的开放程度更高，各国金融市场的联系也更为紧密，这种金融市场间的金融传染扩散将更为迅速和多变。Xiong（2001）在一般均衡模型的框架中对短期交易者的交易策略对市场流动性以及资产价格波动产生的影响进行了分析。研究认为，金融市场中包括三种类型的交易者，即噪声交易者、长期交易者和短期交易者。在金融脆弱环境中，短期交易者受到的财富损失最大，对市场基本面的冲击的反应也最大。Kyle和Xiong（2001）的研究对之前的模型进行了扩展，在三种交易者的假设下加入了两种风险资产的假设。进而分析了短期交易者财富效应导致的溢出效应。研究证实了当噪音冲击对短期交易者的财富影响的财富效应大于替代效应时，短期交易者的主要策略为减持风险资产头寸，这必然加剧资产价格波动，进一步地导致金融市场的流动性短缺，引发金融传染。

比较值得注意的是，投资者资产配置导致的金融传染也有可能是在投机攻击行为中发生的。投机攻击主要就是国际游资为追求高额利润在国际金融市场中不断频繁流动的资产，短期资产是其中最活跃的部分。这种资本具备投机性强、流动性快、倾向性明显、杀伤力大的特点，通过对一国汇率或利率的攻击投机，造成一国货币供给的迅速变化，从中赚取差额利润。国际游资在世界金融市场上的冲杀，对国际金融市场稳定造成巨大影响，一旦引发金融危机，将会加速危机的扩散。1997年的亚洲金融危机尤为明显。国际游资首先引发泰国金融危机，造成泰国外汇市场的紊乱，进而对菲律宾、印度尼西亚、马来西亚、韩国、日本等国家和香港地区进行了攻击，造成了区域性的金融风暴。

三、预期传染渠道与作用机制

除前两种主要的传染渠道以外，还有一些学者提出了另一种传染渠道。这种传染渠道被称为预期传染，强调的是金融市场中介机构及投资者心理因素导致的市场之间的联动效应，也称为"净传染"（pure contagion），其中最为典型的是"羊群效应"。这种观点强调在金融危机发生以后，投资者的恐慌心理会随之蔓延，市场预期下降，对金融产品、金融市场和金融系统产生低估，最终导致本国金融危机的爆发，同时对具有类似背景的国家形成传染，甚至引发全球性的金融危机（Masson，1998）。对于这种金融传染发生的作用机制也出现了一些经典的模型研究，其中，Calvo和Mendoza（2000）的研究中假设投资者信息不完全且存在卖空约束，通过模型分析证实了证券市场全球化的条件下，投资者的信息收集和信息成本的存在导致金融传染存在多种均衡，投资者的资产配置越分散，"羊群效应"范围越大。Kodres和Pritsker（2002）的模型则说明，金融传染的强度与一国资产价格受宏观经济基本面的影响以及信息不对称的程度呈正相关。Yuan（2005）的理性预期模型也认为信息不对称和信贷约束程度将会对金融传染产生影响。如果宏观经济基本面出现负向冲击，资产价格将会下降，资产价格中的噪音成分越多，资产价格的信息有效性越低，资产价格的扭曲将会对风险资产需求产生反馈效应，导致资产价格的进一步下降，金融市场的传染程度也就越高。

第二节 金融传染的微观视角:基于一般均衡框架

仅从金融产业的行业属性来看,它是一个既具有微观属性,同时又具有宏观影响的特殊产业,而传统的货币危机模型多从宏观角度进行分析,忽略微观因素的影响和作用方式,本章对此进行理论拓展,从微观角度出发来描述金融传染的渠道,同时又从宏观角度来判断金融传染的效应。

在这一部分,本节主要对 Mendoza 等(2009)研究的模型进行拓展,加入结构化的金融中介部门,分析在资产负债表发生剧烈变动时,金融中介机构的金融风险如何将波动传递给其他微观经济主体并如何发生作用。

假设经济系统中只有两个国家 $i \in \{1,2\}$,经济系统中的主要参与者包括生产者和储蓄者,生产者和储蓄者在经济系统中所占份额相同。无论是生产者还是储蓄者都在效用最大化的前提下进行资源配置。对于储蓄者而言,他们也是消费者,其预期效用函数是:

$$E \sum_{t=0}^{\infty} \beta^t U(c_t) \tag{4.1}$$

式中,c_t 是经济中代表性储蓄者 t 期的消费,β 是 t 期的贴现率,效用函数严格递增且为凹函数,满足:$U(0) = 0$,$U'(c) > 0$,$U''(c) < 0$,$U'''(c) > 0$。这里对三阶导数符号的要求是为了保证效用函数中"风险奖励"的存在。

此外,假设两个国家具有相同的国际固定资本 $\bar{k}$,及其商品交易价格 P_t^i。下面将分别描述经济系统中储蓄者和生产者行为。

(一)代表性储蓄者行为

在经济活动中,假设储蓄者以其拥有的禀赋工资 w_t 投资于金融中介机构,以获得股息或者利息收入。假设工资收入过程 $\{w_t\}$ 满足马尔科夫过程,其分布为:$w_{t+1} = g(w_t, w_{t+1})$。

储蓄者可以基于下一期的预期工资收入来决定购买或有债权 $b(w_{t+1})$。由于经济系统总体上不存在不确定性,假设实际消费品价格为单位 1,因此第 i 个国家或有债权价格 q_t^i 主要依赖于当期工资水平 w_t 和下一期的工资预期 w_{t+1},即:

$$q_t^i(w_t, w_{t+1}) = \frac{1}{1 + r_t^i} g(w_t, w_{t+1}) \tag{4.2}$$

其中，r_t^i 是第 i 个国家的均衡利率。

此时第 i 个国家的代表性储蓄者的消费约束方程是：

$$w_t + b(w_t) = c_t + \sum_{w_{t+1}} b(w_{t+1}) q_t^i(w_t, w_{t+1}) \qquad (4.3)$$

上述方程表明代表性储蓄者在 t 时刻的财务状况，方程左端表示当时的资产为工资收入和现期债券实际价值，右端表示当期消费和未来债券的收益价值。

在金融活动中，从储蓄者的角度来看，市场是不完全的，这是因为每一个储蓄者所有的禀赋都是受限的。由于禀赋受限，金融契约在执行时会存在一定的风险，储蓄者可以将其禀赋进行转化，但是在转换过程中必然存在一定的损失。这里将这种损失定义为 $\lambda^i w_t$。其中，λ^i 表示一个国家金融契约的执行程度，可以看出，当一个国家金融自由化程度更高时，其 λ^i 值也就可能更大。

在这样的假设条件下，在金融市场上，可以获得以下两个约束条件：

$$b(w_1) - b(w_j) \leqslant \lambda^i \cdot (w_j - w_1) \qquad (4.4)$$

$$w_j + b(w_j) \geqslant 0 \qquad (4.5)$$

w_j 表示在时期 $j \in \{1, \cdots, J\}$ 内储蓄者可能拥有的禀赋值，其中 w_1 是最低变现值。(4.4) 式说明储蓄者通过或有债权获得的保险费 $b(w_1) - b(w_j)$ 不应该大于收入变动折损的 λ^i，当 λ^i 足够大时，储蓄者的稳定消费就能够得到充分保障，但是当 $\lambda^i = 0$ 时，则不存在对外债务，也就是说，不同国家金融自由化程度不同，λ^i 也就不同。第二个约束条件基于储蓄者作为股东仅承担有限责任，研究中假定储蓄者一定能够在下一期之前获得新的契约。

假设 $\{q_\tau^i(w_\tau, w_{\tau+1})\}_{\tau=t}^\infty$ 代表第 i 个国家所有消费品的价格，则代表性储蓄者的最优化问题可表示为：

$$\max_{c, b(w_{t+1})} \{U(c) + \beta \sum_{w_{t+1}} V_{t+1}^i [w_{t+1}, b(w_{t+1})] g(w_t, w_{t+1})\} \qquad (4.6)$$

其约束条件为式 (4.3)、式 (4.4) 和式 (4.5)。式 (4.6) 说明储蓄者的效用主要取决于两个部分，分别是储蓄者的消费规则 $c_t^i(w,b)$ 和购买债权的规则 $b_t^i(w_t, b, w_{t+1})$。这些决策规则决定了储蓄者如何在 c 和 b 之间进行财富分配，即如何决定当期消费和投资。

（二）代表性生产者行为

为了更为清晰地分析金融冲击发生后，生产者和储蓄者如何做出反应。我们首先假定生产性资本的持有者不同于储蓄者，生产者收入主要取决于其资本持有情况，利用具体的生产函数表示为：

$$y_t = F(k_t) = Ak_t^v \tag{4.7}$$

其中，k_t 是在 t 期购买的物质资本的数量，v 表示每个生产者的边际资本收益率，因此 v 小于 1。生产者拥有的资金可以自由支配，并且允许在国家之间进行自由流动，也就是说，生产者可以选择购买国内生产性资产，也可以购买国际生产性资产，但是生产者只能做出一种选择。为了使问题得到简化，本章研究具有代表性的生产者，假设生产者在生产过程中不存在不确定性。

在经济活动中，生产者和金融中介一起加入合同安排中。由于假设生产者没有面临特定的不确定性，因此，生产者和金融中介之间的金融合约不存在状态依存现象。假设变量 l_t 表示生产者向金融中介的实际借贷水平，则 $l_{t+1}/(1+r_t^i)$ 便是金融中介与生产者之间的借款合同。经济系统的金融中介即商业银行需要控制其自身的利率，同时也需要控制财务成本，假设第 i 个国家的财务成本是 $\varphi_t^i(l_{t+1})$，该成本函数仅仅依赖贷款规模。因此，生产者在 t 期得到贷款金额的实际价值为：

$$\frac{1}{1+r_t^i}[l_{t+1} - \varphi_t^i(l_{t+1})] \tag{4.8}$$

贷款人即生产者需要承诺在 $t+1$ 期偿还给金融中介 l_{t+1}。由于银行部门具有成本确定的特点，因此，在稳态时期望成本为 0。金融中介愿意贷款给代表性生产者的约束条件为：

$$l_{t+1} \leq \psi^i[k_{t+1}P_{t+1}^i + F(k_{t+1})] \tag{4.9}$$

在式（4.9）中，变量 ψ^i 表示金融中介通过金融运作和生产获得的收益。ψ^i 是生产者下一期资本价值和实际产品价值之和的函数，假定生产者总是在 $t+1$ 期开始偿还贷款，ψ^i 不能小于生产者下一期的贷款总额[1]。

在上述假设下，生产者效用最大化问题变为：

$$\max_{c_t, k_{t+1}, l_{t+1}} \{U(c_t) + \beta W_{t+1}^i(k_{t+1}, l_{t+1})\} \tag{4.10}$$

约束条件为：

$$w_t + k_t P_t^i + F(k_t) + \frac{l_{t+1} - \varphi_t^i(l_{t+1})}{1+r_t^i} = c_t + l_t + k_{t+1} \tag{4.11}$$

$$l_{t+1} \leq \psi^i[k_{t+1}P_{t+1}^i + F(k_{t+1})] \tag{4.12}$$

若给定确定的一系列价格 $\{r_\tau^i, P_\tau^i, \varphi_\tau^i(\cdot)\}_{\tau=t}^\infty$，关于消费变量的一阶条

---

[1] 一般而言，由于储蓄者具有谨慎动机，均衡利率通常低于国际贴现率。正因如此，要鼓励生产者尽可能借款。以上的约束条件保证了借款是有限的。

件为：

$$U'(c_t) = [\beta U'(c_{t+1}) + \mu_t]\left[\frac{1+r_t^i}{1-\varphi_{t,d}^i(l_{t+1})}\right] \quad (4.13)$$

$$U'(c_t) = \frac{1}{P_t^i}[\beta U(c_{t+1}) + \mu_t \psi^i][P_{t+1}^i + F_k(k_{t+1})] \quad (4.14)$$

其中，μ_t 为式 (4.11) 的拉格朗日乘子，若约束条件成立，则 μ_t 为正。

假设各国生产者都具有相同的初始禀赋 k 和 l，也同样选择相同的生产性资产 k_{t+1} 和下一期负债 l_{t+1}，他们以相同的状态进到下一期。在约束条件 (4.13) 和式 (4.14) 中，c_t 表示在一系列给定价格的经济中的全部消费。

值得注意的是，在式 (4.13) 和式 (4.14) 中，可以得到这样的结论，即生产性资产中有股票溢价，这是因为 $\varphi_{t,d}^i(\cdot)$ 是非负的，同时，参数约束 $\varphi^i < 1$ 意味着生产性资产的收益率大于实际利率。因此，资产价格低于没有约束条件的情况[1]。当国际资本市场开放时，不同国家的资产净头寸都会受到这一条件的影响。

(三) 金融中介机构

金融中介机构是储蓄者和生产者之间的桥梁，它与储蓄者和生产者签订合约，其目标是使得储蓄者作为股东所拥有的企业利润达到最大化。假设金融机构拥有的生产性固定资本为 $\bar{k}^f$，$\bar{k}^f$ 为金融中介运行中的有形资本，为了简化，假设 $\bar{k}^f$ 可以体现在金融中介的资产负债表中，但是却不能产生任何收入，金融中介的资产负债表主要依赖于资本资产的市价[2]。

当代表性企业向金融中介机构借款时，贷款来自储蓄者所有的债权 B_t，存款价值由前期储蓄者购买的全部或有债权价值确定，则有：

$$B_t = \int_{w_{-1},b_{-1},w} \sum_w b_{t-1}^i(w_{-1},b_{-1},w)g(w_{-1},w)M_{t-1}(w_{-1},b_{-1}) \quad (4.15)$$

其中，w_{-1} 表示已知的前期工资，b_{-1} 表示已知的前期债权。金融中介机构的期初股本为：

$$e_t = \bar{k}^f P_t^i + L_t - B_t \quad (4.16)$$

---

[1] 在具有外国贷款的抵押品限制的小型开放性经济模型中，Mendoza (2009) 得到相似的结果。

[2] 在这里，对金融中介机构资产的假设包括了物质资本，即生产性的成本，虽然在市场经济中，它不能直接产生收入，但在现实经济发展过程中，由于生产性的物质资本具有市场价值，因此金融机构更倾向于出售物质资本。在模型中引入生产性资本的主要作用就是要使物质资本影响银行股本。

金融中介部门的平均预算约束为：

$$e_t + \frac{B_{t+1}}{1+r_t^i} = \bar{k}^f P_t^i + \frac{L_{t+1}}{1+r_t^i} + d_t \qquad (4.17)$$

式（4.17）左侧为资产负债表的借方，表示金融中介部门所拥有的股本及下一期借款的贴现值之和；右侧表示资产负债表的贷方，是生产性资本、下一期贷款贴现值与股息之和。

此时，要探讨金融摩擦出现对金融中介的影响，这也是对金融传染微观作用机理的研究核心。首先给出两个基本假设：①金融中介不再发行新股，因此，股息恒为非负数，即 $d_t \geq 0$；②金融中介主要从事两类贷款，第一类受资本影响，必须通过银行的股票收回，第二类则不受银行资本影响，但需要额外的成本。则第一类贷款需满足约束条件：

$$\bar{L}_{t+1} \leq \alpha(e_t - d_t), \alpha > 1 \qquad (4.18)$$

其中，$\bar{L}_{t+1}$ 表示受银行资本影响的贷款额。这个条件说明，支付股利后，这类贷款的贷款总额不能大于银行股本的一倍。

假设经济中每个代表性生产者获得的贷款额为 l_{t+1}，其中第一类贷款为 $\bar{l}_{t+1}$，第二类贷款为 $l_{t+1} - \bar{l}_{t+1}$，金融中介为第二类贷款所需支付的成本为 $\kappa(l_{t+1} - \bar{l}_{t+1})^2$，这部分成本表示能够改善银行贷款风险的准备金，对银行资本不存在威胁。

由于金融市场竞争的激烈性，在对称均衡条件下，每个银行都是根据贷款的规模确定贷款利率，则金融机构的贷款成本为：

$$\varphi_t(l_{t+1}) = \begin{cases} \kappa(l_{t+1} - R_t^i)^2, & \text{若 } r_{t+1} \geq R_t^i \\ 0, & \text{若 } r_{t+1} < R_t^i \end{cases} \qquad (4.19)$$

其中，R_t^i 表示生产者的贷款利率。

由于市场竞争的存在，金融中介尽可能对每个贷款者收取最少的利率。在模型中，就是通过对 R_t^i 的选择也就是制定的合适的贷款利率来实现。在市场均衡时，银行发行的受资本限制的第一类贷款需要满足式（4.18），当金融中介不需支付股息时，R_t^i 达到最大。因此，在市场均衡时，所有的银行都应该选择相同的贷款利率：

$$\chi_t^i = \alpha(\bar{k}^f P_t + L_t - B_t) = \alpha e_t \qquad (4.20)$$

这就是说，假如金融机构不用支付股利，那么，在均衡时它的贷款总额就是与它的总资本相等的。因此，当不必支付股利时，即使不收取额外的成本，银行部门也有能力提供贷款。此时，生产者的贷款费率仅为市场利率 r_t^i。但是，如果贷款需求超过了银行能够收入的最大金额，那么金融机构就不得不收取额外的成本。

这里，临界值 R_t^i 实际上就是均衡价格，与利率 r_t^i 是 i 国提供给生产者的贷款合约条件。在均衡时，确定 R_t^i 和 r_t^i 能够使经济运行更为有效，假设经济中银行部门的人均可供贷款额和私人部门的人均需求相等，则有：

$$\begin{cases} L_{t+1} = \bar{L}_{t+1}, & \text{当 } r_{t+1} \leqslant R_t^i \\ L_{t+1} > \bar{L}_{t+1}, & \text{当 } r_{t+1} > R_t^i \end{cases} \quad (4.21)$$

由于竞争压力所迫，银行不得不确定 R_t^i 和 r_t^i，假定贷款的净收益率仅为 r_t^i，那么金融中介的最大化问题变为：

$$V_t^i(B,L) = \max_{d \geqslant 0, B_{t+1}, L_{t+1}} g\left\{d + \left(\frac{1}{1+r_t^i}\right) r_{t+1}^i (B_{t+1}, L_{t+1}) g\right\} \quad (4.22)$$

约束条件是：

$$L_t - B_t = \frac{L_{t+1}}{1+r_t} - \frac{B_{t+1}}{1+r_t} + d_t \quad (4.23)$$

这里，$\varphi_t^i(\cdot)$ 并没有进入预算约束，因为这部分主要是由借款者在最后支付的。χ_t^i 包括对资本补偿的需求。金融中介的贴现率与持股者的贴现率相关，在不存在不确定性的假设下，也就等于利率水平。可以看出，每个银行的股利政策都是无法确定的。由于贴现率就是现有利率，这里不考虑贷款人的贷款用途，假设资本的要求不受约束，那么银行总能满足贷款的总需求，此时不用支付任何贷款成本。

（四）资产负债表的波动

考虑此时经济中发生一次意外的波动，波动的发生使金融中介的资产减少，假设这是由生产者的一次意外损失造成的。在模型中，将其视作生产性资本 $\bar{k}^i$ 的一次折旧。一般而言，经济的波动是不可预料的，在这里，假设这种波动仅发生一次来研究模型的动态性质。

回到上述具体模型中，金融中介的股利政策在动态演变中非常重要。在波动发生之前，由于股利政策的不确定性，金融中介的股票权益等于资本需求。如果市场波动过大，金融中介就不能满足市场上的资金需求，无力发行新股，因此，也就不能通过分割股息的方式重建股票。此时，为了维持正常经营，它不得不降低 χ_t^i 并需要收取正的财务成本 $\varphi_t^i(\cdot)$。在图4.3 中描述了生产者的贷款需求和金融中介贷款供给的关系，其中贷款的需求曲线是向右下方倾斜的，而贷款的供给曲线则是向右上方倾斜的，供给曲线的变化是由冲击前后利率的变动造成的。在发生波动之前，经济处于稳态，贷款的均衡边际成本等于利率。

波动发生以后，金融中介的贷款额减少为 $\bar{L}^*$，这是银行无需成本就

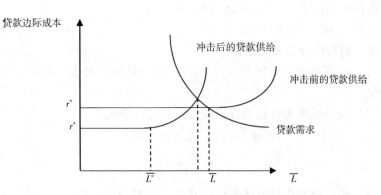

图 4.3　给定利率下市场贷款的均衡

可以放贷的最大值。以上的情况都是在价格递增的情况下，而此时贷款供给和需求的均衡点成本上升了，贷款供给却减少了。由于银行缩减了贷款额，金融中介对储蓄者的资本需求也就减少了，市场利率也从 r 下降为 r^*。此时借款的边际成本要大于冲击前借款的边际成本。

资本价格的下降只能导致资产负债表的进一步恶化。其结果必然是模型中 $\bar{L}^*$ 的一般均衡点左移，导致贷款总额的进一步紧缩、市场资本价格的进一步下降。事实上，这也正是金融中介总是采取扩张措施的原因，其原理类似于费雪的债务紧缩原理和金融加速器原理。

（五）一般均衡分析

在前面已经进行了简单的均衡分析，对金融传染的微观作用机制进行了判断，在这部分，要对一般均衡发生的几种情况给出明确的定义，这要从没有资金流动的一般均衡开始说明，继而阐述调整资本流动后的一般均衡。

假设经济中的储蓄者集合状态满足 $M_t^i(w,b)$ 分布，生产者的贷款为 L_t^i，生产者所拥有的生产性资本为 K_t^i，由此可以确定生产者的净价值和生产性资本均衡价格确定的条件下银行股票的价值。归纳上述分析，给定金融发展参数 ϕ^i 和 φ^i，储蓄者的初始分布为 $M_t^i(w,b)$，生产者的贷款为 L_t^i，生产者的生产性资本为 K_t^i，对于 $i \in \{1,2\}$，如果不存在国际资本流动，则经济系统中的经济行为个体行为包括：

储蓄者行为：$\{b_\tau^i(w_\tau,b_\tau,w_{\tau+1})\}_{\tau=t}^{\infty}$；

生产者行为：$\{l_\tau^i(k,l)\}_{\tau=t}^{\infty}$ 和 $\{k_\tau^i(k,l)\}_{\tau=t}^{\infty}$；

金融中介行为：$\{d_\tau^i(B,L)\}_{\tau=t}^{\infty}$，$\{L_\tau^i(B,L)\}_{\tau=t}^{\infty}$，$\{B_\tau^i(B,L)\}_{\tau=t}^{\infty}$；

价格机制：$\{P_\tau^i, r_\tau^i, R_\tau^i, q_\tau^i(w_\tau, w_{\tau+1})\}_{\tau=t}^\infty$；

分布：$\{M_\tau^i(w, k, b)\}_{\tau=t+1}^\infty$。

则一般均衡分析要满足：

（1）经济系统需要满足式（4.6）、式（4.10）及式（4.22）的效用最大化；

（2）经济系统进行竞争性定价，并且价格满足：

$$\chi_\tau^i = \alpha(\bar{k}^f P_t^i + L_t - B_t)$$

$$q_\tau^i = \frac{g(w, w')}{1 + r_t^i}$$

（3）满足资本市场出清条件，对于 $i \in \{1,2\}$，有：

$$\sum_{w_\tau, b_\tau, w_{\tau+1}} b_\tau^i(w_\tau, b_\tau, w_{\tau+1}) M_\tau^i(w_\tau, b_\tau) g(w_\tau, w_{\tau+1}) = B_\tau^i(B, L)$$

$$\frac{1}{2} k_\tau^i(K, L) = \bar{k} - \bar{k}^f$$

（4）储蓄者的分布符合初始分布，储蓄者行为是一种在特定冲击下的随机过程。

以上，除条件（2）（3）以外，全球资本市场的均衡也是类似的，随着金融深化程度的加深，不同国家间的资本价格也可能相等，因此，条件（2）变成：

$$\chi_\tau^1 = \chi_\tau^2$$

$$q_\tau^1 = \frac{1}{1+r_t^1} g^1(w_t, w_{t+1}) = \frac{1}{1+r_t^2} g^2(w_t, w_{t+1}) = q_\tau^2$$

$$P_\tau^1 = P_\tau^2$$

进一步的，全球化的资本市场的出清使得生产性资本的市场出清条件变成：

$$\sum_{i=1}^2 k_\tau^i \mu^i = \bar{k} - \bar{k}^f \tag{4.24}$$

或有债权的市场出清条件变成：

$$\sum_{i=1}^2 [\sum_{w_t, b_t, w_{t+1}} b_\tau^i(w_t, b_t, w_{t+1}) M_\tau^i \mu^i(w_t, b_t) g(w_t, w_{t+1})] = \sum_{i=1}^2 B_t^I(B, L) \mu^i \tag{4.25}$$

当经济个体独立时，经济波动的来源主要是本国贷款的损失，在某国经济依赖性较强时，贷款的损失来自哪个国家无关紧要，因为资本具有流动性，金融中介机构能够无差别地从国内或国际资本市场上借款，因此，在经济一体化时，世界范围内的银行部门的贷款能力非常重要。但是，经济独立时，对于损失来自哪个国家的研究显得十分重要。通过比较资本的流动性，可以发现经济独立的国家资产的价格下降幅度更大。由此可见，金融一体化和金融的深化能够使各国的贷款额得到显著增加。在封闭经济中，国内的金融中介提供贷款的能力有限，但是在全球化经济下，生产者能够在世界范围内自由借贷，相应地，信贷的收缩和价格的冲击也从单一国家的影响中传播开来。

第三节 货币危机宏观传染的基本模型

在上一节中已经通过模型对金融危机传染的微观作用机制进行了分析，在这一节中，将对开放经济条件下货币危机在国与国之间传染的基本模型进行介绍。对于货币危机的传染，第一种解释就是由于经济基本面的恶化，使得投机攻击能够从一国扩散到另一国。而基本面无非是通过衡量物价水平与产品竞争力等经济变量的变化来反映。接下来，本节要通过一个两国模型来说明这些基本面变量变化所产生的影响。在这个模型中暂时不考虑不确定性问题，而且为了简化起见，只考虑对称的情况，即假设除了政策变量以外，A、B 两国的经济变量都是相同的。这里字母 A 和 B 代表两个不同国家。

在模型中以对数形式表示各个变量（除利率外）。假定初始时 A、B 两国的各种经济变量的初始值是相等的，满足利率平价和购买力平价。

首先给出货币市场均衡条件：

$$m_i - p_i = \phi y_i - \gamma r_i, i = A,B \tag{4.26}$$

方程式（4.26）为货币需求方程。其中，m 表示名义货币存量，p 表示价格水平，y 代表真实收入水平，这三个变量都是水平值的对数变换，r 是名义利率。

类似地，利率平价条件为：

$$r_i = s_i + r^*, i = A,B \tag{4.27}$$

初始条件下，两国货币都盯住 C 国货币，这样无补利率平价可以表示为式（4.27），s 为汇率水平，也就是以 i 国货币表示的 C 国货币的价格；r^* 代表 C 国的名义利率，在模型中假设名义汇率 r^* 不变。

接下来，考察商品市场的情况，实际上就是要给出购买力平价方程，这是投机冲击扩散模型的重要一环。假设 A、B、C 三个国家生产的商品不同，且每个国家仅生产一种商品，每种商品的价格由生产国的工资水平

决定。商品之间具有可替代性,因此,物价水平 p 可以根据三种商品在本国消费篮子中所占比重的加权平均数得到。因此有:

$$p_i = \alpha w_i + \beta(w_j + s_i - s_j) + (1 - \alpha - \beta)(s_i + p^*), i,j = A,B \text{ 且 } i \neq j \tag{4.28}$$

式中,w_i 是第 i 国家的工资水平,p^* 代表 C 国产品的价格,这是一个确定相对价格和汇率的参照指标,在模型中,假定 p^* 不变。α、β 是 A、B 两国的商品在消费篮子中所占的比重。如果 $\alpha = \beta = 0$,则模型简化为封闭经济体系中的投机攻击模型。

假设物价水平与工资水平相关,在本模型中假定 A、B 两国处于竞争性地位,如果没有其他干扰因素,两国的工资水平应该是相等的,当然由于商品市场套利行为具有不完全性,工资具有黏性,所以两国单位工资成本不同。假定名义工资水平的变化取决于核心通货膨胀水平 c_i 和产出缺口 $(y_i - \overline{y})$,以工资形式表示的菲利普斯曲线方程可以表示为:

$$w_i = c_i + \psi(y_i - \overline{y}), i,j = A,B \text{ 且 } i \neq j \tag{4.29}$$

式中,ψ 表示工资水平对超额货币需求的调整速度,如果 ψ 趋近于无穷大,则实际产出与潜在产出相等,这时经济处于饱和产出状态,任何经济政策调整均呈现无效状态。

进一步,假定核心通货膨胀 c_i 仅仅随实际通货膨胀变动,即:

$$\dot{c}_i = \delta(\dot{p}_i - c_i), i,j = A,B \text{ 且 } i \neq j \tag{4.30}$$

式中,δ 衡量的是核心通货膨胀对实际通货膨胀的敏感度,δ 越大,通货膨胀变化引起的工资的调整就越快。在稳定状态下,即经济处于潜在产出状态时,经济系统满足:

$$y_i = \overline{y}, w_i = c_i = \pi_i$$

此时名义工资变化率与核心通货膨胀率和实际通货膨胀率 π_i 相等。

由于国家之间产品的替代性所产生的价格和需求影响,对一国国内商品的总需求与本国货币的实际汇率以及工资收入成反比,需求函数可以表示为:

$$y_i = \kappa(s_i - s_j + w_j - w_i), i,j = A,B \text{ 且 } i \neq j \tag{4.31}$$

值得说明的一点是:$s_i - s_j + w_j$ 表示以 i 国货币表示的 j 国的工资水平。式(4.31)中,系数 κ 表示 A、B 两国商品的替代性,如果 $\kappa = \infty$,两国商品具有完全替代性,此时对应的"一价定律"成立。

而一国货币总供给等于央行持有的国内金融资产的价值和以本币衡量的外汇储备的价值之和,即:

$$m_i = \eta D_i + (1 - \eta)R_i, i = A,B \tag{4.32}$$

式中，η 表示均衡条件下中央银行以国内资产形式持有的比重，为了使模型封闭，假定国内信用的增长是外生决定的，即：

$$D_i = \mu_i, \quad i = A, B \tag{4.33}$$

同上一节模型不同，这节的模型主要分析投机攻击如何在一国发生后迅速传染给另一个国家，当然最终要得到的仍然是投机攻击对汇率制度的影响和投机攻击发生的时间。

在完美预期条件下，$E(\dot{s}_i) = \dot{s}$，为了简化，令 $\bar{y} = i^* = p^* = 0$，可得：

$$m_i = \alpha w_i + \beta(w_j - s_j) + (1-\alpha)s_i + \phi y_i - \gamma \dot{s}, \quad i = A, B \tag{4.34}$$

在固定汇率制度下，中央银行通过外汇储备的买卖可以使实际汇率稳定在想要盯住的水平 $\bar{s}_i$，表示为：$s_i = \bar{s}_i, \dot{s}_i = 0$。通过式（4.34）就可以得出外汇储备的变化方程：

$$R_i(t) = \frac{-\eta D_{0i} + (1-\alpha)\bar{s}_i}{1-\eta} - \frac{\eta}{1-\eta}\mu_i t + \frac{\alpha}{1-\eta}w_i(t) + \frac{\beta}{1-\eta}[w_i(t) - \bar{s}_j] + \frac{\phi}{1-\eta}y_i(t) \tag{4.35}$$

方程式（4.35）说明了外汇储备水平随着国内信用的不断扩张（$u_i > 0$）而减少，同外汇储备水平正相关的经济变量有：由两国工资决定的两国物价水平、汇率水平以及国内产出。现在要考虑的是 A、B 两国之间的传染。首先，我们假设两国信用膨胀的速度不同且 $u_A > u_B$，两国其他方面完全相同，运用基本模型的结论，肯定是 A 国货币首先受到投机攻击，从式（4.35）可以看出，B 国的外汇储备决定于本国的工资水平、产出水平以及 A 国的汇率水平，又由于 A 国首先受到了投机攻击，其货币的贬值将减少 B 国货币的需求以及 B 国的外汇储备水平。原因有两点：一是物价水平效应。A 国货币贬值将使 A 国商品在 B 国的价格下降，进而整个 B 国的物价水平也将随之降低，这最终将使 B 国的外汇储备水平下降。二是真实收入效应。由于工资的黏性，A 国货币因为投机攻击而浮动将使 B 国的国际竞争力降低，由此导致的工资和产出的紧缩压力也会降低货币需求，同样的结果会出现资本外流以及储备流失。总之，A 国货币平价的崩溃将减少 B 国货币需求，从而加速 B 国货币的崩溃，投机攻击由 A 国传染到了 B 国。物价水平效应和真实收入效应导致 B 国货币需求下降。在固定汇率制的作用下，超额货币供给将转化为对政府储备的购买，这加快了 B 国外汇储备的消耗，加速了 B 国固定汇率制的崩溃。

第四节　本章小结

20 世纪 90 年代金融危机发生的一个突出特点就是没有明确的预见性，没有明确的金融指数和金融模型对这些金融危机进行推断和预警，但经济学家早已对所发生的金融危机引起警觉和重视。鉴于第二章对封闭经济环境下的金融脆弱性理论的介绍，第三章和第四章将研究视角扩展到开放经济当中，重点介绍了金融投机攻击的四代理论模型、金融传染作用机制以及微观作用机理和宏观传染模型。

Krugman（1979）在理论研究上提出了第一代金融危机模型。第一代模型认为货币危机是否爆发主要取决于一个国家的经济基本面，特别是财政赤字的货币化，如果政府为解决财政赤字问题而大量发行纸币，引起资本流出，央行为维持汇率稳定而无限制地抛出外汇储备，当外汇储备达到临界点时，就会引致投机攻击。Obstfeld（1994，1996，1997）对第一代投机攻击模型进行发展，构建了第二代投机攻击模型。第二代投机攻击模型注意在政府行为方程当中的非对称性的潜在重要作用。所构建的模型认为在货币危机引发的过程中，主观预期也扮演了很重要的角色，这里的预期可能需通过利率和总需求（Obstfeld，1994）机制最后迫使政府放弃平价。第三代模型侧重于从企业、银行和债权人等微观的主体行为角度来探讨金融危机的成因，其中具有代表性的包括道德风险模型、证券组合投资资本项目危机模型（portfolio investment）和羊群效应模型等。Krugman（2001）提出的第四代金融危机的理论模型强调金融危机与货币危机的不同，货币危机模型强调汇率在金融风险滋生、发酵和爆发过程中的核心作用，但现代金融危机中，金融资产价格的作用不容忽视。第四代模型的兴起主要强调了金融资产价格在金融危机爆发中的作用，同时，也强调金融规则和金融制度的影响。但是第四代的金融投机攻击模型仍处于开发阶段，需要进一步的发展和解读。

除金融投机攻击之外，金融传染也是开放经济条件下金融系统的一个新特点，两者有相通之处，但完全不同。本章首先总结了国际之间金融传染的作用机制。本书的观点认为金融传染的主要渠道有三条，分别是贸易渠道、金融市场传染渠道和预期渠道。其中，在金融市场的传染渠道中，金融投机攻击行为是一种诱发危机的重要手段。其次，本章重点介绍了金融传染的微观作用机理和宏观传染模型。关于微观作用机理的研究，本章主要对 Mendoza 等（2009）研究的模型进行拓展，加入结构化的金融中介部门，分析在资产负债表发生剧烈变动时，金融中介机构的金融风险是如何将波动传递给其他微观经济主体并如何发生作用的，通过均衡分析的方法，很好地从微观的传染作用机理中解释了金融传染的发生。结果表明，金融一体化和金融的深化能够使各国的贷款额得到显著增加。在封闭经济中，国内的金融中介提供贷款的能力有限，但是在全球化经济下，生产者能够在世界范围内自由借贷，相应地，信贷的收缩和价格的冲击也从单一国家的影响中传播开来。而对于宏观传染模型，本章选择了开放经济条件下两国间金融传染的基本模型进行分析，解释了基本面因素变化导致的金融传染问题。

第五章　我国系统性金融脆弱性指数的合成及动态特征

近些年来，随着经济全球化的发展，金融发展对全球的实体经济影响更为复杂。一国经济发展开放程度越高，信息传递速度越快，资本流动和配置越频繁自由。这种金融自由化的进程一方面会通过资源的优化配置起到增进效率的作用，激发各国经济发展活力；另一方面也会为经济发展注入不确定因素，通过金融加速器的传导，引发金融恐慌，从而导致金融危机的发生。20世纪90年代开始，日本等国家以及东南亚和北欧纷纷陷入金融危机的泥沼。2007年美国更是爆发了引发全球经济衰退的"次贷危机"。这些金融危机的爆发，凸显了国家的金融脆弱性问题，各国也相继开始对本国的金融结构、金融发展和风险监控等问题进行反思。从我国目前的情况来看，自改革开放以来并未遭受大规模的金融危机的洗礼，但是，随着经济社会的发展，综合国力的增强，金融发展步伐的加快，金融自由化与金融脆弱性之间的问题也影响着国家金融行业的发展，成为掣肘经济发展的重要因素之一。与商品市场的稳定性度量相比，金融系统脆弱性的度量并不成熟，建立和设计反映金融脆弱程度的度量和评判标准是金融风险管理的重要命题。对金融脆弱性的合理评估，也能够为政策制定者区分金融风险水平、进行金融风险管理提供重要依据。

本章主要通过我国系统性金融脆弱性测度的方法和指标体系的选择，尝试构建我国系统性金融脆弱性指数，进而分析我国金融脆弱性的程度和体现方式，分析金融脆弱性产生的影响。在此基础上，本章尝试对构建的金融脆弱性指数的动态路径进行分析，说明金融脆弱性指数的积聚过程及动态特征，为我国宏观经济决策提供参考和建议。

第一节　金融脆弱性的测度方法与评估体系

有关金融脆弱性的研究最早可追溯到20世纪80年代初期，Minsky（1982）提出了金融脆弱性假说，并从作为借款人的企业角度对银行体系脆弱性的形成机制进行了深入分析，结果认为银行体系信贷风险的累积是导致金融脆弱性的主要原因。而Chick（1997）则从作为贷款人的银行角度对银行体系脆弱性的形成机制进行研究，并提出了银行脆弱性的安全边界说。Chick（1997）认为银行在信贷过程中审查的审慎程度是影响贷款安全边界的主要原因，审查标准放宽将导致银行贷款的安全边界扩大，进而导致银行信贷风险上升，并在一定程度上导致金融脆弱性增加。

一般认为，金融脆弱性是金融体系内在的固有属性，是金融体系内在风险积聚的外在表现。测度金融脆弱性的主要方法包括单一指数法、加权指数法以及因子分析法等。上述方法测度金融脆弱性的准确性取决于相关统计数据的完整性以及准确性。总的来看，金融脆弱性的测度方法也经过不断的演进，从早期的定性分析，到后来的定量分析。20世纪90年代中后期，对金融脆弱性测度的定量分析逐渐发展起来，不论是对单一指标的分析还是对合成指标的分析，均属于事后度量，而21世纪以来，以压力测试分析为主的事先度量的方法兴起，为金融脆弱性测度方法的发展提供了新的思路。图5.1对金融脆弱性度量方法的演进路径进行了总结。

一、金融脆弱性的度量方法

（一）单一指标分析

单一指数法主要是选择反映金融体系脆弱性的单个指标测度金融脆弱性。如利用不良贷款率或者资本充足率测度金融脆弱性。考虑到银行危机爆发后，通常不良贷款率将增加，并且不良贷款率还具有累积性，人们往往选择银行不良贷款率作为银行体系信贷风险衡量的主要指标，进而作为金融脆弱性的衡量指标。

Caprio和Klingebiel（1999a，1999b）将银行不良贷款率作为测度金融脆弱性的单一指标，并采用贷款损失指标判断银行体系是否存在或发生危机，其判断的标准是："若大部分或整个银行体系的资本受到侵蚀，银行

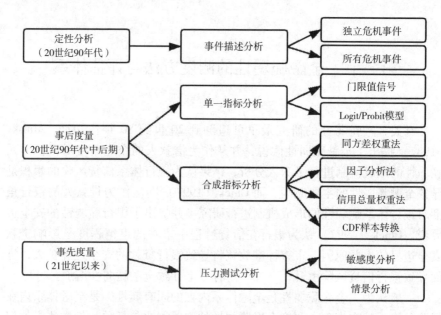

图 5.1　金融脆弱性度量方法发展历程

体系贷款损失严重，则表明银行体系将面临危机"。而 González-Hermosillo（1999）的研究则表明，只有将不良贷款率和资本充足率两项指标同时作为测度金融脆弱性的指标时，得到的 CAMEL 体系的评估结果才具有统计意义。Demirgüç-kunt 和 Detragiache（2000）则认为下述条件之一发生时，就可认定银行体系发生危机：

（1）政府对银行进行救助时，财政注资超过 GDP 的 2%；
（2）银行体系不良贷款超过整个银行资产的 2% 时；
（3）银行体系遭遇大规模挤兑现象，导致银行假期延长，政府采取冻结存款等紧急措施时；
（4）银行体系出现严重问题导致银行大规模国有化时。

假设利用单一指标测度金融脆弱性，则首先利用 CMAX 方法对该指标进行标准化，具体形式如下：

$$CMAX_t = \frac{x_t}{x_{\max}} \tag{5.1}$$

其中，$CMAX_t$ 为单一指标 x_t CMAX 标准化后的值，$x_{\max}$ 为单一指标过去 10 年中的最大值。计算出 CMAX 标准化后的值后，设定指标的警戒线，通常指标的警戒线设定为单一指标的平均值减 1 倍或者 1.5 倍标准差。然后分别将 x_t CMAX 标准化后的值 $CMAX_t$ 与警戒线对比，依此判断金融体系是否面临危机或是否具有脆弱性。低于警戒线,表明金融体系是安全的,否则认为金融体系具有脆弱性并面临危机。

我国学者伍志文(2002)以及林朴(2007)分别尝试利用单一指标法对我国金融脆弱性进行测度。但由于直到 2004 年中国银行业监督管理委员会才开始公布我国银行业不良贷款数据,而且每季度公布一次,数据有限,导致利用银行不良贷款率作为单一指标测度金融脆弱性存在一定的局限。同样由于资本充足率的数据也很难获取,因此,将资本充足率作为单一指标测度金融脆弱性也不现实。综上所述,由于数据获取比较困难,导致利用单一指标法衡量我国金融脆弱性存在一定的难度。

(二) 合成指标分析

采用加权指数法测度金融脆弱性的主要思路是,首先选取能够测度和衡量金融体系风险的相关指标,然后利用算数平均数或者加权算数平均数对上述指标进行算数平均,得到测度金融体系风险的相关指标的加权算数平均数,即将合成指标作为金融体系脆弱性的综合测度指数。

Caprio 和 Klingebiel(1999a,1999b)选择银行对私人部门信贷同比增速、银行存款同比增速以及银行未对冲负债同比增速作为测度金融脆弱性的指标,然后利用加权指数法构建了金融体系脆弱性的指标:

$$BSF_t = \frac{1}{3}\left(\frac{FL_t - \mu_{FL}}{\sigma_{FL}} + \frac{CPS_t - \mu_{CPS}}{\sigma_{CPS}} + \frac{DEP_t - \mu_{DEP}}{\sigma_{DEP}}\right) \quad (5.2)$$

其中,FL_t 表示私人部门信贷同比增速;CPS_t 表示银行存款同比增速;DEP_t 表示银行未对冲负债同比增速。而 μ_x 和 σ_x($x = CPS, FL, DEP$)分别为对应变量的均值和标准差。

我国学者邹薇(2002)则分别选择银行体系的外币债务同比增速(FL_t)、银行体系存款的同比增速(DEP_t)以及非政府部门贷款同比增速($CNGS_t$)作为测度金融脆弱性的指标,然后利用加权指标法构建了金融体系稳定性指数测度我国金融脆弱性:

$$BSSI_t = \frac{1}{3}\left(\frac{FL_t - \mu_{FL}}{\sigma_{FL}} + \frac{DEP_t - \mu_{DEP}}{\sigma_{DEP}} + \frac{CNGS_t - \mu_{CNGS}}{\sigma_{CNGS}}\right) \quad (5.3)$$

由于加权指数法的权重系数通常是人为设定的,带有一定的主观性,因此,同样采用加权指数法测度金融脆弱性,但不同学者得到的结论往往是不同的。

袁德磊和赵定涛(2007)在对以往金融危机的共同特征进行分析总结的基础上,选择通货膨胀率 x_{1t}、不良贷款率 x_{2t}、银行对私人部门的信贷 x_{3t} 和资本充足率 x_{4t} 作为测度金融脆弱性的指标,通过对上述变量进行同向变换，构造如下的综合加权指数作为测度金融脆弱性的指数：

$$z_t = \frac{1}{4}\left[(8\% - z_{1t}) + z_{2t} + z_{3t} + z_{4t}\right] \tag{5.4}$$

（三）因子分析法

因子分析法则是利用主成分分析法，首先对测度金融风险的相关指标提取主成分，然后按照各主成分的相关载荷设定权重系数，最后计算各主成分的加权算数平均数作为测度金融风险的综合指数。因子分析法在一定程度上克服了加权指数法人为设定权重系数的缺陷，因而被大多数经济学者用来测度金融脆弱性。本章也将选取我国相关金融数据，利用因子分析法对我国金融脆弱性进行测度。

从统计学角度而言，因子分析通常是从变量的方差协方差结构入手，通过提取多个变量的主成分，在尽可能多地反映原始变量信息的基础上，利用提取的主成分替代原始变量。由于各主成分之间正交，在利用主成分进行回归分析时，可有效避免模型出现多重共线性的问题。因子分析对应的是线性变换，通过对原始数据进行变换，将各主成分变换到一个新的坐标系中，用数学公式表示以上过程为：

$$X = F\beta + \mu \tag{5.5}$$

其中，X 为 $T \times N$ 维的原始数据矩阵，T 为时间长度，测度样本容量，N 表示指标的个数；F 为 $T \times p$ 维的因子集，且 $p < N$，对应的每一列为相应的主成分；β 为对应的因子载荷矩阵。因子集 F 的估计量为：

$$\hat{F} = \frac{1}{\sqrt{T}}M \tag{5.6}$$

其中，M 是 $T \times p$ 维的矩阵，第 1 列至第 p 列的数据分别为矩阵 XX'/N 的第 1 至第 p 最大特征根所对应的特征向量。通常根据相关研究的要求确定主成分的个数 p，即按照研究所要达到的精度，或者说是所求得的因子集对原始数据的贡献度来确定主成分的个数。设 λ_i 表示第 i 个特征根，则第 i 个主成分的贡献度可定义为：

$$\lambda_i \bigg/ \sum_{j=1}^{N} \lambda_j \tag{5.7}$$

则前 r 个主成分的累积贡献度可表示为：

$$\sum_{j=1}^{r} \lambda_j \bigg/ \sum_{j=1}^{N} \lambda_j \tag{5.8}$$

通常按照研究的需要，累积贡献度达到 85% 即可，因此，可按照上述公式确定主成分的个数 p。按照研究的需要，确定主成分的个数后，可通过计算相应的主成分加权算数平均数作为测度金融脆弱性的指标，具体的权重系数则按照不同主成分的贡献度大小确定。第 i 个主成分的权重为：

$$\gamma_i = \frac{\lambda_i}{\sum_{j=1}^{p} \lambda_j} \tag{5.9}$$

相应的金融脆弱性指数可表示为（万晓莉，2008）：

$$金融脆弱性指数 = \sum_{j=1}^{p} \gamma_j F_j \tag{5.10}$$

总的来看，加权指数法是目前较为常用的计算金融脆弱性指数的方法，其核心在于金融变量权重的确定。第一，可联立大型宏观经济方程，这种方法能够很好地规避变量内生性的问题，但是不能得到确定的资产价格波动的传导机制。同时，由于模型较为复杂，数据处理相对困难，选用此类方法确认权重的研究较少。第二，可通过简化总需求方程，对金融变量权重进行确认，该方法能够简化计算难度，同时又能对资产价格波动、经济政策冲击等外生因素进行考虑，但是经简化的总需求方程金融变化数目有限，总需求方程构建以理论基础为依据，金融变量加入后需进行检验。第三，可通过向量自回归模型确定权重，VAR 模型不受假设条件约束，所有变量均视为内生变量，同时能够较好地分析各个变量的冲击反应，因此，多数学者均是采用这种方法进行研究。但这种方法仍然受到变量数目的制约，无法对复杂的金融活动进行度量。

而因子分析法与加权指数法不同，不能对金融变量进行加权计算，只能确定主成分权重，但因子分析法在分析问题时不受理论假设和模型结构的约束，通过对金融指标的有效信息的提取保留了金融变量的主要信息，也有助于考察日益复杂的金融活动。目前，运用因子分析法对金融脆弱性指数进行度量的研究逐渐兴起，但主要集中于个别金融变量的预测能力，或建立以微观审慎指标集为主体的金融脆弱性指标，基于此，本章的研究主要采用因子分析法构建金融脆弱性指数，侧重于对宏观金融脆弱性的衡量，同时利用构建的金融脆弱性指数研究金融脆弱性对实体经济的影响机制。

二、金融脆弱性测度的指标体系

西方国家金融脆弱性指标选择不尽相同。事实上，在金融脆弱性的指标体系选择的过程中，关键指标的选择和区分是有差异的。现今，主要有几种方法：一是将金融脆弱性指标按照宏观审慎指标和微观审慎指标进行分类；二是将所选指标按照对金融系统风险的影响先后区分为先行指标、同步或当期指标、滞后指标；三是将指标体系区分为核心指标集和补充指标集；四是按照度量方法的不同将指标区分为定性指标和定量指标。

  本章主要介绍三种较为完善的金融脆弱性度量指标体系，分别是CAMEL金融脆弱性指标体系、IMF金融稳健性指标评估体系（financial soundness indicators），以及欧洲中央银行（european central bank，ECB）的宏观审慎指标体系（macro-prudential indicators，MPIs），当然还有一些其他较为常用的金融宏观监测体系。这些指标体系的建立在对国外金融体系脆弱性的研究上得到了一定的验证，虽然我国暂未发生过金融危机，但这些指标构建适合我国的金融脆弱性研究指标，具有较强的借鉴意义。因此，在本节中，将会对各个金融风险监控的评价体系和监测指标体系进行介绍，并说明其在我国金融脆弱性研究中应用的可行性。

（一）CAMEL金融脆弱性指标体系

  CAMEL金融脆弱性指标体系是最早出现的金融风险预警工具，早在1864年就在《美国银行法》中有所提及。美国银行业的监管历程和他国不同，其建立主要是为应对金融危机引发的政治事件，此外，由于美国幅员辽阔、金融机构众多，逐步形成了纷繁复杂的金融监管体系，但在总体上看，这些监管体系缺乏设计。为了解决金融监管制度重复、效率低下的问题，1979年，有关金融监管当局成立了联邦机构监察委员会，除了对金融机构的监管实施统一的原则、标准和形式以外，联邦机构监察委员会制定了统一的金融风险预警指标体系，即俗称的骆驼评级法（CAMEL rating system），这也是目前国际上最常用的分析单个金融机构稳定性的指标体系，它从五个方面对金融风险监管的指标进行了描述：即资本充足性（capital adequacy）、资产质量（asset quality）、管理水平（management）、盈利水平（earnings）和流动性（liquidity），其英文第一个字母组合在一起为"CAMEL"，因与"骆驼"的英文名字相同而得名。表5.1给出了CAMEL金融风险监管的指标体系。

  具体来看：

1. 资本充足率

  资本充足率是衡量以商业银行为主的金融机构的金融风险的重要指标之一。这是因为商业银行由于其自身特点，自有资本在资本总额中所占的比率较低。这就导致银行的资本杠杆较高，所需要承担的风险更大。因此，商业银行的健康运营离不开对资金安全性的分析，资本充足率越高，银行在经营中抵御风险的能力也就越强。根据巴塞尔协议中的规定，资本充足率＝资本净额/表内外风险加权资产期末总额。

表 5.1 CAMEL 金融风险监管的指标体系

指标类型	基础指标
资本充足率	核心资本充足率、资本充足率
资产质量	不良贷款比率、准备金覆盖率、信用风险成本、不良贷款形成率
经营管理能力	管理层的专业经验和战略眼光、IT 系统、产品创新能力和品牌号召力、风险控制制度、员工培训与激励制度
盈利能力	资本收益率及资产收益率、拨备前经营利润率、手续费收入占比、经营效率、生息资产净利差
流动性风险及利率风险	流动性比率、融资结构比率、债券比例、利率敏感度缺口及流动性缺口、存贷比

2. 资产质量

资本充足率主要代表了金融中介机构对负债的最终偿还能力，但该指标是具有一定滞后性的，不能对金融机构的运营起到预警作用。因此，对金融机构的资产质量的监管就成为控制金融风险的重要因素。对金融机构资产质量的监管指标包括不良贷款比率、准备金覆盖率、信用风险成本、不良贷款形成率等。

3. 经营管理能力

在金融机构监管过程中，对经营管理能力的评价也极为重要。较强经营管理能力能够最终通过制度建立完善的内部风险控制系统，严格的信贷审批程序、完善的风险控制系统和有效的行政管理程序等都能帮助金融机构有效地实施风险监管。

4. 盈利能力

金融中介的盈利能力由若干指标构成，银行的盈利能力越高，代表在未来积累资本的能力越强。这也是银行安全性的重要参考标准。一般而言，银行系统的盈利能力指标包括资本收益率及资产收益率、拨备前经营利润率、手续费收入占比、经营效率、生息资产净利差等。

5. 流动性风险及利率风险

金融机构的危机，不论最初的诱因是资产质量低下、不良贷款比率过高，还是市场以外的波动，最终都会表现为流动性的丧失。对于银行而言，经营活动主要依赖于资金的收付，因此，货币资金的流动性是关键所在。同时，银行面临着时刻变动的利率风险，因此，金融中介机构对利率的敏感性也是金融风险监管的重要参考指标。

1991 年开始，美国联邦储备委员会进一步对 CAMEL 评级指标体系进行了新的拓展与修订。增加了第六个方面的评估内容，即市场风险敏感度，主要考察利率、汇率、商品价格及股票价格的变化，对金融机构的收益或资本可能产生不良影响的程度。市场风险敏感度（Sensitivity of Market Risk）以 S 为代表。增加第六个评估内容以后的新体系称为 CAMELS Rating System。

（二）IMF 金融稳定性指标评价体系

20 世纪 90 年代以来，全球范围内金融危机频发。这对金融风险监管提出了新的要求。1999 年 5 月，国际货币基金组织（IMF）和世界银行联合启动了"金融部门评估计划"（FSAP），逐步构建了具有标杆性作用的金融脆弱性指标体系雏形。2001 年，IMF 正式发表了金融脆弱性的指标体系与评估方案，为世界各国货币当局金融风险监督和控制提供了参考。2003 年，经过修订的金融脆弱性指标体系即《金融稳健指标编制指南》（*Financial Soundness Indicators*：*Compilation Guide*）正式发布出版，该指南不仅对数据的概念进行了规范，同时也提供了数据处理的方法。时至今日，许多国家的货币当局都是根据这一指标体系结合本国情况对金融机构进行监管。应该说该指标体系是以 CAMELS 金融风险监管的指标体系作为其核心类指标体系，核心类指标体系主要从微观审慎角度对金融风险进行考察，考察重点是以银行为代表的金融中介机构。而拓展和修订后的金融稳定指标评价体系在此基础上从更为全面的视角考察除银行以外的金融机构包括证券市场、非银行机构、企业、家庭、房地产等相关金融市场微观主体的金融脆弱性，构建了鼓励指标集，进而将国家的金融风险扩展到更大的范围。具体来看，核心指标集已经在上一小节进行了介绍。表 5.2 综合介绍了 IMF 的金融稳健性指标的鼓励指标集。

1. 银行部门

在鼓励指标集中，可以看到银行部门仍旧是金融监管的重点对象。在核心指标集的基础上，鼓励指标集扩展了指标集，在资本充足性、资产质量、盈利能力评估、流动性与利率风险等基本指标基础上，添加了外汇市场风险、权益市场风险与衍生产品风险等评估指标，对银行体系的内在金融脆弱性进行更为全面的评估。

2. 证券市场

从金融系统的发展情况来看，证券市场的风险压力正在逐步增大。证券市场金融投机行为的存在会导致证券市场的过度波动，在鼓励指标集中选择证券市场平均买卖差价、证券市场日平均换手率来度量证券市场的投机行为及金融风险。

表5.2 IMF 金融稳定性的指标评价体系——鼓励指标集

指标类型	基础指标
银行部门	资本充足率、贷款分布状况及其占全部贷款比率、金融衍生资产余额占资本比率、金融衍生负债余额占资产比率、交易收益率、人员开支占非利息开支比率、基准存贷款利差、同业拆借最大利差、私人储蓄占总贷款比率、外汇贷款占总贷款比率、外汇负债占总负债比率、证券净持仓量占资产比率
证券市场	证券市场平均买卖差价、证券市场日平均换手率
非银行金融机构	非银行金融机构资产占金融系统资产比率、非银行金融资产占 GDP 比率
企业	负债与权益比、资本回报率、收入占利息与本金支出比率、企业外汇净头寸占资产的比率、债权人申请破产保护的数量
家庭	家庭债务占 GDP 比率、家庭还本付息额占收入的比率
房地产市场	房地产价格指数、居民房地产贷款占总贷款比率、商业房地产贷款占总贷款的比率

3. 非银行金融机构

金融系统的风险除来自银行部门和证券公司之外，金融自由化的发展也使得包括保险公司、财务公司、租赁公司等非银行的金融机构逐步增多，这些非银行机构的金融风险的度量主要集中于它们在整个金融体系中的规模变化。因此，鼓励指标集主要选取了非银行金融机构资产占金融系统资产比率、非银行金融资产占 GDP 比率。

4. 企业

以企业为代表的非金融机构部门对一国的金融体系的运行状态产生影响。特别是现代企业投资多样化的发展，对外投资在企业投资活动中所占比重越来越大、企业利用财务杠杆盈利的能力越来越强，对金融体系稳定性的影响不容小觑。因此，在鼓励指标集中选取了负债与权益比、资本回报率等一系列指标，分别度量了企业的财务杠杆、盈利能力、偿债能力、信用状况、在外汇市场面临的风险，对企业的金融风险进行总体评价。

5. 家庭

对于私人部门而言，对整个国家金融系统的影响主要体现于其偿债能力。私人部门过高的负债率将会导致银行体系风险的增加。在鼓励指标集中选用了家庭债务占 GDP 比率、家庭还本付息额占收入的比率来度量家庭的偿债能力。

6. 房地产市场

以美国"次贷危机"为代表,房地产市场泡沫的破灭是导致此次全球金融危机的导火索。这也说明了房地产市场与一国金融体系之间的密切关系,在鼓励指标集中选用了房地产价格指数、居民房地产贷款占总贷款比率、商业房地产贷款占总贷款的比率来对房地产市场的金融风险进行监管,可以看出,这些指标主要度量了房地产市场资产价格的变动以及房地产市场在金融体系中的影响程度。

结合上一小节的核心指标集和本小节的鼓励指标集来看,国际货币基金组织构建的金融稳定性指标评价体系不仅能够评价银行系统脆弱性,也将证券市场等非银行的金融机构以及企业家庭等私人部门纳入金融风险监管体系中,不仅评估这些部门的市场监管质量,同时也评价监管者、政策制定者和金融安全网有效应对系统危机的能力。这一综合指标体系虽然还不能预计和防止金融危机的发生,但是能够有效地识别可能诱发危机的金融脆弱性。因此,在 2010 年,IMF 决定每隔五年时间对重要国家进行金融稳定性评估。2011 年 6 月,IMF 发布了与中国人民银行、中国银行业监督管理委员会共同完成的《中国金融系统稳定性评估研究报告》,并得出了中国金融体系总体风险可控,但经济体制和金融体系存在一些风险因素的结论。

(三) 欧洲中央银行宏观审慎指标集

IMF 构建的金融稳定性指标集对原有的 CAMELS 指标集进行了扩充,能够更为全面地测度金融系统的运行态势。但是,由于各国的国情差异,采用的会计标准截然不同,数据收集来源不同,金融稳定性的运算也受到制约。欧洲中央银行针对这些问题,在 2006 年对 IMF 的指标体系进行了发展,构建了宏观审慎指标体系(macro-prudential indicators)。该指标集包含了更多与银行系统相关的信息和指标,全面地衡量了银行系统内部风险、风险传导因素以及影响金融机构风险的外部因素[1]。欧洲中央银行的宏观审慎指标集虽然涵盖面较广,但是仅主要针对银行系统的金融脆弱性,因各国金融系统统计口径存在差异,可供选择指标众多,构建的金

---

〔1〕 欧洲中央银行的宏观审慎指标包括 174 个指标,在书中不再列出,具体详见 ECU (2008)。

融稳定指标集也不尽相同。在操作的过程中,指标集主要是对各个银行的财务报表进行简单合并,这种方法虽然在一定程度上衡量了整体银行系统的稳定性,但是没有考虑到各个银行之间的关联性,因而有一定的局限性。

总的来看,国际金融发展过程中,金融监管和金融风险控制已经成为重要的命题。金融脆弱性的评价体系也在不断完善。就我国而言,金融脆弱性的测度指标体系也在不断构筑和发展。2003年,我国已经正式加入了IMF创立的"金融部门评估计划"(FSAP),并于2005年第一次发布了《中国金融稳定报告》。2007年开始,金融脆弱性评估指标体系进一步发展,我国参考IMF的分析框架,对金融体系的微观主体金融脆弱性进行分析,全面考察了金融生态环境和金融基础设施对金融稳定性的影响。2011年6月的IMF《中国金融系统稳定性评估》的研究报告指出,中国目前经济体制和金融体系面临的主要风险包括:信贷迅速扩张导致的资产质量的恶化、快速膨胀的表外资产和金融脱媒、房地产市场泡沫的存在和过度依赖投资的经济失衡。

三、金融脆弱性度量相关研究回顾

随着近些年来金融危机在世界范围内的频发,学术界越发重视金融脆弱性的研究。但是对金融脆弱性的度量并未形成统一框架,这是因为各学派对金融脆弱性的概念界定并不相同。一般来看,对金融脆弱性度量的研究,主要有两方面的成果:一是对度量指标的研究;二是利用已选择的指标进行的实证检验。

最早对金融脆弱性指标的选择起源于1994年墨西哥的金融危机。Goodhart(1995)、Rojas-Suarez和Weibrod(1996)、Hausmann和Gavin(1996)等很多学者认为,金融脆弱性的发生与产出增长、国际收支状况、通货膨胀、汇市股市波动、价格急剧变化、信贷激增等因素都是相关的。Frankel和Rose(1996)、Sachs、Tornell和Velasco(1996)以及Honohan(2000)也认为货币危机的爆发可能是多因素作用的结果,例如产出水平增长过慢、国内信贷的剧增以及汇率水平高估等,但外汇借款特别是以外币为面值的短期债务往往对衡量金融风险具有重要的意义。1997年亚洲金融危机的爆发,为金融脆弱性的研究提供了新的经验。Kawai(1998)、Kwack(1998)、Furman和Stiglita(1998)的研究均证实了来自产出、出口、贸易等方面的冲击,资产价格变化以及错误的货币政策,都可能给本国的经济发展带来金融压力，并成为金融脆弱性转化为金融危机的原因。Eichengreen 和 Hausmann（1999）通过分析汇率和金融脆弱性之间的关系，发现强化资本要求，加强审慎监管会减少金融不稳定的风险。Caprio 和 Peria（2000）认为，尽管最优汇率制度的选择视特定国家所处的环境与时期而定，但是，固定汇率制度能使政策制定的随意性趋于最小，提高政策的可信度，从而增强金融体系的稳定性。国际货币基金组织（IMF）的研究认为，金融脆弱性发生的根源在于：经济增长的下滑、国际收支危机、恶性通货膨胀的到来、股市汇市价格的急剧波动、信贷规模的剧增、进出口水平的迅速变化。而在对金融脆弱性的研究中，金融传染一直是理论研究的重点。有关研究认为，开放经济下金融传染在国与国之间发生的原因是：国际货币市场和股票市场之间的联系、国与国之间的进出口贸易、本国外汇储备的不足、汇率水平的高估以及金融体系自身固有的弱点。

具体到微观审慎指标的选择，最早都是采用 CAMELS 的评级分类法，其涵盖的指标包括金融机构对外借款、不良贷款率、资本充足率、同业利差、存款额与 M2（广义货币供应量）的比率、股票指数等。但 Kaminsky、Lizondo 和 Reinhart（1998）认为汇率错位比 CAMELS 分类法中的这些指标更能解释货币危机。González-Hermosillo（1999）认为，银行体系的脆弱度可以表示为不良贷款扣除资本和贷款准备金后与总资产的比值，并通过经验证据表明，只有同时考虑资本充足率和不良贷款两个因素，对 CAMEL 体系的评估才具有统计意义上的依据。其后，很多经济学家开始着力于金融脆弱性指标体系的构建，金融脆弱性的度量指标也越来越多。Kaminsky 和 Reinhart（1999）提出一套较为复杂的指标体系。其中的微观指标包括：资本账户、债务情况、经常账户、国外情况（国外利率、国外价格水平、国外 GDP 的实际增长）、金融指标（如信贷增长、货币乘数、实际利率、存贷款比例、货币供给与货币需求缺口、银行存款变化、M2/储备比率、货币发行量、通货膨胀等）、国内情况（国内 GDP 增长率、失业率、股票价格变化等）、财政状况（财政赤字、财政支出、公共部门贷款等）、制度与结构（如汇率货币政策、金融自由化程度等）以及政治情况。在设定指标体系后，他们利用这一体系对 1970 年到 1995 年 20 个国家（包括 15 个发展中国家和 5 个发达国家）的货币危机进行了分析，得到了较为理想的结果。Kaminsky（1999）再次对这一指标体系进行发展，把指标的大类扩展到 12 个，以便更好地为金融危机进行预警，但最终没能达成共识。Antonio（2002）将实际利率、实际汇率、经济指数、流动性比率等指标设为解释变量，以不良贷款率和利差为被解释变量进行实证分析，发现实际利率、实际汇率、经济指数与不良贷款率呈正相关关系，流动性比率与不良贷款率呈负相关关系，并认为，宏观经济变量在衡量银行脆弱性时比银行财务指标更有用。Kalantzis（2005）在一个小型的两部门经济环境中构建了一个跨期模型，研究发现，资本账户的开放会加剧金融脆弱性，此时需要引入的脆弱性指标包括同业利差、存款额与 M2 比率以及股票指数。

纵观学术界对金融脆弱性指标体系度量的构建，目前来看仍旧处于微观审慎指标体系研究阶段，由于不同国家有不同国情，金融环境存在很大差异，目前尚未形成一个能够被多数国家接受的指标集。目前，金融脆弱性度量指标的研究主要有两个可能的发展方向：一是建立具有逻辑基础的宏观审慎指标集；二是定量度量必须与定性相结合，这样才能对金融体系的脆弱性进行较为全面的衡量。而目前对于金融脆弱性的实证研究主要是围绕金融市场的主体进行的，包括银行体系、股票市场、外汇市场等。我国的学者在亚洲金融危机爆发以后，也开始针对我国金融发展的独特性，在借鉴前人研究的基础上，进行了大量的有益实践。

银行体系是金融市场中重要的构成部分，银行体系的脆弱性能够对金融市场的稳定产生巨大影响，因此，国内外的大量文献聚焦于此。Demirgüç-kunt 和 Detragiache（1999）对 1980—1995 年间 65 个国家的银行脆弱性与金融自由化的关系进行了研究，结果说明，金融自由化越发达的国家，金融脆弱性越容易发生。胡祖六（1998）认为亚洲金融危机的爆发不能简单地归结于银行系统的经营不善，这与东亚国家的银行制度和体系有关，东亚国家的银行业法律法规尚不完善，而其银行业发展往往受到政府的过度干预，这种干预实际上使政府为银行业承担了无形的风险，从某种程度上扭曲了银行的经营动机。韩俊（2000）指出，我国银行体系的脆弱性主要源于银行体系的不良债权。管七海等（2001）针对银行系统中的单一银行进行了非系统风险的度量和预警研究。刘卫江（2002）利用多元 Logit 模型对 1985—2000 年间中国银行体系的脆弱性进行了计量实证，认为宏观变量对银行体系的影响要甚于金融变量和其他变量，如消费的增长率、投资增长率及实际利率等。伍志文（2003）利用指标体系对我国银行脆弱性进行了定量和定性分析，他运用 Probit 模型和 Logit 模型，选用 21 个微观指标，发现财政赤字、M2/GDP、通胀率、进口增长率、固定资产投资增长率、1 年期流动贷款利率、存贷款利差、货币供应量波动率等指标对银行体系脆弱性有着比较明显的影响。研究说明，进行制度创新，实施金融分化战略，转变金融活动管理方式是防范中国金融脆弱性加剧的关键。孙立坚（2004）根据金融体系的六大基本功能，对金融体系的脆弱性进行了较为全面的实证考察，研究说明，在样本区间内，银行体系的价值创造和价值发现功能存在较为明显的脆弱性。由此说明，一国的金融发展应重视金融体系的基本功能和制度的建设，不能一味追求市场外部结构和规模的无限度扩张。曾诗鸿（2005）建立了银行不良贷款动态模型对中国金融体系的脆弱性进行分析，并通过国际比较认为，我国的银行业不良贷款率要高于其他发达国家，因此，我国的商业银行脆弱性是存在的，加强我国银行业的产权制度改革势在必行。

四、国内外现有研究成果的不足

对金融脆弱性的研究，国外学者起步较早，但主要是针对发达国家金融脆弱的研究，由此形成了比较成熟的指标体系，且采用成熟指标体系对发达国家金融脆弱性进行预测有一定准确性。整体上看，我国尚未出现较为有代表性的金融危机爆发，但是对金融脆弱性的研究已经展开，近些年来，国内对金融脆弱性的研究已经取得重要的成果，但是仍存在一定的不足：

（1）对国内金融脆弱性的研究一般侧重于研究银行体系的金融脆弱性，对系统的金融脆弱性的研究成果较少。研究选用的指标体系和方法主要套用国外较为成熟的结论，对我国金融体系的研究不足，未能针对国家经济发展形势开出有效良方，对金融特征的描述也不够准确。

（2）目前我国金融数据存在一定不足，季度数据和月度数据匮乏，导致国内学者在对我国系统性金融脆弱性进行研究的过程中在样本选择方面存在不足。我国金融体制改革始于 1978 年，在改革进程中金融产业发展经历了巨变，货币金融发展运行规律也随改革之中的货币金融运行发展规律发生变化。当年金融脆弱性的研究数据很难满足对一段时期内金融结构突变的研究，因此，对金融脆弱性的研究也缺乏说服力。

（3）我国学术界对金融危机的研究主要始于 1997 年东南亚金融危机，这次金融危机对整个亚洲区域内多个国家的金融稳定性产生了较大冲击，同时也引发了人们对金融脆弱性的关注。在此以后，2007 年美国爆发的金融危机也迅速对亚洲新兴市场经济国家产生影响。两次危机的爆发虽然为国内金融脆弱性的研究提供了重要的典型事实，但是国内学者目前对我国金融脆弱性的研究主要还是采用西方较为成熟的理论和方法，多选用

Logit 模型和 Probit 模型，对指标及其门限值的选择也多选用西方成熟的研究成果，对我国金融脆弱性特点分析不足。

（4）由于目前的金融数据和研究条件具有局限性，关于金融脆弱性的实证研究的结论存在一定的分歧。近年来，我国经济发展进入新时期，面临增长速度换挡期、结构调整阵痛期、前期刺激政策消化期"三期"叠加，下行压力加大。面对经济发展阶段的新变化，习近平总书记提出"新常态"的重要论断。新的经济和金融形势都为金融体系稳定性的研究提出了新的挑战，但是目前国内学者对此刚刚展开研究，将新的因素纳入金融脆弱性分析中，才能提高科学研究的预测效果。

（5）从目前研究的焦点来看，金融脆弱性的现有研究主要是对微观审慎指标的测度，更多的是研究银行系统的金融脆弱性，而对宏观金融脆弱性进行衡量的研究成果较少。

第二节　我国宏观金融脆弱性的测度

一、测度金融脆弱性的指标选取

本章第一节已经对国内外现有的金融脆弱性指标体系和测度方法进行了简要介绍。基于第一节关于国内外金融脆弱性度量的研究成果，综合西方国家金融脆弱性指标选取的共性、我国金融体系风险的特点及经济形势，本节拟构建我国宏观金融脆弱性的指标集，系统性金融脆弱性的度量对金融脆弱性指数指标体系的构建如表 5.3 所示。对宏观金融脆弱性指标体系的选择，主要围绕金融脆弱性的广义内涵，将金融脆弱性认定为金融系统中一种趋于高风险的金融状态。而金融系统主要由资本市场环境和金融中介机构组成，两者相互作用、相互影响，是系统性金融脆弱性最主要的构成部分，而除金融系统内生的脆弱性之外，外部冲击也会作用于金融系统，影响金融系统稳定性。

表5.3 我国宏观金融脆弱性指数指标体系

指标类型		基础指标	指标说明	变量性质
市场环境		居民消费价格指数（X1）	反映价格水平变动	+
		财政赤字率（X2）	（政府开支－政府收入）/GDP×100%	+
		经常账户差额/GDP（X3）	反映一国向国外贷款情况	+
		M2/GDP（X4）	衡量金融深化的指标	+
中介机构	银行部门	商业银行存贷比（X5）	银行贷款总额/银行体系存款总额	+
		金融机构新增贷款增长率（X6）	（报告期新增贷款额－基期新增贷款额）/基期新增贷款额	+
		同业拆借利率（X7）	7天期银行同业拆借利率	+
	非银行金融机构	证券市场平均换手率（X8）	买卖成交股数/股票流通总股数	+
		保险赔付额变化率（X9）	当期赔款/当期保费综合赔付率	+
	房地产市场	房地产价格指数（X10）	选取国房价格景气指数	+
		房地产投资增长率（X11）	（报告期房地产投资总额－基期房地产投资总额）/基期房地产投资总额	+
传染与冲击因素		实际有效汇率变动（X12）	（中美双边名义汇率×美国消费物价指数）/中国居民消费价格指数	+
		国家外汇储备波动率（X13）	（报告期外汇储备总额－基期外汇储备总额）/基期国家外汇储备总额	+
		美国道琼斯工业指数收益率（X14）	反映国际股票市场的波动	+

(一) 市场环境

市场稳定性主要表现于宏观经济能够平稳运行，经济政策独立有效。因此，在市场环境的度量中选取居民消费价格指数增长率、财政赤字率、经常账户差额/GDP、M2 增长率/GDP。图 5.2 至图 5.5 给出了四个时间序列的走势，数据的起止时间为 1999 年的第一季度至 2015 年的第二季度。数据来源于 Wind 数据库、中经网数据库（http://db.cei.gov.cn）、中国人民银行网站（http://www.pbc.gov.cn）、中国银保监会网站、锐思数据库。

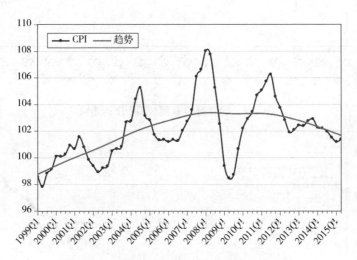

图 5.2 居民消费价格指数增长率序列走势

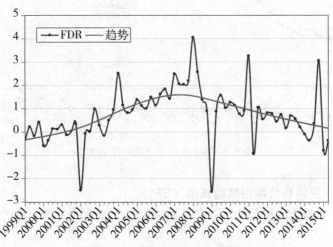

图 5.3 财政赤字率序列走势

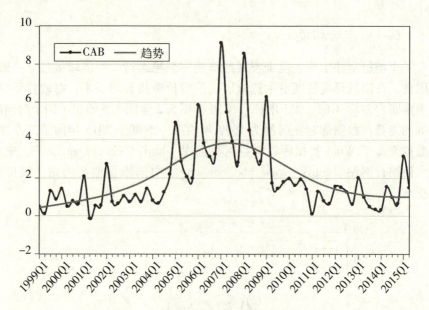

图 5.4 经常账户差额/GDP 序列走势

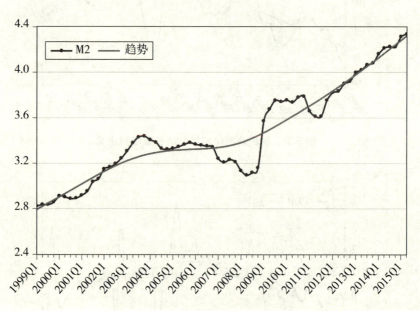

图 5.5 M2 增长率/GDP 序列走势

1. 居民消费价格指数增长率（CPI）

为了考察金融脆弱性，对影响金融稳定性波动的宏观变量的考察是必须的，从我国近些年的经济发展状况来看，资产价格的波动在整个宏观经济发展的过程中演绎了重要角色。通货膨胀从本质上看是一种不可避免的货币风险，一国持续上涨的物价必然导致货币的贬值，从而给整个金融系统带来风险。对于金融系统中最为重要的银行类金融机构来说，存贷比越大的银行，面对的通胀风险也就越大，如果经济运行持续面临高通胀压力，甚至会出现银行挤兑的风险。

2．财政赤字率（FDR）

财政赤字是一种世界性的经济现象。多年以来，我国政府多采取积极的经济政策组合，特别是2007年金融危机以来，量化宽松的货币政策手段有力地扩大内需、刺激消费，使我国经济发展快速走出了经济危机的阴影。但是这种经济政策的弊端也逐渐凸显，财政赤字率越高，对国家债务偿还能力越高，国家系统性金融风险越高。

3．经常账户差额/GDP（CAB/GDP）

经常项目差额评价了国际收支平衡表中重要的收支差额。假如该项目出现顺差，意味着商品、服务、收入和经常转移的贷方净额，以及该国的国外财产净额增加，假如经常项目顺差表示一国对外净投资，在开放宏观经济中，经常项目的差额概括了一国的净债务人或债权人的地位，能够清楚地反映出一国内外经济的紧密联系。因此，经常项目差额又被国际银行家视为评估向外国贷款的重要变量之一。

4．M2增长率/GDP（M2/GDP）

M2/GDP是常用的衡量金融深化的指标，即广义货币供应量（M2）与国内生产总值（GDP）的比值。通常认为，这一指标比例反映了一个经济的金融深度。Elhiraika（1996）指出，M2/GDP反映了金融机构提供流动性的能力，但M2/GDP比例的大小、趋势和原因则受到多种不同因素的影响，从而使市场主体能以不同的形式保有储蓄，因此，它是金融市场结构调整的指标。

（二）中介机构

对于金融市场风险的衡量，选取银行部门、非银行的金融机构和房地产市场3个主要市场参与者共8个指标进行衡量。图5.6至图5.12给出了七个时间序列的走势，数据的起止时间为1999年的第一季度至2015年的第二季度。数据来源于Wind数据库、中经网数据库（http://db.cei.gov.cn）、中国人民银行网站（http://www.pbc.gov.cn）、中国银保监会网站、锐思数据库。

图 5.6 银行存贷比序列走势

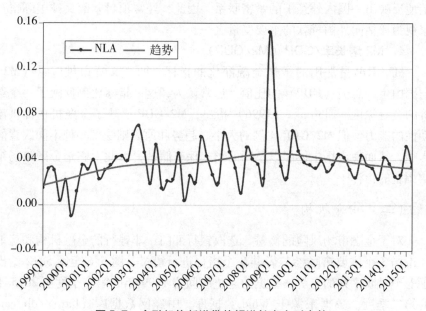

图 5.7 金融机构新增贷款额增长率序列走势

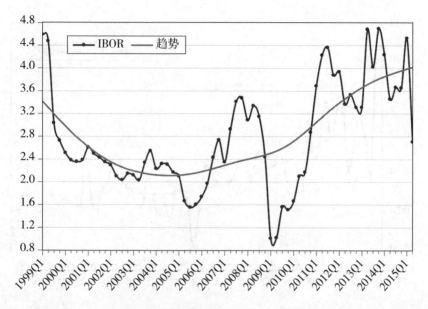

图 5.8　银行同业拆借利率序列走势

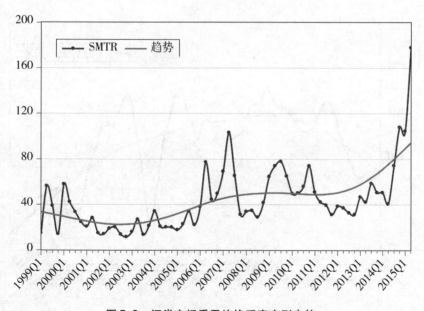

图 5.9　证券市场季平均换手率序列走势

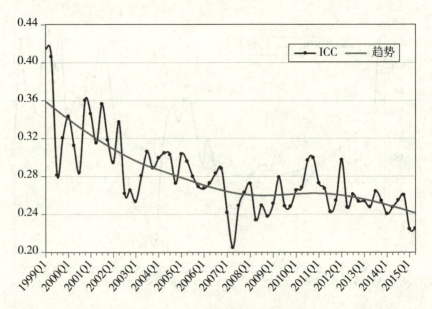

图 5.10　保险赔付额变化率序列走势

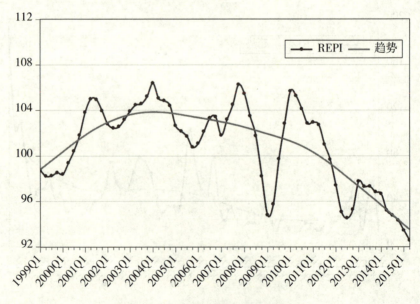

图 5.11　房地产价格指数序列走势

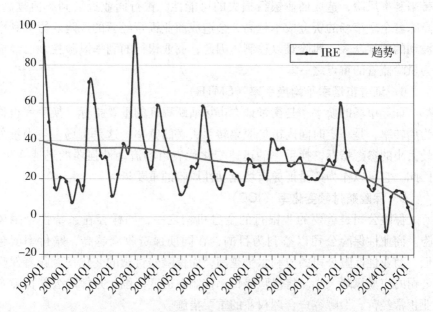

图 5.12　房地产开发投资额增长率序列走势

1. 银行存贷比（LTD）

银行存贷比是商业银行流动性比率的主要指标。从商业银行盈利的角度来看，银行存贷比越高越好，商业银行能够获取更多的贷款与存款的利差收入，实现更多的盈利。但从银行体系脆弱性角度考虑，银行存贷比不应过高，因为银行除了从贷款交易中获取利差收益外，还要办理客户的日常现金支取以及企业间及个人间的日常结算业务，这些都需要银行体系保留充足的库存现金来应对。从这个角度来看，银行存贷比过高，会影响客户的日常现金支取以及结算业务，严重时将导致银行面临支付危机。当支付危机传染扩散时，甚至导致金融危机，进而对一个国家或地区经济造成严重影响。

2. 金融机构新增贷款额增长率（NLA）

新增贷款是用来反映我国金融机构向企业和居民发放的人民币贷款的增加额的一个统计数据。对于金融机构特别是商业银行而言，主要的金融资产就是贷款，贷款额的波动与商业银行的经营效益息息相关，在不良贷款率居高不下的情况下，贷款额的激增也会潜伏巨大金融风险，影响国家经济发展和社会稳定。

3. 银行同业拆借利率（IBOR）

同业拆借利率反映了商业银行间市场的流动性，其变动会给商业银行带来利率风险，造成商业银行损失的可能性。银行同业拆借利率值越高，意味着金融市场的资金成本越高，会造成商业银行经营的风险。影响利率波动的因素众多，风险难以控制，因此，商业银行的利率风险控制已经成为风险监管的重点之一。

4. 证券市场季平均换手率（SMTR）

证券市场的换手率是衡量证券市场活跃程度的重要指标。换手率也称为周转率，是一定时间内市场股票转手买卖的频率，这是市场多空力量分歧大小的参考指标，换手率的迅速变化代表市场流动性强弱的迅速变化。因此，它可以作为衡量证券市场流动性风险的重要指标。

5. 保险赔付额变化率（ICC）

保险公司是重要的非银行的金融机构之一，同样存在系统性金融风险。商业性保险公司以盈利为目的，在同期保费收入越高，赔付率就越低，商业性保险公司的盈利水平越高，而保险赔付额的变化率意味着保险公司的市场风险大小。将保险赔付率控制在适度范围，是保险公司保障企业正常经营，保障客户合理权益的重要措施。

6. 房地产价格指数（REPI）

房地产产业是影响国民经济的重要产业，由于房地产行业投资对金融资本的依赖性较强，因此，房地产行业波动对国家金融体系稳定会产生影响。房地产价格是衡量房地产价值的重要指标，近些年来，由于我国房地产价格的迅速上涨，房地产价格存在价格泡沫，随着房地产价格泡沫的积累和破灭，会对金融体系产生冲击，影响国家金融体系稳定性。

7. 房地产开发投资额增长率（IRE）

房地产市场以开发房地产商品为主，房地产商品具有投资金额大、投资周期长、投资风险高、不可逆转的特点，因此，房地产开发商往往需要利用金融工具，借助社会资本进行投融资活动。房地产开发投资额的增长不仅会给房地产开发商带来财务风险，同时也会影响到房地产金融的稳定性。

（三）传染与冲击因素

20世纪90年代以来，世界经济一体化程度加强，金融市场的联动性也愈发紧密，金融市场资本流动和信息传导机制都发生着巨大变化，一国金融体系的稳定会受到外部冲击和金融市场传染因素的影响。因此，本章对我国系统性金融脆弱性的指标选择人民币实际有效汇率变动、国家外汇储备波动率及美国道琼斯工业指数作为对金融传染与外部冲击的测度因子。图 5.13 至图 5.15 给出了我国 1999 年第一季度至 2015 年第二季度之间的实际有效汇率波动率、国家外汇储备波动率与美国道琼斯工业指数波动率的时间路径。

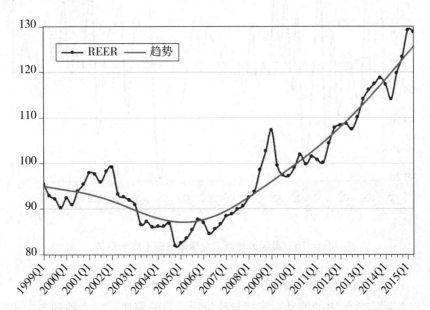

图 5.13　实际有效汇率序列走势

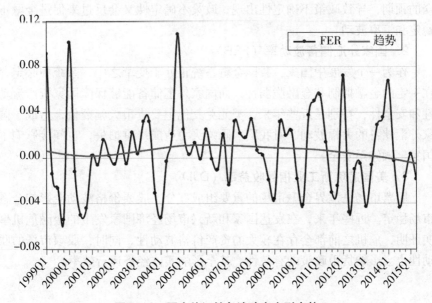

图 5.14　国家外汇储备波动率序列走势

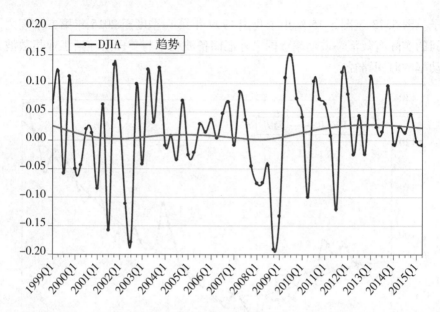

图 5.15　美国道琼斯工业指数收益率序列走势

1. 实际有效汇率（REER）

实际有效汇率的波动会直接导致货币政策的偏离，极大地削弱中央银行货币政策的有效性，而货币政策偏离与金融不稳定十分容易误导社会公众的预期，导致政策不确定性出现，政策不确定性又会反过来促进金融不稳定和汇率波动。

2. 国家外汇储备波动率（FER）

作为一个发展中国家，我国金融系统正处于变革之中，系统中必定存在一定的金融抑制和金融脆弱性，而国家外汇储备能够保障国家资产流动性和安全性，特别是近些年来，美元兑其他主要货币大幅贬值，造成了国家外汇储备的大幅波动，对我国国际购买力造成严重损失，也间接影响了国家金融体系安全。

3. 美国道琼斯工业指数收益率（DJIA）

股票市场是世界金融市场的重要组成部分，股票价格波动会影响金融市场稳定。近些年来，在发达国家和新兴市场经济国家发生的金融危机事实证明，危机之前都会存在较大的资产价格波动性，同时，股票市场的联动性也会影响货币政策的有效性，甚至影响实体经济运行效率。

二、金融脆弱性指标的主成分提取

对金融脆弱性指标主成分进行提取,首先需要对指标的属性与量纲量级进行处理,具体处理的步骤是:首先,对指标的属性进行"同方向"的分析,对于金融脆弱性指数,选取的指标可能对系统性金融脆弱性产生正向影响也可能产生负向影响,经过分析,选取的指标与金融脆弱性均是同方向变化。基础指标值越高,意味着金融脆弱性越强。其次,选取的14个指标包括绝对数、相对数不同的量纲和量级的数据,使用这些基础指标直接进行指数合成将导致所得到的合成指数更偏重于那些数量级较大或者方差较大的基础指标数据等问题,进而造成合成指数失真,因此,需要对指标进行标准化。常用的数据"标准化"方法包括极值法、标准差化法和均值化法。其中,将基础指标标准差化的方法是最为常用的方法,如万晓莉(2008)、刘慧悦(2013)以及刘金全等(2014)都在进行指数合成之前采用标准差化方法将基础指标进行标准化。标准差化的计算公式如下:

$$I_{it}^{n} = \frac{X_{it} - \bar{X}_i}{s_i} \tag{5.11}$$

式中:I_{it} 代表在 t 时点指标 i 的值;X_{it} 代表 t 时点指标 i 的实际值;$\bar{X}_i$ 代表 X_{it} 的均值;s_i 代表指标 i 的标准差;I_{it}^{n} 代表标准化之后的指标值。

(一)方差贡献度

运用 SPSS22.0 软件,根据主成分分析法原理进行数据分析。表 5.4 给出了总体方差贡献度。

表 5.4 总体方差贡献度

主成分	特征值	方差贡献度(%)	累积方差贡献度(%)
主成分 1	3.983	28.449	28.449
主成分 2	2.671	19.081	47.531
主成分 3	1.779	12.710	60.240
主成分 4	1.249	8.924	69.164
主成分 5	1.052	7.517	76.681
主成分 6	0.861	6.151	82.832
主成分 7	0.712	5.083	87.915

续表 5.4

主成分	特征值	方差贡献度（%）	累积方差贡献度（%）
主成分 8	0.505	3.605	91.520
主成分 9	0.373	2.668	94.187
主成分 10	0.280	2.003	96.190
主成分 11	0.214	1.529	97.720
主成分 12	0.125	0.896	98.615
主成分 13	0.104	0.742	99.358
主成分 14	0.090	0.642	100.000

从表 5.4 中可以看出，按照特征值的大小排序，第一大特征值对应的主成分方差贡献度为 28.449%，第二大特征值对应主成分的方差贡献度为 19.081%，第三大特征值对应主成分的方差贡献度为 12.710%，第四大特征值对应主成分的方差贡献度为 8.924%，第五大特征值对应主成分的方差贡献度为 7.517%。前五大特征值对应主成分的累积方差贡献度为 76.681%，大于通常判断标准 70%，因此，选择前五个特征值对应的主成分作为测度金融脆弱性的合成指标。

（二）因子旋转

为使每个因子上具有最高载荷的变量数最小，可以简化对因子的解释，对原始因子载荷矩阵进行方差最大旋转。表 5.5 显示了各因子旋转后的得分情况。

表 5.5　因子旋转及其得分情况

指标	F1	F2	F3	F4	F5
CPI	0.060	0.917	-0.123	0.083	-0.162
FDR	-0.266	0.745	0.020	-0.126	0.226
CAB	-0.158	0.426	0.646	-0.068	-0.129
M2	0.850	0.219	0.086	-0.124	0.179
LTD	-0.419	-0.687	-0.412	0.143	-0.035
NLA	0.240	-0.092	0.827	0.333	-0.132
IBOR	0.550	0.240	-0.625	0.261	-0.082
SMTR	0.601	0.085	0.274	-0.371	0.254

续表 5.5

指标	F1	F2	F3	F4	F5
ICC	-0.486	-0.502	-0.387	0.327	0.087
REPI	-0.796	0.331	0.043	0.156	0.045
IRE	-0.289	-0.186	0.156	0.768	0.037
REER	0.942	-0.054	-0.136	-0.047	-0.106
FER	-0.048	0.192	-0.094	0.480	0.493
DJIA	0.080	-0.083	-0.091	0.001	0.874

由表 5.5 可以看出，第一主因子 F1 在实际有效汇率、M2 增长率/GDP 两个指标上有较大载荷，主要反映了货币流动性因素对金融风险的影响。

第二主因子 F2 在居民消费价格指数增长率和财政赤字率两个指标上有较大载荷，主要反映了宏观经济风险因素的影响。

第三主因子 F3 主要在金融机构新增贷款额增长率、经常账户差额/GDP 两个指标上有较大载荷，主要反映了国内外信贷风险对系统性风险的影响。

第四主因子 F4 主要在房地产开发投资额增长率这个指标上有较大载荷，这主要反映了房地产开发投资对系统性金融风险的影响。

第五主因子 F5 主要在国家外汇储备波动率、美国道琼斯工业指数收益率两个指标上有较大载荷，主要反映了金融传染因素的影响。

三、金融脆弱性指数的计算结果

根据主成分 1 到主成分 5 对应的方差贡献度，确定主成分 1 到主成分 5 在计算金融脆弱性指数中的权重系数，利用式（5.7），可得主成分 1 对应的权重系数为：

$$\gamma_1 = \frac{28.449\%}{28.449\% + 19.081\% + 12.710\% + 8.924\% + 7.517\%} = 37.10\%$$
(5.12)

主成分 2 的权重系数为：

$$\gamma_2 = \frac{19.081\%}{28.449\% + 19.081\% + 12.710\% + 8.924\% + 7.517\%} = 24.88\%$$
(5.13)

主成分 3 的权重系数为：

$$\gamma_3 = \frac{12.710\%}{28.449\% + 19.081\% + 12.710\% + 8.924\% + 7.517\%} = 16.58\%$$

(5.14)

主成分 4 的权重系数为：

$$\gamma_4 = \frac{8.924\%}{28.449\% + 19.081\% + 12.710\% + 8.924\% + 7.517\%} = 11.64\%$$

(5.15)

主成分 5 的权重系数为：

$$\gamma_5 = \frac{7.517\%}{28.449\% + 19.081\% + 12.710\% + 8.924\% + 7.517\%} = 9.80\%$$

(5.16)

为判断我国金融体系是否处于脆弱状态，需要建立判断金融体系是否处于脆弱性的判断标准，即警戒线。参照伍志文（2006）以及万晓莉（2008）的做法，将金融脆弱性指数的平均值加 0.5 倍标准差作为衡量金融体系是否脆弱的标准。经计算，银行体系的警戒线为 0.2500，若金融脆弱性指数超过该临界线，表明银行体系处于脆弱状态，否则表示银行体系是安全的。利用公式（5.8）可计算出测度金融脆弱性的指数，具体指数路径可见图 5.16。

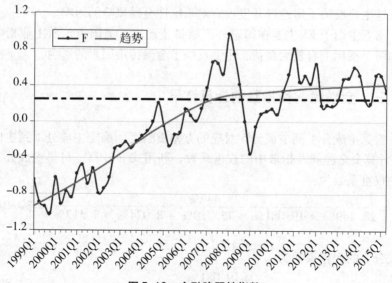

图 5.16　金融脆弱性指数

为了更容易识别不同时期我国金融体系处于金融脆弱性的状态，我们绘制了金融脆弱性甄别图，图中曲线是按照如下变量绘制的：设 I_t 为示性变量，当 $F >$ 警戒值时，取值为 1，当 $F \leq$ 警戒值时，取值为 0。通过将金融脆弱性指数与临界值对比，得到判断是否存在金融脆弱性的示性变量的值，然后按照示性变量绘制柱形图，如图 5.17 所示。

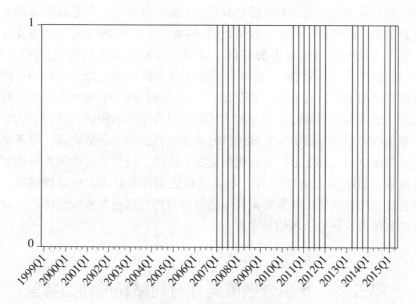

图 5.17 金融脆弱性甄别

从图 5.16 和图 5.17 中可以看出，自 1999 年以来，我国金融脆弱性指数一直处于上升趋势，这与我国金融自由化进程息息相关。2004 年到 2005 年之间，我国的系统性金融脆弱性虽然没有超越警戒线，但出现急剧上升，这是由于 2002 年我国经济投资过热现象显著，而金融脆弱性指数对金融系统的影响存在一定的时滞性。2005 年下半年至 2007 年第一季度，我国金融脆弱性指数一直处于警戒值的下方，表明此时我国金融系统是相对安全的，金融脆弱性没有超出标准，此时的金融脆弱性对于银行系统乃至整个经济系统而言并未产生过大影响。从 2007 年的第三季度开始到 2008 年的第二季度为止，我国金融脆弱性指数高于警戒线，这次金融脆弱性指数的突变主要是受到美国"次贷危机"引发的全球金融危机的影响，为了刺激经济增长和应对国际金融危机，我国政府陆续出台了一系列的措施，包括制订了"四万亿"投资刺激计划，并从 2007 年开始 15 次升息，存款准备金率从 9% 升至 17.5%，强刺激性的经济措施在应对金融危机初期起到了积极作用，2008年第二季度至2010年第二季度，我国金融秩序整体稳定。但从经济刺激计划的具体内容来看，为了解决当前的经济问题，为经济的后续发展埋下了隐患，这个隐患就是巨大的通货膨胀压力和巨额的财政赤字。同时，2009年之后，美国采取的包括"量化宽松"政策在内的一系列金融救助的手段虽然对提振全球经济产生了积极的作用，但是从本质而言，有转嫁金融危机之嫌。各国经济和金融系统的发展受到了相应的冲击，因此，我国2010年第三季度至2012年第一季度这段时间里的金融脆弱性超出警戒值，这也引起相关部门的重视。2013年，中国经济进入"新常态"，经济增长速度进入换挡期，经济结构调整面临阵痛期，前期刺激政策进入消化期，2008年到2010年期间大规模的救助和非常规政策使中国经济增长模式从出口投资驱动的模式，转向了信贷投资驱动模式，这导致中国宏观经济面临流动性泛滥、债务高筑、经济泡沫化、产能过剩大幅度上扬等问题的困扰，因此，经济系统性风险再度超过警戒值。2014年底至2015年，我国金融脆弱性指数再次超越警戒线，综合分析，除美国货币政策转向的溢出效应以外，这也与我国经济增长缺乏新的驱动力及证券市场的异动有关。

第三节　我国金融脆弱性时间路径的动态特征

在上一节，已经构建合成了我国金融脆弱性指数，并对金融脆弱性指数超过警戒值进行了简要分析。由图5.16可以看出金融脆弱性的指标波动具有较复杂的动态结构，存在显著的结构性转变，因此，在本节中选用Markov区制转移模型来识别金融脆弱性指数路径的动态属性。Markov区制转移模型最早由Hamilton（1989）提出并应用到经济周期阶段性的转变研究，随后在20世纪90年代开始被广泛地应用于宏观经济分析和金融行为分析。

本节所建立的金融脆弱性指数数据生成过程的区制转移模型，一是要考虑金融脆弱性指数水平本身的区制转移过程，这种具有离散Markov区制转移性质的回归模型允许不同金融脆弱性水平之间以概率方式发生转移，所以能够定量地刻画金融脆弱性动态变化过程中的内生转移机制，这样的模型不仅能够更好地拟合历史数据，而且可以用于形成金融脆弱性预期；二是通过对我国1999年第一季度至2015年第二季度金融脆弱性的

Markov 区制转移模型的实证检验,判断出我国金融脆弱性动态过程中区制数量和区制水平,从而提出"新常态"经济周期中经济政策工具的选择建议。

一、Markov 区制转移模型

Markov 区制转移模型最早由 Hamilton (1989) 提出并应用到经济周期阶段性的转变研究,随后在 20 世纪 90 年代开始被广泛地应用于宏观经济分析和金融行为分析。对金融脆弱性指数的研究,可以考虑建立金融脆弱性指数的自回归模型,为了探讨不同时期金融脆弱性之间的影响,选用自回归模型说明金融脆弱性在不同时期的相互影响。金融脆弱性指数序列 $\{y_t\}$ 的时间序列模型可以表示为:

$$y_t = \mu + \sum_{i=1}^{p} \phi_i y_{t-i} + \varepsilon_t , \ \varepsilon_t \mid I_{t-1} \sim iid \ N(0,\sigma^2) \qquad (5.17)$$

模型假设自回归方程中的均值、系数以及正态分布的方差都是固定常数,说明了系统性金融脆弱性对前 p 期金融脆弱性指数的依赖性。该模型刻画的金融脆弱性路径具有时间序列的平稳性,为此,假设算子方程 $1 - \phi_1 L - \phi_2 L^2 - \cdots - \phi_p L^p = 0$ 的特征根都落在单位圆外。但是,需要注意到,这样的平稳性假设并不是自然满足的,一旦自回归模型中出现不同时期的结构突变,即可能伴随着经济政策改变或经济体制改变,使得模型的结构也发生相应的变化,这时采用平稳时间序列模型将导致模型的估计误差较大,对数似然值变小。另外,简单自回归模型只能描述经济现象中存在的某种线性关系,无法说明金融脆弱性动态变化过程中还存在着波动程度不同的金融脆弱性过程,因此,简单自回归模型不可能准确地描述金融脆弱性的数据生成过程。

根据 Hamilton (1989) 提出的 Markov 区制转移模型,并引入简单自回归模型的结构,可以建立 Markov 双区制转移的金融脆弱性模型。模型如下:

$$y_t = \mu_{S_t} + \sum_{i=1}^{p} \phi_{iS_t} y_{t-i} + \varepsilon_t , \ \varepsilon_t \mid I_{t-1} \sim iid \ N(0,\sigma^2_{S_t}) \qquad (5.18)$$

$$\mu_{S_t} = \mu_0(1 - S_t) + \mu_1 S_t \qquad (5.19)$$

$$\phi_{iS_t} = \phi_{i0}(1 - S_t) + \phi_{i1} S_t \qquad (5.20)$$

$$\sigma^2_t = \sigma^2_0(1 - S_t) + \sigma^2_1 S_t \qquad (5.21)$$

在这个模型中,假定在金融脆弱性的变化过程中可能存在双区制,即

"高脆弱性区制"和"低脆弱性区制",并认为模型中的所有参数都是可变的,由区制状态变量 S_t 控制。我们假设当 $S_t = 0$ 时,经济处于"高脆弱性区制";当 $S_t = 1$ 时,经济处于"低脆弱性区制"。模型在双区制之间的转移概率满足一阶 Markov 过程,表示如下:

$$\Pr[S_t = i \mid S_{t-1} = j] = q_{ii}, \Pr[S_t = j \mid S_{t-1} = i] = 1 - q_{ii} \quad (5.22)$$
$$0 < q_{00} < 1, q_{11} = 1, i,j = 0,1$$

为了估计这个模型,我们推导 y_t,S_t 和 S_{t-1} 在过去信息集 I_{t-1} 条件下的联合分布密度:

$$f(y_t, S_t, S_{t-1} \mid I_{t-1}) = f(y_t \mid S_t, S_{t-1}, I_{t-1}) \Pr[S_t, S_{t-1} \mid I_{t-1}]$$

$$= \frac{1}{\sqrt{2\pi\sigma_{S_t}^2}} \exp\left(-\frac{(y_t - \mu_{S_t} - \sum_{i=1}^{p} \phi_{iS_t} y_{t-i})^2}{2\sigma_{S_t}^2}\right) \Pr[S_t, S_{t-1} \mid I_{t-1}] \quad (5.23)$$

我们再用方程 (5.17) 来获得边际分布 $f(y_t \mid I_{t-1})$,可以得到如下表达式:

$$f(y_t \mid I_{t-1}) = \sum_{S_t=0}^{1} \sum_{S_{t-1}=0}^{1} f(y_t, S_t, S_{t-1} \mid I_{t-1})$$
$$= \sum_{S_t=0}^{1} \sum_{S_{t-1}=0}^{1} f(y_t \mid S_t, S_{t-1}, I_{t-1}) \Pr[S_t, S_{t-1} \mid I_{t-1}] \quad (5.24)$$

由方程 (5.18),我们能得出以下的对数似然函数:

$$\ln L = \sum_{t=1}^{T} \ln \left[\sum_{S_t=0}^{1} \sum_{S_{t-1}=0}^{1} f(y_t \mid S_t, S_{t-1}, I_{t-1}) \Pr[S_t, S_{t-1} \mid I_{t-1}] \right] \quad (5.25)$$

其中:

$$\Pr[S_t = j, S_{t-1} = i \mid I_{t-1}] = \Pr[S_t = j \mid S_{t-1} = i] \Pr[S_{t-1} = i \mid I_{t-1}],$$
$$i,j = 0,1$$

用计算出的加权项,$\Pr[S_t, S_{t-1} \mid I_{t-1}]$ 来更新方程 (5.25),其中 y_t 是 t 时刻的观察值,具体计算如下:

$$\Pr[S_t = j, S_{t-1} = i \mid I_t]$$
$$= \frac{f(y_t \mid S_t = j, S_{t-1} = i, I_{t-1}) \Pr[S_t = j, S_{t-1} = i \mid I_{t-1}]}{\sum_{S_t=0}^{1} \sum_{S_{t-1}=0}^{1} f(y_t \mid S_t = j, S_{t-1} = i, I_{t-1}) \Pr[S_t = j, S_{t-1} = i \mid I_{t-1}]}$$
$$(5.26)$$

其中:

$$\Pr[S_t = j \mid I_t] = \sum_{S_{t-1}=0}^{1} \Pr[S_t = j, S_{t-1} = i \mid I_t]$$

其中，$\Pr(S_t = j | I_t)$ 为滤子概率，将在 $t = 1, 2, \cdots, T$ 时的滤子概率去迭代方程（5.19）和（5.20），就会在 $f(y_t | I_{t-1})$ 中相应地得到加权项。最后得到对数似然值和各个时刻的滤子概率[1]。

二、模型估计结果分析

为了估计上述 Markov 区制转移模型，本章我们利用合成的金融脆弱性指数的数据。模拟上述模型并得到各自不同滞后期模型的参数估计结果平滑概率序列，如图 5.16 所示。图 5.16 给出了我国金融脆弱性指数的时间轨迹、指数动态路径的 H – P 滤波曲线（刻画了我国 1999 年第一季度至 2015 年第二季度之间金融脆弱性的趋势水平）。图 5.18 给出了我国金融脆弱性指数波动率的时序图。从图 5.18 中可以看出，我国在样本期间内主要有几个系统性金融脆弱性较强的阶段。虽然这个图形初步显示了金融脆弱性的动态路径，但是从这个图中我们尚无法刻画金融脆弱性指数在何时和何种条件下发生结构性变化。

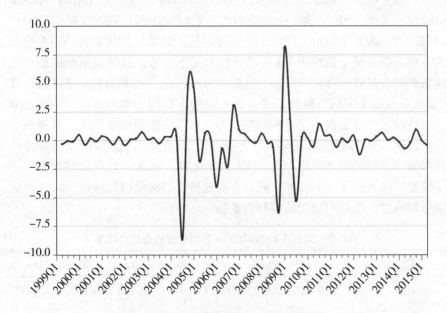

图 5.18 金融脆弱性指数波动率时序图

---

[1] 详细估计过程可以参见 Hamilton (1989)。

为了选择自回归模型阶数和增加模型的稳健性，在表5.6中我们给出了金融脆弱性指数对数序列含有不同滞后阶的自回归模型的参数估计值和标准差。表5.6中AR（1）模型和AR（2）模型的常数项均不显著，而AR（1）模型自回归系数和误差方差在1%的显著性水平下均显著。AR（2）模型系数ϕ_1不显著。另外，表5.6还给出了不同滞后期的自回归模型的对数似然值，显然AR（2）模型的似然对数值更大一些。

表5.6 金融脆弱性指数自回归模型估计结果

参数	AR（1）模型			AR（2）模型			
	μ_0	ϕ_0	σ_0	μ_0	ϕ_0	ϕ_1	σ_0
估计值	−0.464	0.288***	2.965***	−0.464	0.333***	−0.155	2.889***
标准差	0.368	0.093	0.369	−0.466	0.095	0.109	0.381
对数似然值	$\ln L = -129.555$			$\ln L = -128.731$			

注：***表示在1%的显著性水平下参数估计显著。

对以上模型考虑了区制转移，并通过Akaike信息标准（AIC）和Shawarz信息准则（SIC）确定金融脆弱性指数对数序列伴随着1阶滞后的自回归过程。表5.7给出了滞后1阶情形的估计结果，均值、自回归系数和方差在多数情况下表现出1%的显著性水平下显著。这就表明金融脆弱性指数的动态过程中存在双区制，区制划分可以把"高脆弱性水平区制"和"低脆弱性水平区制"区分开来，也就说明在我国宏观经济运行中，金融脆弱性的过程确实发生了结构转变，即金融系统脆弱性水平从"高脆弱性水平区制"转移到"低脆弱性水平区制"或者从"低脆弱性水平区制"转移到"高脆弱性水平区制"。同表5.6比较，Markov区制转移模型考虑了模型结构可能发生的转移，同时，对比极大似然值可以看出，Markov区制转移模型比自回归模型的解释力更强。

表5.7 滞后1阶的Markov区制转移模型估计结果

参数	μ_0	ϕ_0	σ_0	μ_1	ϕ_1	σ_1	p	q
估计值	−1.624**	−0.027	1.068***	−1.121	1.014***	−0.912***	0.863	−2.389***
标准差	0.796	0.268	0.208	0.846	0.049	0.153	0.699	0.679
对数似然值				$\ln L = -80.341$				

注：***表示在1%的显著性水平下参数估计显著，**表示在5%的显著性水平下参数估计显著。

进一步地，图5.19给出了上述两个Markov区制转移模型在$S_t = 0$

（低脆弱性区制）和 $S_t = 1$（高脆弱性区制）处取值的平滑概率，它们刻画了金融脆弱性在 $t = 1, 2, \cdots, T$ 时刻从高脆弱性到低脆弱性或低脆弱性转移到高脆弱性的概率。

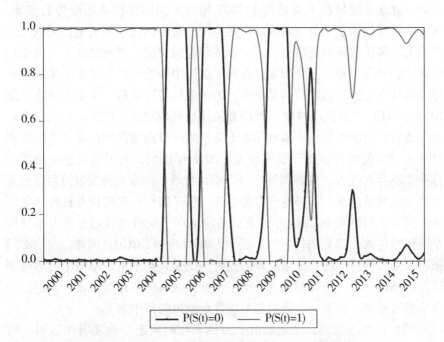

图 5.19　Markov 区制转移模型 $S_t = 0$（低脆弱性水平）
$S_t = 1$（高脆弱性水平）时的平滑概率

根据表 5.7 的估计结构和图 5.19 的性质，我们可以获得下述发现：

（1）平滑概率序列较好地模拟了金融脆弱性在"低脆弱性水平"和"高脆弱性水平"区制之间的变化过程。从图 5.19 中可以看出，金融脆弱性的高水平区制主要发生于两个阶段：第一个阶段是在 2005 年第一季度至 2008 年第一季度，其间有一次转移至"低脆弱性区制"，但趋势仅持续两个季度；第二个阶段比较显著的"高脆弱性区制"出现于 2009 年的第一季度至 2011 年第四季度，在 2010 年第三季度也曾经一度转移到"低脆弱性区制"，且之后出现的"高脆弱性区制"概率水平较低。与此相反，在其他历史时期，金融脆弱性均处于"低脆弱性区制"。

（2）由图 5.19 可以看出，我国金融脆弱性在区制转移过程中，主要经历了两次较明显的高脆弱性阶段。系统性金融风险的集中显现有一定的滞后性。第一次是 2005 年第一季度至 2008 年第一季度出现的金融脆弱性，它与我国 2002 年以来的宏观经济政策息息相关，当时我国经济运行起伏较大，投资过热问题凸显，为经济运行埋下隐患，系统性金融风险集聚。第二次是 2009 年的第一季度至 2011 年第四季度的系统性金融脆弱性显现，此次金融风险主要是由于 2007 年以来国际经济金融形势的波动，国家决策部门为了有效应对国际金融危机、防控国家经济衰退，采取了系列政策，经济政策时紧时松、国际经济环境的突变、开放经济下金融市场流动性的动态失衡、金融市场存在的问题集中爆发，造成了我国系统性金融脆弱性在金融危机之后凸显出来，为宏观经济决策带来了更大难度。而 2010 年以后，"危机应对型"经济政策滞后效应显现，国家防通胀压力较大，政府投资集中退出，银行体系不良贷款率过高等问题凸显，金融脆弱性进入"高脆弱性区制"概率加大。2012 年以后，我国系统性金融脆弱性并非不存在进入"高脆弱性区制"的可能性，国家经济发展过程存在系统性金融风险隐患，如房地产市场泡沫、影子银行、政府债务杠杆等问题仍旧存在。2014 年至 2015 年，股票和房地产市场价格异动是诱发系统性金融风险进入"高脆弱性区制"的引起波动的重要原因。因此，政府部门依旧需要加强对系统性金融风险的监管。但是，从平滑概率图中可以得到这样的结论：单一市场的波动会给系统性金融风险调控带来难度，但这种风险是可控的，并不一定会引起系统性金融风险集中爆发。

（3）需要注意到，区制取值平滑概率在趋向于"高脆弱性区制"时总伴随着金融脆弱性变动序列的较大波动（对比图 5.18 和图 5.19 进行观察），例如，2004 年平滑概率以较高的概率趋向于"高脆弱性区制"，而同时金融脆弱性波动率也表现出较大的波动性。这是由于在国家经济运行过程中，不论是国内经济政策的冲击、经济结构的转变，还是国际金融市场的冲击，都会导致国家金融脆弱性的积聚，但是这种影响并不是长期的。以 2007 年金融危机爆发为例，此时我国金融脆弱性虽然在 2009 年第一季度进入"高脆弱性区制"，但是，随着国家金融救助手段的施行，金融脆弱性的上升趋势很快地被有效控制，并没有持续下来。但是，对比两图可以看出，在 2010 年的第三季度到 2015 年的第一季度之间，金融脆弱性指数存在波动，此时，平滑概率图中 2010 年第三季度之后，经济系统又存在进入"高脆弱性区制"的可能性，虽然这种可能性被有效的经济政策平抑，但此时平滑概率图的波动幅度明显强于 2004 年之前，这说明 2013 年之后，我国经济发展已经步入"新常态"，虽经济运行处于合理区间，但国内外形势多变，存在诸多诱发系统性金融脆弱性的因素，因此，需要对系统性金融风险进行防控，防止金融脆弱性进入"高脆弱性区制"。

(4) 模型估计结果还刻画了金融脆弱性在不同区制下的持续期。可以得到"低脆弱性区制"的预期持续期为 11.90 个季度，而"高脆弱性区制"的预期持续期为 3.37 个季度。不同脆弱性区制持续长度具有一定程度的非对称性。观察图 5.19 可以看出，"高脆弱性区制"的持续期最长为 7 个季度，最短为 2 个季度，而对应的"低脆弱性区制"一般持续时间较长，如出现在"高脆弱性区制"中间持续时间也较短。总的来看，在 2011 年之后，我国的金融脆弱性进入"低脆弱性区制"且持续期开始拉长，这说明经历了金融危机之后的金融脆弱性集中爆发阶段之后，我国经济政策的转型较为成功，我国的系统性金融风险得以有效控制。

(5) 观察区制转移平滑概率图也可以发现，金融脆弱性的动态路径与决策部门的宏观经济政策密切相关。2008 年第一季度开始到 2011 年底的"高脆弱性区制"提供了典型的经济事实：2007 年开始的"次贷危机"引发的全球金融危机的影响给我国经济发展带来巨大压力，为了刺激经济增长和应对国际金融危机，我国政府陆续出台了一系列的措施，包括制订了"四万亿"投资刺激计划，并从 2007 年开始 15 次升息，存款准备金率从 9% 升至 17.5%，强刺激性的经济措施在应对金融危机初期起到了积极作用，但也为系统的金融风险埋下了隐患。与此相反，2013 年之后我国"强刺激性"的宏观政策的退市，稳定了我国市场的秩序，也对系统性金融风险的控制起到了积极的作用，因此，在经济运行过程中，"强刺激性"的宏观政策往往会为金融风险监管带来难度，要谨慎使用各种宏观调控手段，保障经济的长期健康稳定发展。

第四节　本章小结

本章首先对金融脆弱性的测度方法进行了介绍，包括单一指数法、加权指数法以及因子分析法，通过对比上述三种方法的优缺点，最终确定采用因子分析法测度我国金融体系的脆弱性。

综合西方国家金融脆弱性指标选取的共性、我国金融体系风险的特点及经济形势，本章重新构建我国宏观金融脆弱性的指标集对我国系统性金融风险进行度量。通过因子分析和主成分分析合成了我国金融脆弱性指数，得出了 5 个主因子，分别反映了货币流动性因素、宏观经济风险因素、国内外信贷风险因素、房地产开发投资因素及金融传染因素对我国系统性金融风险的影响。近年来，随着金融系统外延的不断扩展，许多类似"影子银行"的机构参与到金融市场中，这些机构不受金融监管控制，因此，宏观审慎监管成为政府调控系统性金融风险的重要途径。从本章合成的金融脆弱性指数时序图可以看出，我国金融脆弱性指数一直处于上升趋势，金融脆弱性的积聚爆发与经济政策一样具有一定的时滞性，且金融脆弱性的演变路径与经济发展、金融自由化进程息息相关。

进一步地，本章选取了 Markov 区制转移模型来识别金融脆弱性指数的动态特征，通过分析可以得出结论：Markov 区制转移模型比自回归模型的解释力更强，且模型的估计结果为更好地解释经济现象提出相应的建议提供了重要支撑。

首先，平滑概率序列较好地模拟了金融脆弱性在"低脆弱性水平"和"高脆弱性水平"区制之间的变化过程。金融脆弱性的高水平区制主要发生于两个阶段：第一阶段是 2005 年第一季度至 2008 年第一季度，其间有一次转移至"低脆弱性区制"，但趋势仅持续 2 个季度。第二个阶段是 2009 年第一季度至 2011 年第四季度，在 2010 年第三季度也曾经一度转移到"低脆弱性区制"，且之后出现的"高脆弱性区制"概率水平较低。这一结论与我国经济发展事实相符，证明在经济运行过程中确实存在着系统性金融风险，且我国金融脆弱性在区制转移过程中的集中显现有一定的滞后性。

其次，区制取值平滑概率在趋向于"高脆弱性区制"时总伴随着金融脆弱性变动序列的较大波动。这是由于在国家经济运行过程中，产生的内外部冲击都会导致国家金融脆弱性的积聚，但是这种影响并不是长期的。这说明危机应对型的宏观经济政策在抑制我国系统性金融风险方面是成功的，也能够对宏观经济发展起到积极作用。

再次，模型估计结果还刻画了金融脆弱性在不同区制下的持续期。可以得到"低脆弱性区制"的预期持续期为 11.90 个季度，而"高脆弱性区制"的预期持续期为 3.37 个季度。不同脆弱性区制持续长度具有一定程度的非对称性。在 2011 年之后，我国的金融脆弱性进入"低脆弱性区制"且持续期开始拉长，这说明经历了金融危机之后的金融脆弱性集中爆发阶段之后，我国的系统性金融风险得以有效控制，但这并不意味着不存在系统性金融风险，2015 年之后，我国股票市场及房地产市场价格经历剧烈波动，给经济带来巨大系统性风险压力。

最后，本章研究的结果也说明金融脆弱性的动态路径与决策部门的宏观经济政策密切相关。"强刺激性"的经济措施虽然具有积极作用，但也为系统性金融风险埋下隐患。因此，在经济运行过程中，"强刺激性"的宏观政策往往会为金融风险监管带来难度，要谨慎使用各种宏观调控手段，保障经济的长期健康稳定发展。同时，由于经济政策给系统风险带来的初始冲击与最强冲击反应时点间存在着一定时滞，政府和货币当局可以根据反应时差提前进行合理的政策调控。

第六章 金融加速器与实体经济波动

在上一章的描述中对系统性金融风险进行了度量，实际上，金融市场的波动往往通过市场流动性、市场参与者预期和宏观经济政策的波动等多层次因素，在整个金融系统甚至经济体系内进行传递和扩散，造成对实体经济部门的冲击。最为明显的是，金融危机爆发，会使得危机爆发国国内生产总值年均下跌10%～20%，带来经济的极度萎缩（Hoggarth, Reis & Saporta, 2002），同时也会影响危机爆发国的经济周期波动，使其经济收缩期大大延长，平均超过4年（IMF, 1998）。因此，为了保障经济平稳、持续、健康地发展，了解金融脆弱性对实体经济的传导渠道及其动态响应机制尤为重要。

对一国而言，稳健的金融系统往往会呈现这样的特征：金融系统能够承受一定冲击，且能为投资者保证有利可图的投资机会，金融风险不易被传染且金融冲击扰动在金融体系内不易被放大。宏观审慎的监管方法也强调了金融稳定的关键在于金融体系基本功能得到充分发挥。因此，本章首先梳理了金融脆弱性的传导机制，传导机制不同于金融脆弱性的传染机制，强调金融体系能够扰乱实体经济的传导渠道。经典的观点认为金融体系与实体经济之间存在三条传导渠道：一是借款人渠道，即资产负债表渠道；二是银行的资产负债表渠道；三是流动性渠道。前两条渠道也被称为金融加速器机制渠道，第三条渠道强调的是银行资产负债表的流动性状况。

在此基础上，根据实体经济与虚拟经济之间的传导机制，建立向量自回归（VAR）经济系统，并采用时变参数向量自回归模型（TVP－VAR）研究实际产出增长率与金融变量之间的动态响应机制。本章将上一章获得的金融脆弱性指数进行调整，并选取工业增加值增长率、通货膨胀率、金融机构信贷增长率、银行间市场短期利率4个变量构建模型进行分析，探讨在样本期间内，金融加速器效应和实体经济波动之间的关系。

第一节 金融加速器对宏观经济冲击的传导渠道

金融体系安全性对实体经济的传导实际上是一种综合作用机制，具体而言，涉及金融市场，以及投资、消费、产出等实体经济各个变量，在本节的研究中将这种传统的传导机制进行剖析。具体而言，金融体系的波动对宏观经济的传导体现于三条渠道，分别是借款人的资产负债表渠道、银行的资产负债表渠道和流动性渠道。其中，借款人的资产负债表渠道和银行的资产负债表渠道又被称为金融加速器渠道（financial accelerator）[1]，债权人和债务人的信贷规模受到其资产头寸的影响，信贷规模的变化会加剧或恶化两者的资产净值，形成相应的反馈机制，在金融系统中起到加速器的作用。而流动性渠道则以考察资产负债表的流动性约束为主，强调由于资产负债表刚性对实体经济产生的影响。

一、借款人资产负债表渠道

对金融体系安全性与实体经济的研究最早从 Modigliani 和 Miller（1958）的研究框架开始，主要探讨信贷市场的不完善对实体经济的冲击。Bernanke（1983）、Bernanke 和 Gertler（1989）、Kiyotaki 和 Moore（1997）、Carlstrom 和 Fuerst（1997）等的经典文献分别对金融冲击作用中的关键因素进行了分析。这些研究的共同点是侧重于对非金融部门的信贷行为与实体经济之间的关系进行研究（Adrin & Shin, 2010）。

一般认为，资产负债表渠道主要描述的是私人部门（私人及企业）的信贷状态。大量的研究证明，微观经济主体行为能够很好地预测可能存在的风险。例如，企业信贷规模是企业对经济环境进行预测以后的结果。但是在债权人（银行类金融机构和非银行的金融机构）和债务人之间存在着信息不对称现象，银行对债务人的信息了解不充分，对借款人的债务偿付能力和借款风险不能进行充分评价。同时，由于银行部门属于债权人，不能参与企业经营，对借款的项目投资方向、投资收益、投资风险无法全面掌握。因此，银行部门更倾向于选择抵押贷款的方式。借款人的资产负债

---

[1] 金融加速器是指信贷市场的自身条件变化能够对实体经济产生冲击放大和加强的效应。(Bernanke, Gertler & Gilchrist, 1996)。

状况会影响社会信贷规模，进而影响金融稳定。目前对借款人的资产负债表渠道[1]主要包括两类研究：

一是借款人的资产负债表风险传递与外部融资溢价有关。Bernanke 和 Gertler（1995），以及 Carlstrom 和 Fuerst（1997）的研究认为，不论是个人还是企业都面临着内外融资成本差异的问题，私人部门在融资过程中内部融资成本较低，这种内外融资成本的差异依赖于企业的信誉，这意味着借款人需要向贷款人支付融资成本（当银行作为贷款人时，则是企业的借款利息）。即便如此，借款人在融资过程中存在逆向选择和道德风险的问题，债权方对于私人部门的融资监管的手段和措施仍然有限。因此，一般私人部门的信贷往往依赖于私人或企业的净资产价值，即抵押品约束（Kiyotaki & Moore，1997）。私人或企业的资产负债表中净资产价值受到实体经济波动的影响。同时，私人部门资产负债表中净资产的波动也会对实体经济产生影响，这与经济周期的波动息息相关，也被称为金融加速器理论。借款人的资产负债表渠道揭示了在金融风险上升时，私人部门信用成本上升，导致外部融资溢价提高，最终导致实际产出持续下滑。

二是借款人的资产负债表风险传递与资产价格有关。对一个企业而言，净资产在信贷过程起到了贷款抵押的作用。同时，资产的价格波动也会导致金融风险的累积。当金融危机爆发时，资产价格将会下降，作为抵押物的价值量下跌，从而导致银行等金融中介机构收紧信贷，企业生产规模缩小，同时，由于资产价格的下降，企业也会减少生产和消费，实体经济也同样受到冲击。贷款人资产负债表渠道如图 6.1 所示。

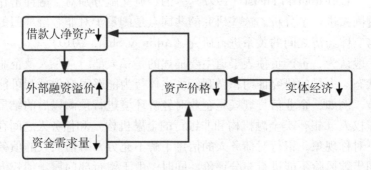

图 6.1　借款人资产负债表渠道

---

〔1〕　借款人资产负债表渠道（balance sheet channel），来源于金融加速器理论（Bernnanke，1998）。

在实证研究方面，大多数实证研究的分析主要侧重于对于借款人资产负债表渠道存在性的检验。在检验过程中，主要选用的经济指标是信贷利差。Mody 和 Taylor（2004）的研究选用美国 1990 年之后的数据进行回归分析，说明金融冲击借款人资产负债表渠道的存在性。同时，对不同的融资方式进行外部融资溢价预测性能检验，检验结果证实，不同的融资方式的预测结果存在较大的差异性。Gilchrist 和 Zakrajšek（2012）的研究采用微观数据构建信贷利差指数，并采用该指数对宏观经济进行预测，说明外部融资溢价的增加反映了金融部门风险承受能力的下降，这是导致信贷供应萎缩和宏观经济基本面恶化的重要原因。Faust、Gilchrist 和 Wright 等（2013）的研究采用大量的财务指标（其中包含投资组合的信贷利差），选用贝叶斯模型平均法（BMA）预测实际经济活动，提高了统计上预测的显著性。我国学者对借款人资产负债表渠道的存在性也进行了部分研究，但是我国学者目前的研究主要探讨的是货币政策在资产负债表中的传导渠道，对金融冲击在借款人的资产负债表渠道的运行机制研究并不丰富。赵振全、于震和刘淼（2007）采用门限向量自回归（TVAR）模型对金融加速器效应在中国的存在性进行检验，说明宏观层面上信贷市场与经济周期波动之间存在非线性关系，我国在 1990 年 1 月至 2006 年 6 月之间，经济发展中存在金融加速器效应。王义中和何帆（2011）的研究对金融危机传导过程中的国内外资产负债表渠道及宏观经济救助政策等问题进行梳理，说明了在金融风险传导过程中也存在私人部门的金融加速器效应，因此，应当重新审视公允价值会计准则，谨慎使用扩张性的宏观经济政策。

随着借款人资产负债表渠道研究的增多，对这一金融冲击渠道的存在性研究已经不是重点，更多的研究侧重于这种渠道在传导过程中如何影响企业及其影响程度。一般而言，研究者选用不同规模的企业的微观数据，说明它们对货币政策反应的非对称性。研究的结果基本说明资产负债表渠道效应随着企业不同的融资约束情况，如企业规模、融资难易及融资行为中银行贷款的依赖程度等，在生产和投资各方面都存在差异。Gertler 和 Gilchrist（1993）首先选用了美国制造业公司的微观数据进行研究，得到的结果是，当受到货币当局的政策冲击时，小规模企业的销售量下降幅度大于大规模企业，这从一个侧面证明了私人部门受到金融冲击时会借由借款人的资产负债表渠道影响实体经济的运行。Carlstrom 和 Fuerst（1997）将金融摩擦引入商业周期模型中，并将信息不对称作为衡量金融摩擦的主要原因，分析了在金融体系和实体经济之间的冲击中金融摩擦的作用机制。这个想法与 Bernanke 和 Gertler（1989）最初提出的世代交叠模型是相关的，其中借款人和贷款人之间的不对称（信息摩擦）产生的代理成本可以通过无风险利率的溢价来体现，代理成本和借款人净资产之间存在负相关关系，代理成本的逆周期性对实体经济的影响是显著的。Bernanke、Gertler 和 Gilchrist（1999）在一个名义价格刚性模型中引入了金融加速器机制，该机制阐述了借款人净资产的顺周期性和外部资金成本的逆周期性，同时对偶发性的冲击带来的经济周期长期的衰退进行了解释。Vijverberg（2004）根据金融加速器模型，判断货币或金融冲击在信贷市场上对小企业有更强的放大效应，研究选用的债权资本成本和信贷配给的指标分别代表企业资产负债表状况和信贷市场实际情况，具有很强的实际意义。我国学者胡奕明等（2008）利用上市公司的数据分析了借款人的财务状况与贷款利率之间的关系，说明贷款利率与企业的财务状况之间存在正相关关系，即企业经营状况越好，贷款利率越低；但是据贷款续新的状况来看，企业的经营业绩越好，获得续贷的可能性反而越高，这说明在企业融资过程中存在道德风险问题。昌忠泽（2010）的研究说明，金融危机时期借款人的资产负债表受到的负面冲击更大。孙亮和柳建华（2011）也对银行信贷业务的预期违约风险进行研究，说明借款人的历史绩效和代理成本是银行贷款考虑的重要因素，并且我国的银行业改革和市场化进程提高了信贷资源配置的效率。

二、银行资产负债表渠道

新凯恩斯经济学派认为，经济政策对经济主体的影响，除了对于私人部门的影响之外，还可能对金融机构的资产负债表产生影响。银行体系的脆弱性对于实体经济的冲击通过银行贷款渠道（bank lending channel）和银行资本渠道（bank capital channel）实现。金融机构资产负债表的脆弱性会受到货币政策、监管政策或银行资本损失的不利冲击，导致信贷的大幅扩张或收缩。这种冲击对经济活动一样存在扩大的效应，因此，银行的资产负债表渠道也同样被称为金融加速器渠道。

在金融市场的资金供求关系中，银行部门作为最主要的金融中介，是资金的供给方。Bernanke（1999）认为金融中介之所以具有金融加速器的作用，一方面是因为借款人的信贷行为高度依赖于银行，这种依赖性意味着即使银行贷款供应出现波动，如银行部门收紧银根，借款人也不会完全切断信贷活动，而是克服更大的困难和付出更高昂的成本去寻找新的贷款人，这意味着企业不得不削减投资、减少生产，从而影响实体经济的运行。对多数国家而言，银行贷款都是企业融资的主要渠道，银行部门在金融活动中充当"大贷款人角色"（胡奕明等，2008）。另一方面是因为银行经济周期进入衰退期时存在惜贷行为。因此，银行部门贷款的减少将会增加外部融资溢价，同时使企业降低生产和消费，从而影响实体经济活性，产生经济紧缩效应。

在传统的银行贷款渠道框架下，商业银行的贷款规模受到很多因素的影响，其中包括存款准备金率、市场利率、公开市场操作等，在信息不对称的条件下，金融中介机构具有特殊地位，银行在评估、筛选贷款申请人，以及监督贷款的使用方面具有技术优势，这使得它们可以向那些难以在公开市场上获得资金的借款者提供贷款服务。因此，中央银行可以通过货币政策的制定改变银行准备金规模，从客观上影响商业银行提供贷款的能力。当上述的两种假设发生时，银行的资产负债表中的资产和负债都会对金融冲击产生负向反应。在资产方，银行不得不调整资产构成，从而导致信贷供给更大幅度的下降；在负债方，金融冲击发生之后，如央行实行紧缩性货币政策时，货币供给量和货币需求量都会同步降低（Bernanke & Blinder, 1988）。近些年来，随着金融市场的逐步发展，很多学者开始研究资本证券化是否会对传统的银行信贷传导机制产生影响。Nwogugu（2007）认为，从理论上来说，资本的证券化确实能够削弱存款准备金率对商业银行信贷的约束能力，但实际上这种理论研究是建立在商业银行自身没有任何资本的假设下，没有考虑银行内部的道德风险问题，所以并没有现实意义。为了探讨金融监管政策的效果，更多的研究选择从银行资本的角度对金融冲击渠道进行分析。

此外，还可以从银行资本的角度进行分析，考虑银行在金融体系中扮演着特殊的角色。Hoshi、Kashyap 和 Scharfstein（1992），以及 Repullo 和 Suarez（1995）基于银行类金融机构道德风险的存在性假设构建模型，假设银行贷款的来源同样是资本市场融资获得，对银行部门直接融资和间接融资（即市场融资和监管融资）进行分析，说明了金融企业在监管政策融资方式下，道德风险问题能够得到有效改善。Holmström 和 Tirole（1997）认为银行部门也会受到融资约束，银行有对借款人进行监管的激励，从而克服在信贷过程中的道德风险问题。因此，当资本市场资金紧缩时，银行提供给借款人的信贷数量将会减少，越是资金匮乏的银行，信贷数量的减少越多，信贷需求总量也会加剧减少。按照这样的研究思路，银行部门也存在外部融资溢价的问题。Stein（1995）考虑了信息不对称对银行资产负债表的影响，由于银行缺乏与存款负债较为接近的替代品而依赖于可储备的活期存款作为其资金的重要来源，当货币当局降低储备、收紧银根时，银行贷款数量降低，这是传统的银行信贷渠道对货币政策的反应。实际上存在银行资本渠道，货币政策能通过影响信贷市场利率来影响信贷供给和需求。这是因为，银行的资金水平取决于其信用水平，资本化水平更高的金融中介具有更强的监督动机，这些银行能够采用较低的资金成本吸引非存款类资本进入企业。也就是说，外部融资溢价与银行资本之间存在负相关关系。而银行的部门支付的外部融资溢价又反过来反映于借款人的资金成本和资金规模，因此，银行资本的加速减少将通过银行部门和借款人的资金成本来约束实体经济活性。

从实证研究的角度来看，银行贷款渠道的研究主要解决的问题是如何把贷款需求和贷款供给区分开来。在银行贷款渠道的实证研究方面，Kashyap 等（1992）研究了银行贷款和商业票据之间的相对变动，从而说明了货币政策银行信贷渠道的存在性。当货币政策紧缩时，银行贷款大幅下降。Kashyap 和 Stein（1995，2000）的研究说明，金融冲击的传导效应不尽相同，一般规模越大，流动比率越高，资产重组的银行对货币政策的反应不敏感。除此以外，不同国家之间的金融监管制度也会影响金融冲击传导效应的强弱。Topi 和 Vilmunen（2001）在关于芬兰银行信贷渠道对货币政策的传导的研究中加入了政策虚拟变量，发现哑变量的估计结果高度显著，说明了金融制度对货币政策在银行信贷渠道传导中的作用。我国学者徐明东和陈学彬（2011）研究了我国货币政策对银行信贷供给的影响是否依赖于资产负债表，研究的结果说明，流动性充裕的大型银行在信贷行为中受到资本充足水平的影响更大，因此，银行规模的不同使得货币政策冲击具有异质性。曹廷求和朱博文（2013）讨论了货币政策的银行贷款渠道传递过程中银行治理的作用，说明了董事会规模和独立性对这种传导作用影响较小，但是第一股东性质和上市特征存在显著影响。在银行资本渠道方面，Van den Heuvel（2002）构建了利率冲击下的动态模型，分析银行资本水平和流动性管理对信贷的放大和延迟效应。研究结果说明，即使没有监管约束，银行资本的存在也会影响银行贷款行为，这意味着贷款违约风险带来的银行利润波动会对贷款行为产生持续性影响。同时，金融冲击引起的资产价格的波动也会影响银行资本，因此，银行资本渠道也能够将金融冲击传递到实体经济。Francis 和 Osborne（2009）选取英国银行业数据进行实证分析，说明资本状况较好的银行更愿意提供信贷。Coffinet 等（2012）采用法国银行业的数据进行的研究说明，银行资本缓冲区和贷款增长之间存在双向 Granger 因果关系，实证研究结果证实了金融监管的逆周期性，优质的银行资本能起到平滑贷款增长的作用。在新巴塞尔资本协定之后，重新对银行机构的资本充足率进行规定，银行资本渠道对于信贷的影响更为明显（Borio & Lowe，2002；Goodhart et al.，2004）[1]。关于流动性渠道的相关内容将在第七章进行描述。

第二节　金融加速器对实体经济冲击效应的实证研究

在前文的描述中已经说明了金融冲击对实体经济的冲击渠道。本节采用时变参数向量自回归模型（time-varying parameter vector autoregression，TVP-VAR）研究系统内各变量与金融脆弱性指数间的动态响应机制。首先介绍 TVP-VAR 模型的构建原理与建模方法并对其进行阐释。同时介绍本章中所使用的重要的研究工具，即等间隔脉冲响应函数以及时点脉冲响应函数。

一、计量模型设定及估计方法

时变参数向量自回归模型是一个系数随时间变化的多元向量自回归模型，其中，通过系数的变化来捕捉系统的结构变化，这包括多元随机波动和时变系数捕捉可能出现的异方差、滞后结构的时变性及模型中变量关系的非线性特征。近年来，向量自回归模型越来越受到经济工作者的重视，在本章中，我们进行实证分析时，假设系数和协方差矩阵都随时间而不断变化，即包含脉冲大小的变化和传导机制的变化，从而可以得到线性结构的一些特征。向量自回归模型的参数都是独立于时间的，下面我们令所有参数和系数都随时间而不断变化，将模型扩展成 TVP-VAR 模型（Nakajima，2011），如下式所示：

$$y_t = X_t \beta_t + A_t^{-1} \sum\nolimits_t \varepsilon_t, \quad t = s+1,\cdots,n \qquad (6.1)$$

其中，系数 β_t、联立参数 A_t 以及随机波动的协方差矩阵 $\sum\nolimits_t$ 都设定为时变。在本章中，把下三角矩阵 A_t 中非 0 和 1 的元素写成列向量的形式，即

---

[1] 在新框架中，委员会认为"压倒一切的目标是促进国际金融体系的安全与稳健"，而充足的资本水平被认为是服务于这一目标的中心因素。因此，对资本充足比率提出最低要求仍然是新框架的基础，被称为第一大支柱。

$a_t = (a_{21}, a_{31}, a_{32}, a_{41}, \cdots, a_{k,k-1})$。令 $h_t = (h_{1t}, \cdots, h_{kt})$，其中 $h_{it} = \log \sigma_{it}^2$；$i = 1, \cdots, k$；$t = s+1, \cdots, n$。此外，我们也假定方程（6.1）中的参数服从如下随机游走过程：

$$\begin{aligned}\beta_{t+1} &= \beta_t + \mu_{\beta t}, \\ a_{t+1} &= a_t + \mu_{at}, \\ h_{t+1} &= h_t + \mu_{ht}, \end{aligned} \begin{pmatrix} \varepsilon_t \\ \mu_{\beta t} \\ \mu_{at} \\ \mu_{ht} \end{pmatrix} \sim N\left(0, \begin{pmatrix} I & 0 & 0 & 0 \\ 0 & \Sigma_\beta & 0 & 0 \\ 0 & 0 & \Sigma_a & 0 \\ 0 & 0 & 0 & \Sigma_h \end{pmatrix}\right), t = s+1, \cdots, n$$

(6.2)

其中，$\beta_{s+1} \sim N(\mu_{\beta_0}, \Sigma_{\beta_0})$，$a_{s+1} \sim N(\mu_{a_0}, \Sigma_{a_0})$，$h_{s+1} \sim N(\mu_{h_0}, \Sigma_{h_0})$。

此外，TVP – VAR 模型是建立在一系列假设基础上的，为此，我们做如下说明：

第一，对于 VAR 模型的识别问题，其基本思想就是，通过一定的约束条件，使得估计出的 VAR 模型对应的系数矩阵、对应的方差矩阵等统计量的个数不少于 VAR 模型中待求的未知量的个数，因此，VAR 模型递归识别要求 A_t 为一个下三角矩阵，下三角形矩阵仅是方差协方差矩阵对结构冲击进行分解的一种简单形式，但要注意对此系统的估计相当于对诱导形式的估计，这样做可以显著降低运算复杂程度，所以这种方法应用较为广泛。如 Primiceri（2005）所提出的，虽然在马尔科夫蒙特卡洛模拟方法中非递归识别形式也是可行的，但是下三角矩阵可以使得到的估计更加简单有效，因此，我们采用下三角矩阵的形式。

第二，对于动态参数，由于 TVP – VAR 模型中待估参数个数较多，而随机游走过程可以在某种程度上减少参数个数，因此，在本章中我们令动态参数服从一个随机游走过程。除此之外，Primiceri（2005）同时考虑了 VAR 系数和误差项方差的时变性，将 $\omega = (\Sigma_\beta, \Sigma_a, \Sigma_h)$ 模型扩展为带有随机波动的时变参数形式（TVP – SV – BVA 模型）。最后，我们仍假设随机游走过程中的各参数扰动项的协方差矩阵 Σ_h 为对角矩阵以便于估计。

第三，Pinheiro 和 Bates（1996），Cogley 和 Sargent（2005）以及 Primiceri（2005）在有效估计协方差矩阵的问题上应用了协方差矩阵的 Choleskey 分解，可见该方法在经济文献中有着广泛的应用。而本节中 TVP – VAR 模型的创新之处在于矩阵是随时间不断变化的，即第 i 个变量的冲击对第 j 个 $y = \{y_t\}_{t=1}^n$ 变量的影响也是随时间变化的，这也是与 VAR 模型的区别之处。

第四，本章的 TVP – VAR 模型遵循非平稳的随机游走过程，且含有大量的状态变量。由于先验值是对参数初始分布的认识，所以在贝叶斯估计条件下，估计时变参数时必须要谨慎选取先验值。为此，我们介绍两种设定先验值的方法：其一，假定参数先验服从于正态分布，取一段时间的样本作为子样本，并在其上估计普通的 VAR 模型，得到的数据作为先验分布的数据信息，这种方法以样本前期信息作为先验值，参见 Primiceri（2005）；其二，假设我们对先验没有任何信息，故人为地设定一个较为合理的单调先验值，如 Nakajima（2011）所述。在本章中，我们采用第二种方法。

本章对模型参数估计时选用 MCMC（Markov Chain Monte Carlo）方法。令 ω 的先验分布的概率密度为 $\pi(\omega)$。在获取了观测数据 y 之后，我们利用 MCMC 方法从条件后验分布 $\pi(\beta,a,h|y)$ 中抽取样本。MCMC 方法的步骤如下：

(1) 初始化设初值 β,a,h,ω；
(2) 取样 $\beta|a,h,\Sigma_\beta,y$；
(3) 取样 $\Sigma_\beta|\beta$；
(4) 取样 $a|\beta,h,\Sigma_a,y$；
(5) 取样 $\Sigma_a|a$；
(6) 取样 $h|\beta,a,\Sigma_h,y$；
(7) 取样 $\Sigma_h|h$；
(8) 返回步骤（2），循环。

其中，步骤（2）和步骤（4）中的取样利用了模拟滤波器，步骤（6）中队随机波动的取样利用了多次移动取样。由于我们假定 Σ_h 是对角矩阵，故而条件后验分布 $\{h_{jt}\}_{t=s+1}^{n} j=1,\cdots,k$ 是相互独立的，这种假设也简化了对 h 的取样过程。步骤（3）（5）（7）都是在共轭先验下的 Wishart 分布或者 Gamma 分布中产生出样本。

二、变量的选取及说明

在上一章的研究中，已经针对我国金融体系的脆弱性进行了金融脆弱性指数的合成，这一指数可以反映系统性金融冲击。在 TVP – VAR 模型的估计过程中，需要充足的样本数量，因此，我们对前文所构建的季度金融脆弱性指数重新进行了处理，将原来的 GDP 季度指标转化为月度指标，重新计算了我国月度的金融脆弱性指数值，得到的时间序列如图 6.2 所示。

随后，将能够反映实际冲击、名义冲击的变量纳入非线性系统中。由

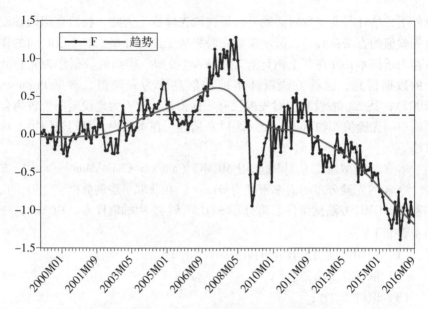

图 6.2 1999—2006 年我国金融脆弱性指数月度值

此构建的 TVP-VAR 模型变量进入模型的顺序是：经济增长率、通货膨胀率、金融机构信贷增长率、银行间市场短期利率及金融脆弱性指数。其中，金融脆弱性指数是进入方程的最后一个变量，这是因为采用 Cholesky 分解方法将会考虑系统性金融脆弱性对前 4 个变量的冲击效应，而前 4 个变量的冲击对金融系统的冲击是同步的[1]。方程中的几个变量经济增长率反映了宏观经济基本面，代表了实际冲击（技术冲击和生产率冲击）[2]。对于经济增长率的衡量，本章选用工业增加值增长率（IVA）替换 GDP 增长率衡量实体经济的波动。通货膨胀率（CPI）代表价格因素，金融机构信贷增长率（IBFI）代表信贷市场的波动，在本章用以考察借款人渠道的

---

[1] Hartmann 等（2013）研究了资产价格与宏观经济变量之间的关联关系，其中运用到的经济假设之一就是：资产价格对宏观经济变量是一种即时反应，但宏观经济对金融资产价格的冲击具有时滞性。

[2] 冲击是经济运行中偏离正常轨道运行的扰动力量。不同的经济学派对经济波动的冲击来源有不同的视角，其中实际经济周期（RBC）学派将冲击分为实际冲击和名义冲击，实际冲击包括技术冲击和生产力冲击，名义冲击则包括价格冲击和货币冲击（刘树成等，2005）。

金融脆弱性冲击[1]，银行间市场短期利率（BIR）可以衡量银行间市场对经济政策冲击的反应程度，在本章中用来衡量银行的资产负债表渠道对经济的冲击。为了消除季节因素的影响，本章选用X12季节调整的方法对工业增加值增长率基础序列进行调整。样本区间是1999年1月至2016年9月，数据来源于国家统计局网站、中经网数据库、Wind数据库等。模型实证部分的计算由Oxmetrics6.2软件完成。

三、非线性检验及参数模拟

首先对选取的变量IVA、CPI、IBFI、BIR和F序列进行ADF单位根检验，判断序列的平稳性。检验的结果如表6.1所示。

表6.1　变量时间序列的单位根检验结果

水平值	ADF检验	差分值	ADF检验
IVA	-1.363（1）	ΔIVA	-5.784***（1）
CPI	-2.607*（2）	ΔCPI	-6.305***（1）
IBFI	-4.076***（2）	ΔIBFI	-4.388***（1）
BIR	-4.633***（1）	ΔBIR	-10.687***（1）
F	-1.520（2）	ΔF	-23.045***（1）

注：Δ表示差分算子。*、**、***分别表示在10%、5%和1%水平拒绝原假设。（1）表示模型无截距与趋势项。（2）表示模型无趋势项。（3）表示模型有截距与趋势项。下表同。

由单位根检验的结果来看，原序列中工业增加值增长率序列和金融脆弱性指数序列不满足平稳性检验。但是5个变量的一阶差分序列的ADF检验结果都是在无截距项和趋势项的情况下能够满足在1%水平下拒绝原假设，都是平稳的时间序列，即I（0）。因此，最终引入模型的变量是个序列的一阶差分形式。

本章利用5个变量构建VAR模型，探究样本期间内实体经济在受到金融冲击以后对系统稳定性的影响。这里，向量自回归模型的滞后阶数参

---

[1] 在经典的研究中，对信贷市场的波动主要衡量指标包括：短期商业票据市场与短期国债利差、借款人外部融资中银行贷款和商业票据所占比重、规模不同的制造业企业短期贷款增长率之差（Kashyap等，1993）。我国的国债市场和商业票据市场目前仍不发达，从借款人的角度对融资月度数据进行选取比较困难，同时，在经济中受到融资约束力较强的中小企业实际没有公开的财务数据，因此，这里选取金融机构信贷的增长率来反映借款人渠道受到的金融冲击。

考 SIC 准则。模型最终的滞后阶数设定为 2 阶。在构建 TVP – VAR 模型时，根据 Nakajima（2011）方法选择二阶参数滞后。而关于先验值的确定已在前文中提及。由于最初选择的 1000 个样本不能满足平稳的条件，不得不将其舍弃。所以，令模拟开始于 – 1000 次并取 $M = 10000$。计算出收敛诊断统计量 CD，这将决定预模拟状况。CD 统计量由下式计算得出：

$$CD = (\bar{x}_0 - \bar{x}_1)/\sqrt{\hat{\sigma}_0^2/n_0 + \hat{\sigma}_1^2/n_1}, \bar{x}_j = \frac{1}{n}\sum_{i=m_j}^{m_j+n_j-1} x^{(i)} \quad (6.3)$$

其中，$x^{(i)}$ 表示第 $\sqrt{\hat{\sigma}_j^2/n_j}$ 个序列，$\sqrt{\hat{\sigma}_j^2/n_j}$ 是 $\bar{x}_j$ 的标准误，当 $j = 0,1$ 时。当蒙特卡罗方法产生了平稳的样本序列时，其分布将收敛于一个正态分布。令 $m_0 = 1$，$n_0 = 1000$，$m_1 = 5001$，$n_1 = 5000$。无效率因素定义为：$1 + 2\sum_{s=1}^{B_m}\rho_s$。取 $B_m = 500$，ρ_s 为滞后 s 阶的样本自相关系数。蒙特卡罗方法混合效果的测定，可以通过对无效率因素的测定来完成。详见 Chib 等（2002）。蒙特卡罗方法代表后验样本均值的方差比上不相关序列样本均值的方差。无效率因素的倒数称为相对数值效率（Geweke，1991）。若需要生成 m 个蒙特卡罗方法样本，那么其无效率因素为 m。

表 6.2 是参数的估计结果，其中包括标准差、95% 的置信区间、后验均值估计结果、无效率因素以及 Geweke（1991）提出的 CD 统计量。Geweke（1991）排除了中间序列，提出用前 n_0 个序列和后 n_1 个序列进行对照的方法。

表6.2 TVP – VAR 模型的参数估计结果

参数	均值	标准差	95% 的置信区间	CD 统计量	无效率因素
$(\sum_\beta)_1$	0.0227	0.0027	[0.0182, 0.0287]	0.049	9.62
$(\sum_\beta)_2$	0.0227	0.0026	[0.0183, 0.0285]	0.435	15.08
$(\sum_\alpha)_1$	0.0494	0.0113	[0.0322, 0.0765]	0.310	34.70
$(\sum_\alpha)_1$	0.0488	0.0111	[0.0319, 0.0751]	0.003	37.11
$(\sum_h)_1$	1.4585	0.1494	[1.1836, 1.7699]	0.928	20.97
$(\sum_h)_1$	0.4086	0.1053	[0.2227, 0.6458]	0.671	92.39

在本章的研究中，CD 统计量在 95% 的显著水平下均可以接受原假设，那么我们可以接受参数收敛于后验分布这一假设。同时，这也表明要使蒙特卡罗方法样本收敛，可以利用 1000 个样本进行预模拟，经计算，前五个参数无效率因素（见表 6.2）水平值均低于 50，最后一个参数无效率因素的水平值低于 100，该值越小说明抽样越有效（Geweke，1995）。因此，断定模拟取样是对 TVP–VAR 模型的一种有效取样方法。最后，关于参数模拟路径，图 6.3 给出了 $S_{a1}, S_{a2}, S_{b1}, S_{b2}, S_{h1}, S_{h2}$ 六个参数的动态模拟路径。图中波动聚类现象明显，而且在模拟即将结束之时，取样数据均聚类于样本收敛均值，即表 6.2 中所示的均值结果，这也说明了使用 TVP–VAR 模型进行参数估计的稳健性。

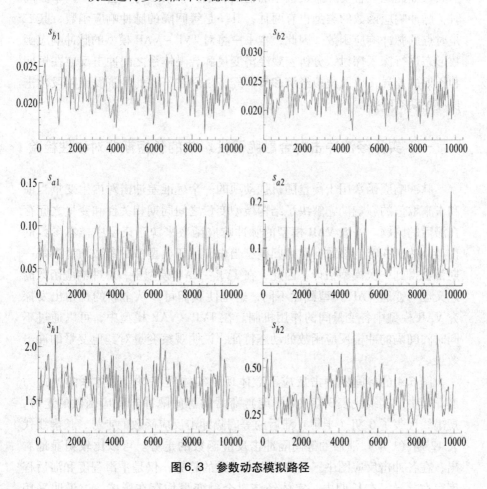

图 6.3　参数动态模拟路径

第三节　金融脆弱性与实体经济冲击的非线性机制检验

在基于月度数据的 TVP – VAR 模型中，能够更为准确地衡量宏观经济变量和金融加速器之间的动态影响机制。此外，时变的特征在 TVP – VAR 模型中也有所体现，即变量的系数是随时间变化的，也就是说，对于每一个时期，模型都可以给出系数不同的估计结果，考虑到文章篇幅有限，对于数量如此庞大且实际意义很小的输出结果，本书中将不会一一列举。同时，脉冲响应函数的类型也有两种，其一是等间隔的脉冲响应函数，其二是时点的脉冲响应函数。因此，本书中将对 TVP – VAR 模型的脉冲响应函数形态进行深入探讨，分析宏观经济变量和金融体系之间冲击反应在短期和长期的差异，以及虚拟经济和实体经济之间在不同的经济发展阶段冲击反应的动态特征。

一、实体经济冲击对金融脆弱性影响的长短期非对称性检验

脉冲响应函数用于衡量随机扰动项的一个标准差冲击对内生变量当前和未来取值的影响。它解决了结构模型变量之间同期相关性和变量之间存在滞后的问题。一般 VAR 模型的脉冲响应函数来源于模型中样本参数的估计，然而在时变参数向量回归模型当中，由于模型中的参数估计在每一期都会得到一次模型估计，因此，在 TVP – VAR 模型中，脉冲响应函数的意义也与普通 VAR 模型截然不同，这也使我们可以从全新的视角出发探究 VAR 模型中各变量间的作用机制。在 TVP – VAR 模型中，可以通过不同时间间隔的冲击反应函数的动态特征，说明观察变量对其他变量的冲击效果。

图 6.4 的等间隔冲击反应函数体现了实体经济对金融体系的冲击力度。其中，实线代表 3 期（1 季度）滞后的等间隔冲击反应函数的走势，短虚线代表了 6 期（半年）滞后的等间隔冲击反应函数的走势，长虚线代表 12 期（1 年）滞后的等间隔冲击反应函数的走势。可以比较明显地看出，在各冲击反应图中三条曲线都有一致的趋势，仅是平滑程度和滞后程度存在差异。在长期内，实体经济对金融变量均存在影响，这说明采用 TVP – VAR 模型的估计结果是可靠的。同时，模型捕捉到了传统 VAR 模

型无法捕捉到的冲击反应的时变特性。显然，这种时变特征随着经济发展的变化，冲击强度具有明显的异质性。

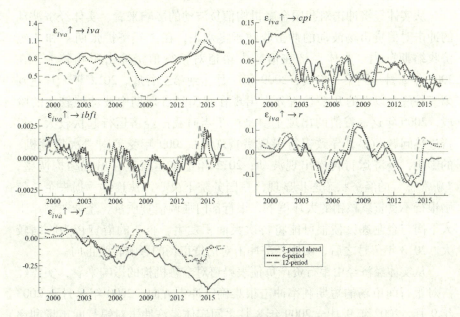

图6.4 实体经济对金融变量的等间隔的冲击反应函数

首先，在样本区间内，实体经济对自身存在正向的冲击作用。滞后3期的冲击反应曲线比较平缓，但是时间间隔越大，冲击反应越明显。1单位标准差的正向实体经济冲击对实体经济本身的波动是正向的影响。滞后3期的冲击反应曲线比较平缓，但是冲击的影响水平较高。滞后6期的冲击反应曲线和滞后12期的冲击反应曲线在2013年之前反应程度没有滞后3期的反应程度高，但是2013年之后，这种情况发生了逆转。也就是说，在新常态经济背景下，实体经济的运行特征发生了变化，之前经济发展受到自身的短期冲击较大，但目前实体经济运行对自身的冲击作用是长期内更为明显。

其次，实体经济对价格水平的黏击基本是正向的，从三条曲线的冲击反应走势来看，1999年至2003年，价格水平对实际产出的冲击有明显的反应。Minsky（1992）的金融脆弱性假说认为，影响资产价格的因素包括对长期收益的预期以及资产变现为货币或流动资金的能力。因此，短期内，实体经济的冲击对价格水平的影响更为明显。2003年之后，价格水平对实际产出冲击的反应比较冷淡，价格水平的黏性较强。但是短期内

（3个月）实际产出冲击也会影响价格水平。在2010年9月反应强度达到峰值以后，反映的强度持续性地下降，逐渐收敛于零水平，于2015年8月达到谷底。

从实体经济冲击对我国金融机构信贷波动的影响来看，实体经济波动的冲击对信贷市场波动的冲击收敛于零水平，在"经济扩张期"和"经济收缩期"内，实体经济在借款人渠道对银行信贷冲击影响较大，在2005年3月达到第一谷底，2009年3月达到第二谷底，2012年1月达到第三谷底。以上的几个谷值分别出现在我国经济周期中波动性较大的阶段，2005年这一谷值的出现主要是由于当时我国经济运行起伏较大，投资过热问题凸显，导致银行出现惜贷现象；2009年受美国"次贷危机"的影响，经济运行再次出现波动；2012年经济运行正在出现结构调整，"新常态"的经济状态逐步显现，在国务院下决心淘汰连续亏损央企，鼓励银行不良贷款核销的大环境下，银行部门强调信贷质量，企业改制、工人下岗与企业逃废债很可能将再次大面积发生，企业的借贷行为收缩较大。2013年7月之后，实体经济冲击对信贷市场的影响转为正向。

从实体经济经由银行资产负债表渠道对金融机构的影响来看，实体经济对银行间市场的短期利率冲击很难确定冲击方向，2000年8月至2003年9月、2007年9月至2009年8月之间实体经济冲击对银行间市场利率的冲击是正向的。在其余的时间里，这种冲击作用是负向的，实体经济的正向冲击越大，银行间市场短期借款利率越低。

从实体经济对系统性金融稳定性的冲击来看，2002年8月之后，比较明显的是实体经济一单位的正向冲击，金融体系的稳定性是负向的变动，短期内（3个月）的冲击反应曲线更为陡峭。2015年之后，曲线达到谷值。这说明实体经济的波动对金融体系的冲击是负向的作用。实体经济与金融体系之间仍旧存在背离现象，在一个较长的时间内，金融体系和实体经济之间应该是一个阶段性发散到逐渐收敛的关系。因此，在金融发展如何配合实体经济运行方面仍有政策操作空间。

二、金融脆弱性冲击对实体经济影响的长短期非对称性检验

图6.5是系统性金融冲击对实体经济的等间隔的冲击反应函数，其中，实线、短虚线及长虚线分别表示3期滞后、6期滞后和12期滞后的等间隔脉冲响应函数。观察图6.5可以看出，三种时间间隔的脉冲响应函数走势类似，说明模型的估计是稳健的。

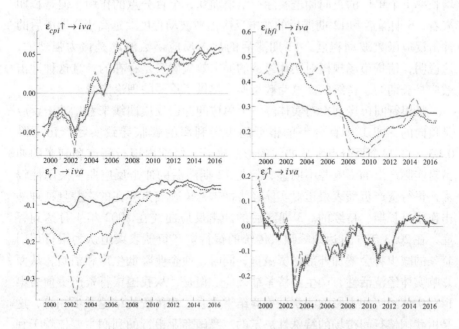

图 6.5　金融脆弱性冲击对实体经济影响的等间隔的冲击反应函数

从价格指数 1 单位的正向冲击对实体经济的冲击来看，这种冲击作用在 2004 年之前是负向的，但是在 2004 年之后，这种冲击作用发生逆转且持续上升，即随着时间的推移，价格指数一个单位的正向冲击对实体经济会带来大概 0.05 个百分点的作用，这种持续的"托宾效应"对于我国大约 70 万亿元的经济总量来说，带来的社会福利效应十分可观。2002 年至 2008 年，长期价格水平的正向冲击作用效果强于短期的作用效果，但是 2008 年之后，价格水平对实体经济冲击的短期作用效果更好。特别是 2008 年至 2012 年之间，3 期滞后的冲击反应函数虚线持续高于 6 期滞后和 12 期滞后的冲击反应函数曲线。

从金融机构信贷增长率 1 单位的正向冲击对实体经济的作用来看，这种冲击反应一直是正向的，即信贷市场中借款人的交易活跃度越高，通过借款人渠道对实体经济带来越明显的正向冲击，冲击作用在 2002 年 1 月达到峰值 0.59 个百分点，在 2009 年 1 月达到谷值 0.11 个百分点，这说明在经济处于上升期时，经济发展受到信贷市场的影响较大，信贷规模的扩张对经济发展有更强的带动作用，但当经济处于衰退期时，银行部门出现惜贷状况，而信贷市场的波动对实体经济的促进作用降低。从图 6.5 中还可以看出，短期内（3 期滞后）的冲击反应曲线比较平稳，金融机构信贷增长率 1 个单位的正向冲击实际产出增加 0.3 个百分点的作用。但是长期来看，6 期滞后和 12 期滞后的冲击反应函数波动程度要远高于 3 期滞后的冲击反应函数波动程度，12 期滞后的冲击反应函数波动是最为强烈的，这说明，信贷市场规模对实体经济的冲击效应确实是存在的，且这种冲击效应是长期的、持续的。这为政策操作提供了重要的理论依据。

从银行间市场利率对实体经济 1 单位的冲击反应曲线来看，冲击反应是负向的，即 1 个百分点的银行间市场利率的膨胀导致实际产出下降 0.03~0.33 个百分点。从曲线的形态来看，短期内银行间市场利率的冲击对实际产出的影响并不明显，但是 12 期滞后的冲击反应曲线波动性较大，银行资产负债表渠道对实体经济冲击传染确实是存在的，并且这种冲击作用是长期、持续的。3 期滞后的冲击反应曲线在 2002 年 4 月达到谷底，在 2013 年 3 月达到峰顶。传统的银行资产负债表渠道认为银行部门贷款的减少将会增加外部融资溢价，同时，使企业降低生产和消费，从而影响实体经济活性，产生经济紧缩效应。但是，从我国银行资产负债表渠道对实体经济冲击影响的实证检验结果来看，和传统的结论并不相符，这是由我国银行间市场的特殊性决定的。我国商业银行的利润主要依赖于利差，因此，长期以来商业银行，特别是国有银行具有一种"贷款冲动"，在金融市场尚不完善的情况下，银行破产的担保人是国家，因此，金融风险被转移。短期来看，银行间市场退出机制并不会对实体经济产生过大影响，但是从图 6.5 的 12 期冲击反应曲线来看，这种影响在长期内才会显现出来。因此，完善金融市场机制十分重要。事实上，我国在金融市场改革过程中已经意识到这一问题，且央行出台了系列措施应对这一问题，如 2007 年之后发行央行票据的操作就是对个别贷款增长过快的商业银行进行差异性调控的重要措施。因此，2008 年之后，银行间市场利率对实体经济的负向冲击作用逐步减弱，且短期和长期的冲击反应曲线收敛，这说明金融改革的逐步推进、金融市场退出机制的完善对实体经济有更好的促进作用。

从金融系统的状态对实体经济的冲击反应曲线来看，三条曲线的路径和波动程度基本一致。12 期滞后的冲击反应曲线较为平滑。2002 年 2 月至 2012 年 9 月的十年之间，金融系统的状态对实体经济的冲击基本是负向的，且具有持续的推动作用，从经济周期的状况来看，与"高峰浅谷"型深度非对称的经济周期特征基本一致，金融体系对实体经济 1 单位的正向冲击最高会导致实体经济 0.27 个百分点的负向波动，这是因为改革开放以来，我国金融体系的改革和金融监管政策的改革都在不断推进，这一阶段金融的发展和金融体制还不能适应我国高速运行的经济发展，同时，2007年美国"次贷危机"引发的全球金融危机爆发之后，经济政策从之前的"双稳健"政策，迅速转向应对全球金融危机的积极财政政策和适度宽松的货币政策。在经济过热或经济衰退的阶段，我国金融体系都出现了与实体经济的偏离状态，因此，2012年9月之后，是我国经济新常态的形成和延续期间，也是经济新常态的主要趋势性特征开始形成和稳固的阶段，此时1个单位的金融冲击对实体经济的冲击是正向的。这说明金融体系的健康稳定发展可以对实际产出的增长起到促进作用。

第四节 经济发展不同阶段金融脆弱性与实际产出的非对称作用机制

本章第三节的第一部分对金融脆弱性与实体经济冲击的长短期非对称性进行了检验。检验的结果说明，金融加速器效应在我国确实是存在的，并且不论是借款人的资产负债表渠道，还是银行的资产负债表渠道，对实体经济的冲击作用都存在时序上的非对称性。本节在上一节的基础上，进一步分析不同经济时点下，各变量之间的冲击效应的异质性。本节选择的时点分别是2002年9月、2008年8月及2013年2月。[1] 由此对应的三个时点方程的冲击反应函数如图6.6所示。

一、不同阶段实体经济冲击对金融脆弱性的非对称影响

图6.6是实体经济冲击对金融变量的时点冲击反应函数。从三个不同时点的脉冲响应函数来看，冲击反应曲线有比较一致的走势（除实际经济冲击对银行间市场利率的冲击反应函数以外），这说明，在全样本期间内，实体经济的冲击作用并未发生结构性的改变，同时也验证了模型时变估计的科学性和稳健性。具体来看：

---

[1] 本节的研究首先对工业增加值增长率序列进行了Bai-perron的结构突变性检验，Bai和Perron（1998，2003）的研究突破了传统的外生结构突变的缺陷，并放松了对结构突变点个数的约束。经过计算，工业增加值增长率序列存在内生突变的特性，其内生结构突变点分别是2002年9月、2008年8月及2013年2月，三个结构突变点分别对应经济发展"旧常态"时期、次贷危机时期、我国经济发展新常态时期（张小宇等，2015）。

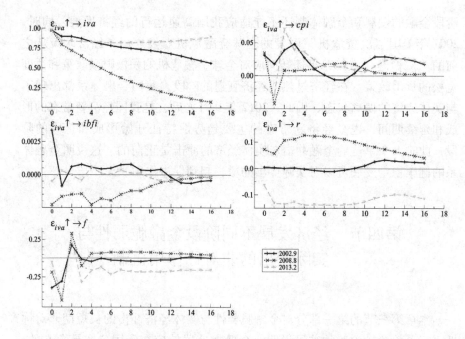

图6.6 实体经济冲击对金融变量的时点的冲击反应函数

实体经济波动对自身的冲击反应函数1个单位的扩张性冲击作用是长期、持续的。特别是2002年9月和2013年2月两个时点的冲击反应函数在16期滞后仍会有0.54个百分点和0.91个百分点的作用效果。这说明在经济发展的期间内，实际产出增长率的波动成分对自身的冲击反应比较敏感，市场供给对需求的变化的反应比较迅速（刘金全，2004）。从2008年8月这一时点的冲击反应函数来看，实体经济波动对自身的冲击作用反应也是比较敏感的，但是明显冲击反应的衰退速度也较快，16期之后这种冲击反应作用只有0.068个百分点。这意味着在金融危机爆发以来，实体经济波动对自身的冲击作用出现衰退的现象，实体经济的冲击作用与经济周期所处的阶段具有重要关联。

从实际产出增长率的波动成分对价格水平的冲击反应函数来看，冲击反应的推动力比较微弱。2008年8月及2013年2月两个时点实际产出增长率出现1个百分点的冲击之后，第一期通货膨胀率出现轻微的降低，此时反应的方向和实际产出增长率的冲击方向相反，第二期之后，这种冲击反应出现逆转，两个时点的冲击反应函数的趋势基本类似，即实际产出增长率1单位的正向冲击使价格水平有微弱的上升。2002年9月这一时点的冲击反应函数在第一期价格水平也出现降低，但反应的方向和实际产出增长率的冲击方向相同。之后出现了"先增后降"的反应趋势，且一度价格水平受1单位实际产出正向冲击之后有0.007个百分点的负向反应。这意味着在我国，实际产出的扩张对价格水平的影响并不强烈，价格调整黏性是存在的。

从实际产出增长率波动成分对借款人渠道的金融机构信贷增长率的冲击来看，金融机构信贷增长率对实际产出增长率的冲击反应并不敏感，三个时点的冲击反应函数曲线趋势比较一致。2002年9月的冲击反应函数说明，在实际产出增长率一个单位的正向冲击之下，金融机构贷款增长率出现了1期的降低，之后的15期内，冲击的波动围绕零水平上下波动。2008年8月的冲击水平一直较弱，实际产出冲击对金融机构信贷增长的作用微乎其微。2013年2月的冲击反应函数一直位于零水平值之下，实际产出增长率波动1个单位金融机构的信贷会出现0.003个百分点的下降。这说明，在金融危机期间和金融危机之后，由于政策监管部门对银行体系和金融系统加强管制，金融机构的信贷增长率在实际产出增长率的正向冲击下出现紧约束。

从实际产出增长率的波动成分对银行间市场利率的影响来看，三个时点的冲击反应函数曲线形态各有不同。2002年9月的冲击反应函数围绕零水平有微弱波动，这意味着实体经济对银行间市场利率的影响在16期内很小。实体经济发展对银行的资产负债表冲击作用微弱，这是由国家的"金融约束"（financial retraint）政策决定的。从2008年8月这一时点的实际产出增长率的波动成分对银行间市场利率的冲击来看，此时实体经济1个单位的正向冲击，利率水平在第4期达到最高0.12个百分点的作用。在16期内，这种冲击反应的累积作用达到约1.95个百分点，且在第4期之后，这种冲击作用不断减弱。从2013年2月这一时点的冲击反应函数来看，实际产出增长率1个百分点的正向冲击对银行间市场利率的冲击作用是负向的，谷底在第4期，为0.14个百分点的推动作用。显然，次贷危机时期、我国经济发展新常态时期两个时点的冲击反应函数作用效果是完全相反的。这说明，实体经济冲击对银行间市场的影响与货币政策息息相关，2008年8月金融危机之后，国家货币政策的逆转对信贷市场的影响较大，信贷规模的急速膨胀使得此时实体经济的波动会使信贷市场更为活跃。而2013年经济进入新常态发展状态以来，银行体系的活性减弱，实体经济的冲击会使得银行部门更为谨慎，这与我国金融监管力度的加强和稳健的货币政策有关。

从实际产出增长率的波动成分对金融脆弱性指数的冲击来看，三个时点的冲击函数形态较为类似，冲击的作用效果在短期内迅速体现出来。实体经济对金融体系的冲击作用确实是存在的。三个时点的冲击反应函数中，2002年9月的冲击反应函数曲线的作用相对较小。实际产出增长率1个百分点的正向冲击会使反应函数在第2期达到峰值0.17个百分点，在3期滞后下降至零水平线波动。从2008年8月的冲击反应函数来看，当实际产出增长率发生1个百分点的扩张性冲击后，1期之内出现0.56个单位的负向反应，之后第2期冲击作用迅速达到0.32个百分点的正向反应，但是冲击反应衰减的速度也比较快，3期之后冲击反应保持在0.03～0.07个百分点的响应水平。从2013年2月之后的冲击反应曲线来看，实际产出增长率对金融脆弱性指数的冲击也是在第1期达到最低值0.52个百分点，第2期冲击反应达到最大值0.25个百分点，之后迅速衰减，维持在-0.33～-0.11个百分点的响应水平，在新常态经济背景下，实际产出增长给金融体系带来的冲击是负向的。后两个时点的冲击反应函数曲线虽然趋势类似，但是2期之后的冲击方向是截然相反的。

二、不同阶段金融脆弱性冲击对实体经济的非对称性影响

图6.7是金融变量对实际产出的时点冲击反应函数，其中，实线、短虚线及长虚线分别表示2002年9月、2008年8月和2013年2月的时点脉

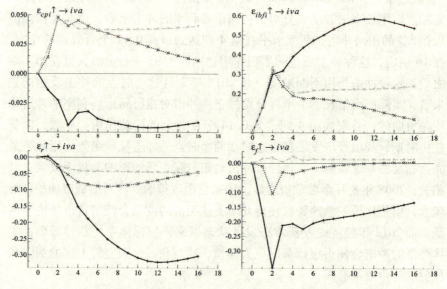

图6.7 金融变量对实际产出的时点冲击反应函数

冲响应函数。观察图6.7可以看出，三个时点的脉冲响应函数差异较大，这说明金融体系对实体经济的影响受到一个国家不同经济增长阶段、市场竞争程度、金融发展程度的影响较大。

从通货膨胀水平1个单位的正向冲击作用来看，2002年9月这一时点实际产出增长率持续为负，从第1期开始出现急速下降，至第3期降至最低值-0.04个百分点，之后虽有回升，但曲线仍较为平缓。这说明，此时通货膨胀率对经济增长具有反向的影响，这满足了经济中的"反托宾效应"。2008年8月和2013年2月两个时点的冲击反应函数则呈现出完全不同的形态，当价格水平出现1个单位的扩张性冲击时，实际产出增加，经济中存在"托宾效应"（Tobin effect）[1]。2008年8月这一时点1个单位的通货膨胀冲击在2个月之后将会达到冲击作用的最大值约0.048个百分点。2013年2月这一时点的通货膨胀冲击同样是在2个月之后达到冲击作用的最大值约0.044个百分点。随后两条曲线均出现了不同下降，但是明显2013年2月的冲击反应曲线更为平坦，这意味着新常态经济形势下，价格水平对实体经济的冲击持续性更强，累积作用效果也比次贷危机期间更明显。因此，新常态经济形势下应该重视价格水平的"托宾效应"对社会总福利的正向影响。

从金融机构的信贷增长率1个单位的正向冲击来看，前两期内，三条冲击反应函数曲线均出现了急速的上升。2002年9月金融机构信贷增长率1个百分点的扩张性冲击导致实际产出增长率增加0.29个百分点，且之后作用力度持续增强，在12期达到峰值约0.59个百分点的增加。借款人渠道的信贷增长对实体经济发展有持续的正向作用。2008年8月的冲击反应曲线也是在2期之内有急速的上升，在2期达到曲线的最大值，1个单位的金融机构信贷增长率提升将会使实际产出增长率出现0.31个百分点的增长。2013年2月的冲击反应曲线同样是在2期达到函数的峰值0.33个百分点。次贷危机时期和新常态经济时期金融机构信贷增长率对实体经济冲击的反应函数曲线形态比较类似，但是可以看出，次贷危机时期金融机构信贷增长率的冲击随着时间的推移更为收敛，而新常态经济下，金融机构信贷增长对实际产出的增长推动作用也是长期可持续的。以上也说明了不论在哪一个经济周期下，借款人资产负债表渠道的金融加速器效应是存在的，这种冲击效应在不同的经济周期下呈现的形态是不同的。

---

[1] Tobin J. Money and Economic Growth [J]. Econometrica, 1965, 33 (4): 671-684.

从银行间市场利率水平对实体经济的冲击反应函数来看，银行间市场利率对实际产出增长的冲击作用也是存在的。从三条曲线的形态来看，2002年9月银行间市场利率水平1个百分点的增长对实体经济增长率的冲击会引起实际产出增长率在12期（一年）后有0.32个百分点的下降，此时银行间市场的操作对实体经济的影响是长期的，且作用力度较大。但是从2008年8月和2013年2月的冲击反应函数曲线来看，明显和"旧常态"经济下银行间市场利率对实体经济的影响机制不同。2008年8月的冲击反应曲线在第6期和第7期达到最低值 -0.089个百分点的作用，随后曲线逐渐收敛于零水平。2013年2月银行间市场利率对实体经济冲击的作用在前2期出现明显的下降，之后也有持续的微弱的下降。16期后，银行间市场利率1个单位的扩张性冲击将会引起实际产出增长率减少0.047个百分点。显然，后两条冲击曲线的累积作用没有2002年9月的累积冲击作用力度大。银行的资产负债表渠道的金融加速器作用在我国是存在的，这种冲击作用并没有借款人渠道的金融加速器作用明显。

从金融脆弱性指数对实际产出增长率的冲击来看，三个时点的冲击反应曲线均收敛于零水平，这意味着金融体系冲击对实体经济的冲击作用确实是存在的，但是冲击反应是不同的。2002年9月金融脆弱性指数1个单位的扩张性冲击使函数在第2期实际产出有0.35个百分点的下降，这也是曲线的最低点。2008年8月的冲击反应曲线与"旧常态"经济下的冲击反应一样都是负向的，但是金融脆弱性指数1个单位的扩张性冲击在次贷危机时期对实体经济的负面影响相对较小。值得一提的是，2013年2月的冲击反应函数方向和之前两个时点的冲击方向截然相反，此时实体经济对金融状态指数1个单位的扩张性冲击有正向反应。这说明，在经济新常态的形势下，虽然金融发展对实体经济发展的带动力还未全部显现，但与之前经济"旧常态"形势和次贷危机时期的形势不同，金融发展已经逐渐起到了助力实体经济发展的作用。为了更好地推动实体经济的发展，应该正确引导金融体系健康稳定发展。

总的来说，通过分析时点脉冲响应函数的性质，可以得到以下结论：第一，不同时点的脉冲响应函数确实存在明显的差异。比较脉冲响应函数的异质性能够分析变量之间的作用机制。第二，经过检验，从不同时点的脉冲响应函数来看，不论是金融加速器对实体经济的冲击，还是实体经济对金融加速器的冲击，都是存在的、显著的。但是，显然，在我国，实体经济对虚拟经济的冲击作用相对较弱，金融加速器对实体经济的冲击效应比较明显。第三，当经济处于不同阶段、市场条件和金融发展程度时，这种冲击的效果是不同的，因此，采用时变参数的向量自回归模型进行研究是必要的。

第五节　本章小结

不论是促进国民经济健康稳定发展，还是提高政策操作能力，对金融冲击和实体经济的关联性研究都十分重要。而对金融加速器的研究，更多探讨的是金融加速器对信贷市场的影响。本章首先对金融冲击与实体经济波动之间的传导渠道进行了归类和描述。一般而言，金融冲击对宏观经济波动的传导渠道包括借款人资产负债表渠道、银行的资产负债表渠道以及流动性渠道，其中，借款人的资产负债表渠道和银行的资产负债表渠道又被合称为金融加速器渠道。在此基础上，重新认识金融加速器的主要特征，设定 TVP – VAR 模型的主要变量，运用非线性计量模型对宏观层面的金融加速器作用和实体经济波动之间的关系进行分析，得到的主要结论有：

第一，金融变量对宏观经济的冲击作用主要经由三条渠道，本章的分析主要说明借款人资产负债表渠道和银行的资产负债表渠道的金融加速器效应在我国实体经济传导中的作用。依次选取了工业增加值增长率、通货膨胀率、金融机构信贷增长率、银行间市场短期利率以及金融脆弱性指数，分别衡量实体经济的波动、价格因素、借款人渠道的金融加速器效应、银行的资产负债表渠道的金融加速器效应和我国金融系统的整体冲击。检验的结果说明，时变参数的向量自回归模型的参数估计是稳健的，因此，选用该模型是合适的。

第二，从检验的结果来看，虚拟经济和实体经济存在显著的关联性，金融的发展能够加速实体经济的财富积累过程，而实体经济对虚拟经济也存在影响。这样的结论说明，古典两分法在我国的经济发展中并不适用，两者之间存在相互制约、协同发展的关系。因此，对金融加速器与实体经济冲击的非线性影响机制的检验十分重要。

第三，从金融加速器与实际产出周期的长短期非对称性检验结果来看，不论是短期（一个季度）还是在长期（一年），实际产出增长率冲击确实能够影响金融变量，在各冲击反应图中都可以看出三条曲线有一致的趋势，仅是平滑程度和滞后程度存在差异。但是比较明显的是，实际产出增长率对金融变量的冲击并没有金融变量对实体经济的冲击作用大，金融加速器效应更为明显。同时，从冲击反应函数的时序特征来看，不同的经济发展阶段，冲击作用的强度和方向也在发生改变。

第四，本章对实际产出增长率序列进行了结构突变的检验，找出三个结构突变点，即 2002 年 9 月、2008 年 8 月及 2013 年 2 月，分别可以对经济"旧常态"时期、次贷危机时期和经济新常态时期的实际产出增长率和金融变量之间的冲击效应进行检验。从经济发展不同阶段的金融加速器与实体经济冲击的脉冲响应检验结果来看，实体经济冲击对金融变量的时点冲击反应函数，从三个不同时点的脉冲响应函数来看，冲击反应曲线有比较一致的走势。在全样本期间内，实体经济的冲击作用并未发生结构性的改变。金融变量对实际产出的时点冲击反应函数三个时点的脉冲响应曲线差异较大。这说明，金融体系对实体经济的影响受到一个国家不同经济增长阶段、市场竞争程度、金融发展程度的影响较大。

第七章 流动性结构失衡及其内在动因

 2005年以来，世界经济运行经历了流动性过剩—全球性金融危机—流动性过剩的历程。在2007年爆发的全球金融危机时期，多国货币当局采取了量化宽松的货币政策应对金融危机，放弃了之前对全球流动性过剩治理的经济政策。实际上，金融危机爆发往往会伴随短期流动性短缺，对金融危机的治理，会引发进一步的流动性过剩。2007年的全球金融危机也同样对我国的经济运行产生了影响，为了防止经济衰退和可能的流动性短缺，我国也同样采用了适度宽松的货币政策，这对近些年来的经济运行产生了长远深刻的影响。事实证明，我国经济中流动性的期限错配、结构错配和方向错配问题突出，导致了不良资产、闲置资产和沉淀资产的滋生和累积，从而导致了流动性的结构性失衡问题的出现。流动性问题的存在不仅是一国国内发生的，也是国际经济、金融联结的重要环节，是国与国之间金融系统与实体经济传导的重要渠道之一，流动性问题正在成为影响世界金融稳定的重要因素。目前流动性的内涵不断更新，流动性不足或流动性过剩的衡量，以及两者之间的瞬间逆转、在不同的经济部门之间存在的异质性，这些问题都可能导致和累加系统性金融风险，从而引发实体经济波动。

 在上一章研究的基础上，为了准确地识别我国流动性的基本问题，本章对流动性的概念重新进行了梳理和定义，选择宏观流动性问题进行衡量与分析，第二节对于国际资本流动的理论和模型进行归纳和整理，说明国际资本流动对一国实体经济冲击的作用机制，在此基础上，构建FAVAR模型，对国际资本流动性及影响流动性的不同因素之间的关系进行检验，同时分析国际资本的流动在不同的政策及市场环境中的变化路径。

第一节　流动性的理论综述

随着金融体系的发展和变化，货币经济理论也在不断革新。在经济活动中，关于流动性的理论和含义一直比较丰富，但具体的定义和层次的分析并不明确。流动性按照不同的层次，其含义不尽相同，因此，在进行实证研究之前，本书对流动性的含义进行整理，在此基础上，区分流动性定义的不同层次。从流动性理论研究的次序来看，首先研究流动性理论的是20世纪30年代以Keynes（1930）为代表的学者，他们提出了流动性的概念，其次是20世纪60年代之后以IS-LM宏观经济模型为代表，对流动性与投入、产出的关系进行了分析。在此基础上，Mundell（1961）和Krugman（1979）等学者相继提出了内外均衡理论和国际收支危机模型等理论，将流动性问题扩展到外部，将国际收支平衡作为影响流动性的重要因素，流动性的问题研究范围也拓展开来。21世纪以来，特别是2007年金融危机爆发以来，关于流动性的研究更多，金融危机理论、全球流动性理论中都对流动性问题进行了探讨。

一、流动性风险的层次和度量标准

经济学中流动性风险具有多层次的意义，具体可以区分为私人部门金融资产的流动性、银行部门的融资流动性和社会货币的流动性三个层次（Strahan，2008）。资本流动最早是指资产在短期内的变现能力（Keynes，1930）。Tobin（1958）认为流动性的好坏可以用资产在买方和卖方之间进行转移时资产损失的程度来进行衡量。国际货币基金组织（IMF，2000）认为流动性是"金融资产短期内在多大程度上以全部接近市场间价格出售"。这也是一般意义上流动性的概念，从这个维度来看，流动性的概念主要刻画了金融资产的流动性。一般而言，对于金融资产的流动性可以采用金融资产价格、价差来进行衡量，比较多的选用同业拆借利率（Libor-OLS spread）、外汇市场互换基点、债券—信贷违约互换基点（Bond-CDS basis）、股票买卖价差、不动产价格以及公司市盈率等进行衡量（周吉人，2013）。资产流动性风险主要是由金融市场的震荡产生，金融市场的主要参与者对于金融资产的价格存在信息不对称，在市场波动的情况下，投资者容易产生"羊群效应",更多的投资者不能以合理的价格出售金融资产,从而导致市场流动性在瞬间消失,流动性危机迅速扩散蔓延,甚至形成市场的流动性黑洞,系统性偿付危机随之发生。因此,金融资产流动性风险具有突发性强、传染面广、影响程度大的特点。在流动性风险管理的过程中需要虽然期限短,但货币当局必须谨慎对待。

流动性风险的第二层次是在第一层次研究的基础上衍生出的银行部门的流动性。徐永定(2007)定义银行部门的流动性是商业银行拥有的随时可以用于"投资"的资产。一般而言,可以采用超额准备金[1]来对银行部门的流动性状况进行衡量。在实际的应用中,《巴塞尔协议Ⅲ》提出了对银行流动性风险的监管指标,分别是流动性覆盖的比率(liquidity coverage ratio,LCR)[2]和净稳定资金比率(net stable funding ratio,NSFR)[3]。流动性覆盖的比率用来反映压力情景下(有一定期限和性质)银行的短期(30天)流动性风险状况。净稳定资金比率用来反映压力情景下(有一定期限和性质)银行的中长期(如一年)流动性风险状况。两个指标分别从不同时间长度来合理地衡量机构在不同期限的流动性情况。我国银保监会在此基础上,增加了存贷比和流动性比率两个指标对银行部门的风险进行监管,强调银行部分的流动性风险主要是商业银行虽然有清偿能力,但是无法及时获得足够资金或按照合理的资金成本进行账务的清偿,因此,银行部门的流动性更具有突发性、衍生性和传染性的特点。经验研究证实,商业银行的流动性与其经营绩效存在相关性,流动性越强的银行,其收益率越高。如何配置资产及设置资产的期限结构与银行部门的风险偏好和经营策略有关。

社会货币流动性是流动性风险层次中最高的具有宏观经济意义的概念,是不同统计口径之下的货币信贷总量。一般而言,可以将社会流动性区分为流动性的需求和流动性的供给两个方向。社会流动性的总量主要受一国经济发展的状况和货币当局的经济政策影响发生波动,同时,当一国处于开放经济中时,国际资本流动也会影响社会流动性的大小。国际资本流动是资本在国际上的传递和转移,即资本跨国界,到别国进行直接投资或间接投资。国际资本流动一般发生在国际金融市场,账面反映在资本和

---

[1] 超额准备金又称备付金,是指商业银行及存款性金融机构在中央银行存款账户上的实际准备金超过法定准备金的部分。

[2] 流动性覆盖的比率是银行优质流动性资产储备除以未来30日的资金净流出量,它主要反映短期(未来30天内)特定压力情景下,银行持有的高流动性资产应对资金流失的能力。

[3] 净稳定资金比率计算银行一年以内可用的稳定资金与业务所需的稳定资金之比,它主要衡量一家机构在特定压力情景下,可用的长期稳定资金支持业务发展的能力。

金融账户中，作为一国国际收支账户的重要组成部分，国际资本流动性风险在开放经济下，对全球金融稳定和经济发展具有重要意义。一般来说，社会流动性由于是宏观层面的经济现象，可以采用基础货币、广义货币和外汇储备等一系列指标进行衡量，也可以选用官方利率和短期货币市场利差进行衡量，因此，社会流动性是一种货币现象。社会流动性风险主要体现在社会存在流动性不足时，使得资产价格持续下降导致的通缩压力，进而影响社会投资和储蓄萎缩，造成经济出现下行趋势。在开放经济条件下研究资本流动，需要充分了解国际资本流动的态势和方向等基本问题。国际资本流动从流动的方向上区分，可以分为资本流入和资本流出，从一国的国际收支平衡表中看，资本流入是外国资本流入本国，包括外国对本国的债务减少、本国对外国的债务增加、外国在本国的资产增加和本国在外国的资产减少。资本的流出则相反，是本国的资本流向国外，包括本国对外国的资产增加和外国对本国的资产减少，或外国对本国的债务增加及本国对外国的债务减少。资本流入减去资本流出可以获得资本项目净额。在一国的国际收支平衡表中可以直接获得资本项目净额。此外，国际资本流动按照流动的方式区分，主要来源于直接投资、间接投资和国际信贷；按照资本流动的性质进行区分，主要可以分为政府间、金融市场间和私人间资本流动；按照资本流动的期限区分，可以分为短期资本流动和长期资本流动。

综上可以看出，流动性风险根据层次不同，产生动因、表现形式、性质和产生的影响也不相同，但是彼此之间存在相互对应的关系。首先，社会流动性充足是银行流动性和资产流动性的基础，充裕的货币投放能够降低银行部门的融资成本，进一步提高市场流动性。其次，市场流动性水平会影响银行部门的流动性和社会流动性。根据行为金融学的原理，保持良好的市场流动性水平能够提高银行部门的流动性水平，也能够增加社会资金供应。在流动性风险中，市场流动性风险的传递性最强，市场的流动性紧缩会立刻引发股票和债券市场的流动性风险，继而传播到银行体系中去。最后，银行部门作为重要的金融中介，在市场流动性和社会流动性之间起到了"蓄水池"的作用。近些年来，随着金融创新的飞速发展，货币供给的内生性不断增强，银行部门可以将资产负债表中流动性较差的资产进行资本化，增强自身的流动性。从而为社会和市场提供更多的流动性。事实上，非银行的金融机构在金融市场中的作用越来越大，通过金融衍生品市场的信用创造功能，流动性也被创造出来，金融市场的流动性对市场的敏感度也大大增强。

二、流动性冲击实体经济的传导渠道

流动性问题对银行部门的信贷能力和信贷意愿具有重要影响，近些年的金融危机凸显了流动性对银行信贷能力的影响。一般而言，流动性只作为影响实体经济和金融冲击之间的传导强度的条件，但是，随着金融市场化的不断发展，流动性已经成为两者之间的传输的重要渠道。在流动性渠道中，金融摩擦、高杠杆比率、资产负债表期限错配（maturity mismatches in banks' balance sheets）、市场流动性和融资流动性之间的相互作用以及公允价值计量方法（mark to market accounting）等因素都是影响流动性冲击在实体经济中传导的重要变量。因此，金融监管当局应更加关注系统性的流动性风险及识别金融不稳定性（Fisher，1933）[1]。

Brunnermeier 和 Pedersen（2009）在 Diamond 和 Rajan（2005）研究的基础上，将流动性渠道区分为市场的流动性（market liquidity）和融资的流动性（funding liquidity），通过市场流动性和融资流动性的相互作用而形成的流动性螺旋（liquidity spiral）[2]，可以把小的流动性冲击放大到整个金融系统，从而造成系统性的流动性危机。流动性危机指的是流动性的枯竭（dry-up），具体可以表现为资产价格下降到其内在价值之下，或者金融机构外部融资条件恶化，或者金融市场参与者数量的下降，或者金融资产交易发生困难，等等。流动性螺旋即流动性螺旋式膨胀或收缩的过程。表现为：货币流动性扩张往往会推动资产价格上涨，而良好的金融市场状况又会改善金融机构的融资能力，由此推动总体流动性的不断膨胀和资产价格泡沫的形成；而在资产价格下跌时，融资流动性和市场流动性之间相互交错、相互作用则会导致整体流动性加速恶化，呈现螺旋式下降。Diamond 和 Rajan（2009）指出，市场流动性和融资流动性之间的螺旋关系引发市场流动性短缺的预期，银行部门在金融冲击下停止放贷，囤积流动性资金在未来进行投资，这也加速了市场流动性的恶化。流动性螺旋的

---

[1] Fisher（1933）认为流动性或偿付能力影响银行的信贷能力，当受到市场流动性冲击时，银行部门将出售自己的资产，导致资本在金融市场上过量，降低资产价格，由此，银行部门受利润率的驱动将进一步出售资产，造成恶性循环。Diamond 和 Dybvig（1983）的银行挤兑学说也有类似的论述，在第三章金融脆弱性章节中已经介绍，这里不再赘述。

[2] Cabiles（2011）对股票市场流动性和融资流动性之间的相互作用进行了解释。融资流动性的降低会导致安全资产的转移，流动性供应者将会重新配置资产，选择那些低边际成本的股票。在经济衰退期，流动性供应者也会更加关注投资组合的边际价值，改变流动性供应数量和结构，最终使市场流动性问题扩展到实体经济。

运行机制如图 7.1 所示。

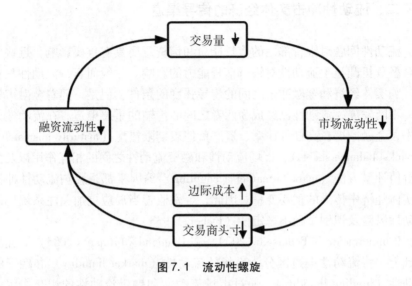

图 7.1　流动性螺旋

在影响市场流动性冲击对实体经济传导的重要变量中，Cifuentes 等（2005）以及 Allen 和 Carletti（2008）认为公允价值计量方法要求银行加强借款人偿付能力的监管，反映了银行内部风险控制的要求。当市场冲击发生时，银行市场价值降低，被迫出售资产满足监管要求，由此诱发资产价格的进一步下降。Adrian 和 Shin（2008）的研究说明了除了公允价值计量方法外，资产的杠杆化也会加大流动性冲击。金融中介机构的净资产对资产价格的波动高度敏感。这是由于银行机构的负债是嵌入式负债，且采用公允价值计量方法会加大杠杆。在经济快速上升期，银行资产负债表的作用加强，银行会采用更高的杠杆率。反之，当经济处于低迷期时，银行会加速去杠杆化进程。

对流动性渠道的实证研究主要集中在三个方面：一是尝试对市场流动性枯竭的情景进行模拟；二是分析市场流动性风险、资产负债表期限错配和偿付能力风险的相互作用如何加剧流动性风险，以及全球经济失衡和金融脆弱性之间的联系等问题；三是对跨境资金活动在危机和商业周期的国际传导中起到的重要作用进行分析。Drehmann 和 Nikolaou（2013）开发了度量流动性风险的新指标，采用央行信贷利差衡量流动性风险，并证明了市场流动性和融资流动性之间的螺旋式关系。Chordia 等（2001）采用美国 1991—1998 年的数据对股票市场和债券市场的波动进行研究，说明当市场流动性波动时，债券市场和股票市场的流动性下降。我国学者也对流动性的度量和渠道研究进行了探索。北京大学中国经济研究中心宏观组（2008）对流动性进行了划分，论证了货币流动性是市场流动性的基础。徐浩峰（2013）认为在金融危机期间，公允价值会计方法加速了市场危机的传染效应，导致股票市场流动性和市场流动性趋同，加速市场的流动性枯竭。项后军（2015）等对银行杠杆的顺周期行为进行研究，说明银行杠杆率越高，流动性水平越低，两者呈负相关关系，当银行通过提高杠杆水平扩张资产规模时，存在流动性短缺风险。

但是，目前的研究仍存在一些不足：一是对影子银行在最近危机中扮演角色的分析有待加强。二是银行挤兑模型的应用和实证应更贴近现实。三是银行资产负债表中资产负债期限错配问题还有待解决。四是应进一步探讨全球金融失衡和金融脆弱性之间的联系。五是应综合分析融资市场的传导效应。

三、国际资本流动逆转与金融脆弱性

对资本流动性冲击引发的金融风险进行考量，不仅要防范国内流动性风险源的传递，也要充分考虑外部流动性冲击对我国金融系统乃至经济系统的深刻影响。传统国际资本流动理论认为国际资本流动受到经济发展水平的影响，是由国与国之间的资本收益差异而产生的，资本将从边际收益率低的区域和国家转移到边际收益率高的区域和国家。然而资本风险和收益的不确定性决定了资本流动的流量、流速、流向和层次都可能在瞬间发生逆转，这种风险的积累和爆发将会影响到国家的金融稳定。因此，研究证明，资本流动性的波动将会更易引发金融危机（Li et al., 2008）。

实际上，国际资本流动的逆转可能受到多种因素的影响，主要的驱动因素从性质上看，包括了周期性因素和结构性因素；从来源上看，又可分为个别国家的引致因素和全球性因素，具体如表7.1所示。同时，自2007年全球金融危机爆发以来，国际资本表现出从新兴市场经济国家到发达国家的逆转，国际资本流动在新兴市场经济体金融周期中的作用日益重要，货币危机的发生往往伴随着国际资本流动的急速逆转或忽然终止，这给新兴的市场经济国家带来了巨大的产出损失（Calvo, 1998；Edwards, 2007）。因此，近些年来对国际资本流动和逆转的研究逐步丰富起来。

表 7.1　国际资本流动的驱动因素

	周期性因素	结构性因素
国别性因素	资本流入国利率较高 资本流入国通货膨胀率较低	资本流入国资产负债表改善 资本流入国经济增长率较高 资本流入国的贸易开放度较高
全球性因素	发达经济体利率较低 国际投资者风险偏好较高	国际投资资产组合的多元化程度较高 发达经济体经济增长率较低

　　国外的学者对国际资本流动性的共识是，资本的波动性越大，在金融危机期间就越可能发生逆转。在各种流动性资本中，外商直接投资的波动性最小，债券、股票等金融资本的流动性最大，也最有可能引发金融风险（Sarno & Taylor，1999；IMF，1999）[1]。但根据亚洲金融危机爆发提供的典型经济事实，更多的经济学家有了不同的学术观点。Milesi-Ferretti 和 Tille（2011）的研究得到的结论是，从 20 世纪 90 年代的金融危机来看，任何一种类型的国际资本都可能引发金融脆弱性。Willett 等（2004）的研究认为，国际资本流动性逆转可能性最强的是银行间的信贷资本。Levchenko 和 Mauro（2007）的研究则认为，虽然流入新兴市场国家的外国直接投资的变异系数小于其他国家资本流动的类型，但其标准差高于债务和股权投资组合的流动性和银行信贷资本的流动性。

　　20 世纪 90 年代之后，新兴市场经济国家迅速崛起，金融自由化程度的提高和经济的飞速发展，使新兴经济体成为国际资本的集中流入地，国际资本的大量积累也为各国的金融稳定埋下了隐患。2007 年全球金融危机爆发之后，率先影响到的是发达经济体，随后新兴经济体也受到影响，先后发生动荡。虽然目前新兴经济体的金融市场和实体经济发展稳定（IMF，2017），但研究证实新兴经济体在流动性波动中受到周期性和政策性的影响更为明显。经济上升期，国际资本大量涌入，一旦经济步入下滑期或经济发展速度下降，国际资本也将加速撤离（刘璐等，2006）。而自 2007 年的金融危机之后，新兴经济体的国际资本流动又呈现了一些新特点：从流动的方向来看，资本净出入的规模下降，2013 年资本净流出额下降到金融危机发生之前的 33%；从资本流动的结构上看，债权投资的资本流入比例逐步上升，随着债权资本的流入，新兴经济体的杠杆率也不断

---

[1]　Sarno 和 Taylor（1999）的研究认为，国际资本的流动主要包括债券、股票等金融资本的流动，外商直接投资、官方资本的流动以及银行间信贷资本的流动。

攀升，为金融风险的累加埋下了伏笔；从资本流动的规模和频率上看，资本流动的规模更大，频率更高，这对金融监管提出了更大的挑战。总的来看，新兴经济体的资本流入与流出的动因正在不断发生变化，在2007年的金融危机之前，资本的流入主要是由于新兴经济资本的高回报率，但金融危机之后的资本流入则是由于发达经济体多采用了量化宽松的货币政策，国际市场流动性泛滥。2014年之后，由于新兴市场经济国家的经济发展速度放缓，发达国家的货币政策转化，国际资本流动的方向也在发生变化，因此，需要进一步防范跨境资本的异常波动，控制国际资本的风险传导，加强跨境资本的监测预警机制建设。

第二节　流动性结构失衡的典型事实与金融安全

当前世界经济复苏乏力，全球贸易持续低迷，自从金本位制度被弃用后，随着信用持续扩张，全球逐渐陷入"流动性陷阱"，加剧了金融系统的波动性与脆弱性。特别是2007年金融危机之后，全球央行"放水"，使得这个问题更加突出。各国无论是降低利率还是增加货币供应，都很难再有效刺激经济增长。大量企业宁可将资金用于股票回购，也不愿投入到扩大生产中去，造成资金在金融体系内的空转。从"次贷危机"以来的发展形势看，全球经济仍处在低迷状态，各国的经济复苏极为脆弱，即使是大国中经济回暖态势最好的美国，也出现了反复波动，加息进程也因此出现摇摆。尤其是英国脱欧"黑天鹅"事件的出现，更加剧了全球市场对经济衰退的忧虑。而中国由于金融体系由银行主导，在经济下滑期，银行不良贷款率上升，风险偏好下降，投资者倾向于安全性高的短期投资，惜贷情绪严重，导致了收益率曲线的陡峭化。另外，中国尚未完成利率市场化，利率管制也阻碍了利率传导机制，流动性结构性失衡的问题日益凸显。

从流动性结构性失衡产生的原因来看，面对通货紧缩，现代宏观经济学提出的政策主张之一是以扩张性的货币政策和财政政策来拉动总需求，即通过创造就业、刺激消费、改变市场预期、拉动民间投资、加速"消费—生产—投资"的循环，最终激活经济活动。所以在危机时刻，各国政府都采取宽松的货币政策，比如零利率，期望借以创造宽松的货币环境来改变通货紧缩的局面。但是随着经济继续恶化，全球出现了"流动性陷阱"这一重要的结构性失衡问题。"流动性陷阱"带来的困境主要体现在两个方面：

一方面，当整个宏观经济陷入萧条之中时，居民自发性投资和消费大为减少，利率已经达到最低水平，甚至为零利率，而在极低的利率水平下，投资者仍旧对经济前景预期不佳，这种悲观的态度使得人们的风险偏好持续降低，宁愿持有流动性最好的货币，也不愿投资和消费。此时无论中央银行增加多少货币，其中大部分都会被储蓄起来，使得利率刺激投资和消费的杠杆作用失效，进而导致货币政策失效。另一方面，当市场利率降至很低的水平时，人们就会产生未来利率上升而债券价格下跌的预期，从而愿意多持有货币。同时，由于持有货币比持有债券更便于交易，当利息收入太低时，几乎每个人都宁愿持有货币而不愿持有债券。在这种情况下，不管央行增加多少货币，都无法改变市场利率，货币需求的利率弹性趋向无穷大，从而导致货币政策失效。以上两方面均表明，"流动性陷阱"将会导致货币政策失效，从而加剧金融体系的脆弱性和系统性金融风险。

"流动性陷阱"在金融层面的第一个表现就是金融市场的代表性利率不断下降，并且已经达到极低的水平。"流动性陷阱"在金融层面的第二个表现就是全部金融机构的存款以加速的方式增长，推动了广义货币供应量的快速上升。对债券市场而言，由于人们风险偏好很低，倾向于持有流动性好的短期投资，造成短期利率接近于零，而期限利差、信用利差难以下降。同时，由于人们投资、消费意愿极低，股票市场将陷入长期低迷。"流动性陷阱"的第三个重要表现是引致国内需求迅速下滑。一方面，"流动性陷阱"意味着货币政策宽松预期的效用减弱。货币政策的宽松度由两部分组成，即已经发生的宽松政策和预期中的宽松举措。由于实体经济持续低迷，尽管货币政策已经相当宽松，但市场预期仍会有降准、降息等宽松型政策出台。但"流动性陷阱"的出现表明，再向金融市场注入更多流动性已经无效，市场对更多宽松政策出台的预期也会随之降低。因此，尽管我们仍相信银行间市场的短期利率水平仍然会处在低位，但预期中宽松度的下降也会起到紧缩效应。另一方面，金融市场出现了"流动性陷阱"，也会促使未来宽松政策的重心转向刺激社会融资总量的增长。在向实体经济的流动性投放途径没有打通之前，金融市场的"流动性陷阱"状况很难消除。因此，为了发挥宽松货币政策对经济增长的托底作用，需要更多地把金融市场的资金引向实体经济。

具体而言，以带领美国经济复苏的量化宽松政策为例，QE2推出后的2010年第三季度至第四季度初的2个月时间内，道琼斯和标普500指数分别上涨了10.6%和11.7%；而国债价格继续上扬，10年期美国国债收益率再降 10 个基点至 2.68%；黄金价格则屡创新高，一度上冲至每盎司 1388 美元。股价、金价、国债价格在同一季度内同时上涨，这在过去 30 年内仅发生过 4 次。然而，尽管所有资产价格都在同时上涨，但各经济体对 2011 年增长的预期却在纷纷下调，说明投资者对全球复苏的信心不增反减。

在资产价格上涨的同时，量化宽松对美元贬值的作用立竿见影，这也恰是同一硬币的两面。零利率加上量化宽松是产生套利交易的温床：由于借贷成本很低，投资者会借入低成本的美元资金，换成其他货币在海外进行投资或投机。一方面，套利交易可能会削弱国内货币扩张的作用。在资本流动高度自由的机制下和国外投资回报相对高的情况下，美联储创造出的货币持续流到国外，并没有完全按照美联储所设想的产生投资或消费来刺激本国需求。另一方面，套利交易造成的货币贬值，却有利于刺激外国买家对美国商品的需求，增加出口，同时提高进口价格，促进美国的国际收支平衡，从而改变国内的价格预期。套利交易产生的资本外流和货币贬值对美国国内货币环境的松紧作用恰好相反，其效应孰高孰低并没有定论。但通过货币贬值促进总需求的提高不失为一种具有吸引力的方案。值得注意的是，过度的货币放松可能使美国经济出现恶性通胀。如果高通胀预期导致国债利率上升，将大幅削弱美国削减赤字与债务的效果。所以既要提高通胀率以抗击通缩，又不能引发恶性通胀，难度极高。在经济低迷的情况下，通过高通胀的途径把美国债务负担控制于较可持续的水平可能是必然选择。这可能是美国政府解决债务问题的唯一出路。

反观日本，自 20 世纪 90 年代资产泡沫破灭后，出现长达 10 年的经济低迷与通缩。2007 年金融危机后，日本信贷需求不足与供给乏力两方面因素造成了资产价格泡沫，经济再次陷入困境，质化及量化宽松（QE）政策与负利率都未能将其拉出泥沼，反而长期陷入了"流动性陷阱"。"流动性陷阱"给日本当地企业带来沉重打击，企业利润下降限制了投资，从而抑制其进一步发展。同时，日本作为出口主导型经济体，近年来出口并不太景气，使得企业大多选择消极投资，并倾向于缩减公司规模以求自保。为此，日本政府陆续推出所谓的 QE、积极的财政政策以及结构性改革这"三支箭"，这些政策都是以提高通胀率从而振兴实体经济为出发点的。此外，日本政府一直寄希望于日元贬值来增加出口，但同时又导致进口成本明显增加。对于一个严重依赖海外油气进口的国家来说，这个问题尤为突出。此外，由于工资增长缓慢，不足以抵消物价上涨对日本居民生活造成的负担。日本的出口情况跟 20 世纪七八十年代相比已经发生了巨大改变。现在的主要问题是，一方面制造业外移，另一方面以技术含量为支撑的本土企业又鲜有新产品推出,产业无法找到新的增长点,在尖端科技上无法与美国相比,原有优势产业又受到来自韩国、中国等地的冲击。

今日全球经济大环境与各国经济结构的演变,尤其是现代金融市场资金融通作用的日趋凸显,使得货币政策也必须要与时俱进,如果一味拘泥于反通胀,就只能让通缩乘虚而入。如果只关注狭义的物价变化,而忽视对金融与经济稳定影响更大的资产价格与国际收支平衡的变动,就只能让经济的波动更加剧烈。为了同时有效地防止通胀、通缩与金融泡沫,央行必须效法中国传统的杂技,在极端的环境下掌握高难度的"平衡术"。可以预见,未来全新的宏观经济理论和政策框架将逐渐建立,货币政策的流动性管理范围将更加宽泛,财政稳定机制也将更为完善,国际收支平衡对经济影响的认识也将会提高至崭新高度。

第三节 流动性及其冲击传导机制的实证研究

一、FAVAR 理论模型

Sims(1980)最早提出 VAR 模型,其结构如下:

$$Y_t = \Psi(L)Y_{t-1} + v_t \tag{7.1}$$

式中:Y_t 表示 $M \times 1$ 的可观测变量;L 表示滞后算子;$\Psi(L)$ 表示滞后多项矩阵。

随后,Sims(1994)为了研究货币政策的作用,将 Y_t 设定为 $Y_t = (y_t, \pi_t, m_t, SL_t)'$,其中,括号中的变量分别为产出、通货膨胀、货币量以及货币政策工具。经济学基本原理认为紧缩的货币政策冲击将导致通货膨胀下降,而 Sims 的研究结果则违背了经济学原理,即所谓的"价格之谜"。Sims 对"价格之谜"的解释为模型中缺失了某个或某些变量。然而关于在模型(7.1)中应添加哪些变量这一点上,研究者们存在很大的分歧,因为变量的添加存在"随意性"且添加变量可能直接导致"维数魔咒"——添加变量后导致需要估计的参数过多的现象。Stock 和 Watson(2001)指出,经典 VAR 模型在描述和预测宏观经济变量方面表现良好,也可以提供经济变量对货币政策效果的明确经验反应,但是,应用 VAR 模型也存在一些重要的局限性。

正如 Bernanke 和 Boivin(2003),以及 Bernanke、Boivin 和 Eliasz

(BBE，2005）所强调的那样，由于维数的限制，VAR 模型只能探索少数（最多 6～8 个）经济变量的冲击变动。在变量数量约束的条件下，少数经济变量无法涵盖中央银行、金融市场参与者和其他市场观察者使用的多维经济变量，也可能忽略潜在的重要信息，因此，变量对冲击的反应可能产生偏差，为了解决这一问题，BBE 提出了一种富含信息类型的因子增广的向量自回归（FAVAR）的模型，它对经济动态冲击的评估具有更大的灵活性。

本章用 X_t 表示 N 维的宏观经济信息集，同时假设其中的元素 x_t 都是平稳的，即 $x_t \sim I(0)$，并将其标准化，使其均值为 0、标准差为 1，从而为估计因子提供了很大的方便。X_t 是一个维数很高的数据集，其中的宏观经济信息包括产出类、货币类、进出口类以及价格类等多种类别，这保证了从 X_t 中提取的共同因子 F_t 能够对宏观经济的动态调整过程进行全面综合的反应。共同因子 F_t 共有 $k-1$ 维。信息 N 的时间序列的数量很大并且将被假设为远大于因子的数量，通过以下模型从 X_t 中提取共同因子：

$$X_t = \Lambda C_t + e_t \tag{7.2}$$

式中：Λ 代表 $N \times k$ 维的因子载荷矩阵；C_t 代表 k 维的共同因子，且 $k = N$；而 e_t 则代表 $N \times 1$ 维的特质冲击。同时，将共同因子的向量自回归模型设定为：

$$C_t = \Phi(L) C_{t-1} + \gamma_t \tag{7.3}$$

其中，$t = 1$，…，T。$\Phi(L)$ 是有限阶滞后 p 的多项式矩阵，即动态因子载荷矩阵。$\Phi(L) = \varphi_1 + \varphi_2 L + \varphi_3 L^2 + \cdots + \varphi_p L^{p-1}$。$\gamma_t$ 是零均值和协方差矩阵，即特质冲击。假设存在可观察的经济信息集，统称为 $N \times 1$ 维向量 X_t。本章的研究以 Stock 和 Watson（2005）对信息集的处理方式卡尔曼滤波器进行动态因子分析，动态因子模型是指通过若干共同因子和特征因子，捕捉原始可观察的 X_t。

$$X_t = \gamma(L) f_t + \varepsilon_t \tag{7.4}$$
$$f_t = \varphi(L) f_{t-1} + \mu_t \tag{7.5}$$

二、确定因子个数以及估计模型

虽然 F_t 是不可观察因素，但可以应用式（7.2）及式（7.3）进行估计。Bernanke，Boivin 和 Eliasz 提出了两种估计方法：第一种方法分两个阶段，基于主成分估计，它提供了一种非参数方法来发现共同成分的产生；第二种方法基于贝叶斯似然估计。BBE 已经注意到这两种方法在维数不同的向量中会得到不同的结论。本章在研究中主要选用了两步法进行估计。

Stock 和 Watson（2005）的研究对两步法的估计程序进行了详细的介绍。在确定 $k-1$ 个不可观测因子和可观测因子 Y_t 所组成的 k 维共同因子以后，根据最新的理论文献，将 FAVAR 模型的式（7.2）和式（7.3）分两个阶段估计：第一阶段，采用扩展的主成分分析法估计模型（7.2），从而产生估计量 $\hat{F}_t$、$\hat{\lambda}$ 和 $\hat{e}_t$；第二阶段，借鉴 Stock 和 Watson（2002）以及 Bai 和 Ng（2006）的研究，将式（7.3）中的 F_t 用 $\hat{F}_t$ 来替代，使用普通最小二乘法来估计式（7.3），从而获得 $\Phi(L)$ 和 $\hat{v}_t$ 的估计。具体来看，对于信息集 X_t，可以采用敏感性分析的方法确定不可观测的共同因子 F_t 的维数，加入可观测的变量 SL_t 组成共同因子集 $C_t = (F_t', SL_t)'$。另外，宏观信息集 X_t 中可能存在 SL_t 解释的信息，为了排除这些信息，本章在估计 F_t 时，采用 Boivin 等（2009）提出的扩展主成分迭代法，其基本步骤为：

（1）首先使用主成分分析法得到宏观信息集 X_t 的主成分，将其作为 F_t 的初始值，记作 $F_t^{(0)}$，然后按照如下步骤进行迭代：第一步，使用 X_t 对 $F_t^{(0)}$ 和 SL_t 作回归，得到 SL_t 系数的估计值 $\hat{\lambda}_{SL}^{(0)}$；第二步，计算 $\tilde{x}_t^{(0)} = x_t - \hat{\lambda}_{SL}^{(0)}$，这样做可以剔除 X_t 中由 SL_t 直接解释的部分；第三步，将 $\tilde{x}_t^{(0)}$ 中的主成分提取出来，以此作为 F_t 的下一步估计值，记作 $F_t^{(1)}$，此时 $F_t^{(1)}$ 中与 SL_t 交叉的信息减少了；第四步，将 $\tilde{x}_t^{(0)} x$ 和 $F_t^{(1)}$ 代入第一步，循环进行以上过程 50 次，得到共同因子的最终估计值 $\hat{F}_t$。将 $\hat{F}_t$ 和 SL_t 代入模型（7.2）中，使用普通最小二乘法估计载荷矩阵 L 和特质冲击 e_t。

（2）将模型（7.3）中的共同因子 F_t 用估计值 $\hat{F}_t$ 替代。而模型（7.3）的滞后阶数，本章根据 AIC 信息准则将其设为 3。对模型（7.3）应用普通最小二乘法进行估计，从而得到估计量 $\hat{\Phi}(L)$ 和 $\hat{v}_t$。

（3）经过以上的迭代过程，得到共同因子估计值 $\hat{F}_t$ 和载荷矩阵 L 的估计值。

第四节　流动性波动的影响因子

一、宏观信息集中的变量以及数据的处理

对资本流动性的动因分析，可以从多个层面进行。本章的研究主要探讨短期国际资本流动的动因，如前所述，这部分资本的流动性波动性强、

波动规模比较大、流动的方向瞬时逆转，因而存在的金融风险也比较大。短期国际资本中投机性较强的资金也被称为热钱或国际游资（hot money）[1]。本章的研究中，选用了广义的短期国际资本流动的范畴（张明，2011）。一般而言，对于短期国际资本的流动计算主要有直接法、间接法和混合法三种方法。三种方法选取的度量指标和统计口径不同。本章选用间接法对短期国际资本流动进行衡量。运用的计算公式为：短期国际资本流动 = 外汇储备增量 − 贸易顺差 − FDI 净流入。估算获得的短期国际资本流动规模如图 7.2 所示。

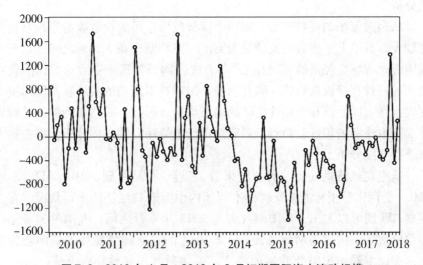

图 7.2　2010 年 1 月—2018 年 3 月短期国际资本流动规模

在构建 FAVAR 模型之前，对影响短期国际资本流动的宏观因子进行归类和整理，部分宏观经济的时间序列统计起步较晚，本章研究样本自 2010 年 1 月开始至 2018 年 3 月为止。这里构建因子的变量包括金融市场变量（上证综指、道琼斯指数、MSCI 新兴市场国家指数、恒生指数、汇差、利差、汇率预期）、宏观经济变量（CPI、贸易差额、PMI、M2、汇丰 PMI、贷存比）以及国内国际资本流动情况（银行结售汇差额、银行代客收付款差额、外汇存款占额、韩国及美国的资本净流入）。本章研究共选用了 3 个维度共 18 个宏观经济序列反映短期国际资本流动的影响因素。

---

[1]　热钱是指资本持有者处于货币预期贬值（或升值）的投机心理，或受国际利差收益明显高于汇率风险的激励，在国际间进行大规模的短期资本流动（新帕尔格雷夫经济学大词典，2018）。

在选择基础因子过程中主要选用了以下标准：首先，我们根据基础数据的属性差异，将全部数据先归为指标型数据、比率型数据以及总量型数据三大类。其中，指标型数据主要包括反映消费、价格指数以及宏观经济状况的相关序列，比例型数据主要包括利差、汇差和 M2 同比增速等政策调控变量，总量类数据主要包括衡量资本流动的主要流量指标。以上所有的样本数据均采用月度数据，所有数据均可以从国家统计局、中经网、Wind 数据库以及 CEIC 数据库等途径获得，对受季节因素影响的数据采用 X-12 方法进行季节调整。下面，就选择的基础宏观因子的变动状况进行简要分析。

从金融市场的变量来看，前四个衡量股票市场的指数收益序列波动幅度较大，其中上证指数的波动最为突出，波动幅度在 ±20% 之间，这充分说明股票市场是经济的"晴雨表"。首先，购买外国企业股票是国际资本流动的一种直接投资形式。除此以外，国际资本流动的实质就是国际资本在收益性、风险性和流动性之间的动态均衡，因此，股票市场的波动能够体现资本流动的频度和趋势。对股票市场走势序列的具体分析，将在第九章进行详细分析。

从宏观经济景气变动的角度来看，CPI、贸易差额、PMI、M2、汇丰 PMI、贷存比等指标能够反映样本期间内中国宏观经济的运行状况。首先观察 CPI 图可以看出，2010 年 1 月至 2012 年 6 月之间，我国的通货膨胀指数出现了一次较为明显的波动。2010 年的这次通货膨胀的成因较为复杂，表面上看，2010 年我国的农产品总体歉收，导致物价上涨；2010 年我国进行了价格调整，电、水、天然气价格都有一定程度上涨。深层次来看，2008 年金融海啸之后，全球实施大规模的刺激性金融政策，热钱大量进入中国金融市场，货币供给过多，流动性风险加大。2012 年之后，通货膨胀指数处于平稳波动状态。广义货币（M2）序列也是一国经济发展走向的"风向标"，我国广义货币 M2 的同比增速在样本期间内持续下跌，2000 年至 2010 年，M2 序列基本上与名义 GDP 同周期波动，但进入样本期间以来，M2 的增速呈现出趋势性下降的态势。我国进出口贸易差额序列波动表明，进出口贸易的波动受到季节变化的影响，但我国的进出口贸易在 2010 年至 2018 年以贸易顺差为主。采购经理指数（PMI）和汇丰 PMI 指数序列的走势高度耦合，其中采购经理人指数的波幅更大，两个序列在前期样本期间呈现了"L"型走势，其中 2010 年至 2012 年，两个序列呈现了较为明显的波动下降趋势，这与中国经济运行进入"新常态"密切相关，也说明了宏观经济层面一直存在经济下行的风险，需要关注宏

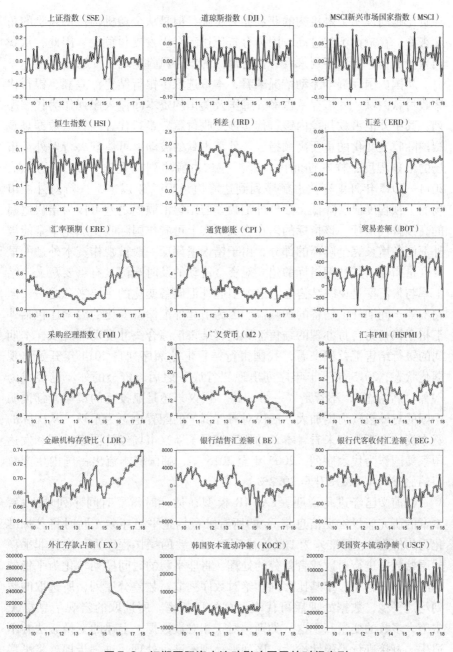

图 7.3　短期国际资本流动影响因子的时间序列

观预警序列的走势,这也将引导国际资本流动。从金融机构存贷比的指标来看,2010 年以来,金融机构存贷比持续上升。从银行盈利的角度来讲,存贷比越高说明金融机构的获利能力越强,但是从金融机构抵御风险的角度来看,存贷比不宜过高,因为存贷比过高会引发支付危机。因此,从我国金融机构存贷比序列来看,银行部门的支付风险呈现上升趋势。

从国内国际资本流动情况来看,本章选取了银行结售汇差额、银行代客收付款差额、外汇存款占额、韩国及美国的资本净流入序列作为代表序列,其中外汇占款与境内银行代客涉外收付款、银行代客结售汇数据是观测国际收支变化的重要高频指标。外汇占款的波动率可体现央行对外汇市场的干预程度,样本期间内,外汇存款占额序列呈现出"倒 U"形态,2014—2015 年外汇存款占额序列到达峰值,2015 年以来,央行对外汇市场的干预程度显著降低。涉外外汇顺差与结售汇顺差之差可作为错误遗漏的高频替代指标,该指标的内在含义事实上可看作国际收支顺差中未能被外汇储备增长完全解释的部分,由于错误遗漏项一般被视作资本外逃的重要度量指标,其高频指标的建立对资金流动的及时观测具有重要意义。结汇率与售汇率是反映结售汇意愿,引起外汇储备变化的主要来源之一,但它不等于同期外汇储备的增减额。因为引起外汇储备变化的因素还包括外汇指定银行为自身办理的结售汇和银行结售汇综合头寸变动等。从样本期间的银行结售汇差额来看,我国银行结售汇差额序列自 2014 年开始出现弱化状态,2015 年下半年序列出现"谷底"之后,资金的外流已经成为一种"新常态",不管是"一带一路"倡议,还是亚投行的策略,都说明中国的对外投资力度加大,居民对海外资产的配置也更为重视。从国际的资本流动净额状态来看,本章的研究选择了新兴市场经济国家韩国和发达国家美国作为代表序列。2005 年至 2015 年,韩国资本流出占国内生产总值的比重从 4.3% 飙升至 20.2%。

在前文已经进行说明,FAVAR 模型在估计时需要时间序列均平稳,本章的研究假设宏观信息集 X_t 的所有分量均是平稳序列,同时将其标准化为均值为 0、标准差为 1 的标准序列。主要的操作程序为:先将非平稳的原始数据进行对数或者差分的处理,将非平稳的时间序列转化为平稳的时间序列。其中,定基比序列和绝对数序列取对数差分序列,所选取的数列均达平稳,数据处理后可代表序列的增长率。所选取的宏观信息集 X_t 中绝大多数的变量归于这一类别;对于相对数数据,上述的变换方法并不适用,直接进行平稳性检验,序列平稳则不进行处理,进一步地,将平稳的时间序列进行标准化处理。

二、模型估计及实证结果分析

根据 Bernanke 等（2005）的研究结论可知，三个因子已经可以捕捉宏观经济变量中的大部分波动。对于宏观信息 X_t，通过敏感性分析确定不可观测的共同因子 F_t 的维数为 4，与可观测的短期资本流动变量 L_t 一起组成五维的共同因子集 $C_t = \{F_t', L_t\}'$。另外，宏观信息集 X_t 中可能存在由流动性 L_t 解释的信息，根据本章所选的变量进行因子分析，最终确认有四个因子的特征值在 1 以上，且其累积贡献率为 72.92%。因此，本章的研究选取四个因子作为衡量宏观流动性的主要信息，对四个因子做脉冲响应函数。为了确定 FAVAR 模型中的滞后阶数，所有变量都将加入 VAR 模型中考虑滞后阶数将大量地消耗模型自由度，因此，本章的研究最终选择滞后 6 阶的 VAR 模型。下文将以这四个因子作为分析对象进行研究（见图 7.4）。

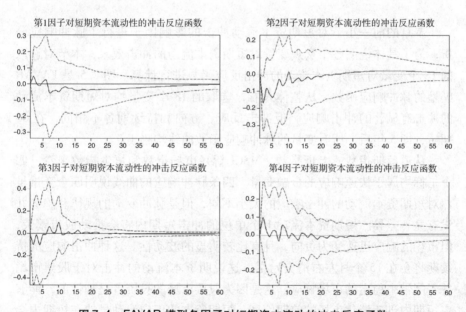

图 7.4　FAVAR 模型各因子对短期资本流动的冲击反应函数

从冲击反应函数来看，四个因子对短期资本流动冲击的效果各不相同。在初期给予 1 个单位的冲击，其中第 1 因子对短期资本流动的冲击先正向 0.02 个单位冲击在第 6 期转为 0.06 个单位负向冲击。第 2 因子对短期资本流动的冲击为在第 2 期为 0.17 个单位负向冲击后逐渐减弱，第 24

期开始转变为正向冲击。第 3 因子在前 4 期持续负向冲击，在第 4 个月约为 0.1 单位负向冲击，但冲击反应在第 12 期后几乎消失。第 4 因子对短期资本流动的冲击作用几乎为正向冲击，冲击反应函数在约 24 期后逐步收敛于 0。从四个因子的冲击反应图来看，四个因子都具有较好的收敛状态。从冲击的作用持续期来看，第 1 因子与第 2 因子的冲击作用持续期较长。第 3 因子与第 4 因子的冲击作用在持续两年后逐渐消失殆尽。从冲击反应函数的置信区间来看，第 2 因子对短期流动的影响效果比其他因子的影响效果更为显著。但无论是哪一个因子，其影响效果的大小均比较有限，这说明在资本项目尚未完全放开的背景下，各影响因素对资本流动的影响均受到政策体制约束。

第五节　我国流动性冲击的传导机制

本章的前一小节对短期资本流动冲击的影响因子进行了脉冲响应分析，为了具体说明各个宏观变量对短期资本流动的冲击效果，本节对选取的 18 个变量对短期资本流动的冲击反应函数进行计算。图 7.5 是 FAVAR 模型的脉冲响应函数。从整体来看，选取的 18 个变量均对短期资本流动的冲击有显著的冲击响应，但冲击反应、方向和持续期各不相同，在 60 期后，即 5 年后，所有变量的脉冲响应函数曲线均趋于 0。

从道琼斯指数、上证指数、MSCI 新兴市场指数和恒生指数来看，四个指标均属于快速响应的金融变量。四条脉冲响应的曲线说明四个变量虽然对短期资本流动的冲击响应的大小不同，但是脉冲变动的规律和趋势并没有显著差异。短期资本流动 1 个单位的冲击短期内将会推动股市繁荣，但市场的响应迅速变为负向，且有比较明显的波动性。这种冲击响应的持续期将会在 15 个月左右消失殆尽。这说明资本流动的冲击对于股票市场并不能带来稳定的市场响应。这是因为股票市场的投资者是理性的，能够在短期内迅速消化市场的前期信息。短期资本的正向流动虽然在短期内会给股市带来繁荣，但是这种繁荣难以为继，泡沫破裂后股票市场甚至对资本的正向波动具备负向的反应。

从采购经理指数和汇丰采购经理指数的冲击反应来看，两条原序列高度耦合，因此，两个序列受到短期资本流动的脉冲响应函数的形态、结构也比较类似。短期资本流动 1 个单位的正向冲击在 36 期（即 3 年）内会

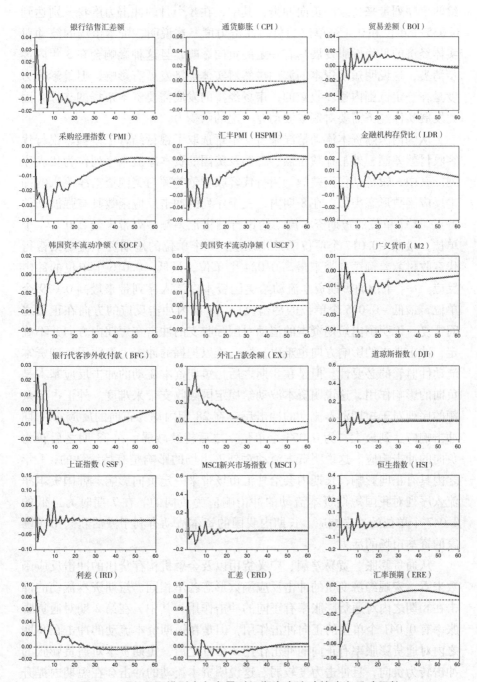

图7.5　FAVAR 模型中各变量对短期资本流动的冲击反映函数

给两个序列带来持续的负向冲击,其中,在 8 个月的冲击力度将分别达到 0.035 个单位和 0.4 个单位的负向冲击力度。这说明,资本市场的波动对实体经济的平稳健康发展具有一定的负向影响,且这种影响会在 3 年内逐步消失,这说明短期资本的波动虽然对实体经济发展有影响,但是影响力度是在一定范围内逐步收敛的,市场经济的发展需要资本市场的支撑,因此发展实体经济需要对资本波动有一定的耐受力。

从国内国际资本流动情况来看,本章选取了银行结售汇差额、银行代客收付款差额、外汇存款占额、韩国及美国的资本净流入序列作为代表序列。其中,银行结售汇差额、银行代客收付款差额与美国资本净流入的冲击反应函数形态类似。在 8 期内,三个序列的冲击反应函数具有强波动的特点。1 个单位的短期资本流动给银行结售汇差额序列带来最高 0.034 个单位,最低 -0.017 个单位的冲击反应。1 个单位的短期资本流动给银行代客收付款差额序列带来最高 0.024 个单位,最低 -0.016 个单位的冲击反应。1 个单位的短期资本流动给美国资本净流入序列带来最高 0.039 个单位,最低 -0.015 个单位的冲击反应。8 期内冲击反应的方向在正负之间往复,说明国内短期资本的流动对国际收支的冲击在短期内方向并不确定,冲击带来的影响方向也难以预测,难以把握的冲击力说明了短期资本流动性监管的必要性。但是在 8 期之后,短期资本流动的冲击反应基本是负向的影响作用,这说明资本波动给稳定国际收支带来难度。外汇占款余额的序列对于短期资本流动的冲击反应在 28 期内均为正向的反应,11 期冲击响应达到最大,为 0.053 个单位,之后持续减弱,在 28 期之后转为负向的冲击响应。这说明资本流动对外汇市场的影响是有持续性的,1 年之内具有正向影响,长期内会给外汇市场带来一定负向影响。韩国资本净流入序列对我国短期资本流动的冲击响应为负向的。在 7 期时为最低的 0.047 个单位的冲击响应。长期内我国的资本流动有利于激活新兴市场国家的资本市场的活力。

从通货膨胀、贸易差额、广义货币以及金融机构存贷比的冲击反应函数来看,宏观经济变量的冲击反应函数形态各不相同。短期资本流动的冲击在 8 期之内对通货膨胀率有正向的冲击作用,其中,在第 2 期对通货膨胀率有 0.041 个单位的正向冲击作用,但是在短期资本流动的冲击在 8 期之内对通货膨胀率有正向的冲击作用 8 个月之后,短期资本对通货膨胀的冲击转为负向,且冲击力度较弱。这说明资本流动的冲击会在短期内提升国内的价格水平,但是长期流动性的充足会降低国内价格水平。短期资本流动对贸易差额序列的影响在 9 期内主要为负向影响,其中在第 3 期贸易差额序列的冲击反应为 -0.045 个单位,但是在 9 期之后,冲击反应转为正向。国际收支是外汇供求的源头和主要的影响因素,因此,可以说,在短期内,流动性的冲击对国际贸易差额的作用为负向影响,其中第 2 期作用力最大,为 -0.045 个单位,其后,流动性冲击的作用逐渐转变为有限的正向影响。从以上两条冲击反应曲线可以看出,流动性冲击对通货膨胀和贸易差额序列的作用在短期内有作用方向的瞬时逆转,但是长期来看,短期的流动性冲击对这两个宏观经济变量的影响不大。从广义货币的冲击反应函数和金融机构存贷比的冲击反应函数来看,两个序列的冲击响应均是在 19 期之内具有剧烈的波动,金融机构存贷比序列受到短期流动性冲击之后,冲击反应函数首先为负,随后在第 6 期逐渐转变为正向冲击响应。这说明,在资本市场受到流动性冲击之后,市场会保持谨慎,给出保守的操作,即收缩贷款比例,但随着对资本冲击信息的消化,这种谨慎的态度将会在第 4 期发生逆转,以银行为主的金融机构将会逐步扩大贷款规模。广义货币序列受到短期流动性冲击之后,冲击响应始终为负,在第 8 期达到谷底,为 -0.037 个单位。市场的流动性的冲击对货币供给的策略冲击方向始终为负。市场短期流动性 1 个单位的正向冲击后,为了维持市场流动性的均衡,在货币供给策略上将会收缩 M2 的发行量。

从利差、汇差和汇率预期的冲击反应函数来看,利差和汇差的冲击反应函数均为向右下方倾斜的曲线,这说明短期资本的冲击作用在持续减弱直至趋近于 0。其中利差和汇差序列受到 1 个单位的短期资本流动正向冲击,将会分别有 0.089 个单位和 0.080 个单位的正向反应,两个序列的冲击反应函数将会分别在第 25 期和第 35 期趋于 0。这充分证明,利率和汇率两个变量受流动性冲击影响很大。在金融市场中,利差和汇差两个因素的波动将会带动投资者的风险偏好加大,形成资本泡沫,贷款的标准也将会相应地降低。因此,对流动性风险的控制将会降低利率和汇率的风险,同时,利差和汇差序列的脉冲响应函数受到冲击后持续期都较长,这也证实了流动性对两个变量的持续性影响。汇率预期序列对短期资本流动的冲击反应曲线和利差、汇差序列恰好相反。短期资本流动 1 个单位的正向冲击给汇率预期带来了 -0.064 个单位的负向影响,这种负向影响在持续 18 期之后才会逐渐转变为有限的正向影响。这说明流动性的冲击将会降低市场的汇率预期。同时,也证实了汇率是全球流动性传导的重要渠道这一经典命题。

第六节　本章小结

基于上一章的研究结论，本章侧重于识别和检验我国的流动性结构失衡及其冲击响应机制。流动性风险的层次和标准很多，本章的研究选择了宏观流动性的角度进行度量。在对国际资本流动的理论和模型进行归纳和整理的基础上，第二小节的内容中对流动性结构失衡的典型事实与金融安全问题进行了典型经济事实的归纳。为了说明流动性的冲击传导机制，本章的研究中选择了 18 个变量构建 FAVAR 模型，对资本流动性及影响流动性的不同因素之间的关系进行检验，同时分析国际资本的流动在不同的政策及市场环境中的变化路径。对 18 个变量汇总可以提出 4 个公因子，4 个因子对短期资本流动冲击的反应各不相同，但冲击反应函数都具有较好的收敛性。从冲击反应函数的持续时间来看，第 1 因子与第 2 因子的冲击作用持续期较长，第 3 因子与第 4 因子的冲击作用在持续 2 年后逐渐消失殆尽。但 4 个因子的影响效果都比较有限，这说明在资本项目尚未完全放开的背景下，各影响因素对于资本流动的影响均受到政策体制约束。为了进一步说明选取的 18 个变量对流动性的冲击响应，做出各变量对短期资本流动的冲击反应函数图，检验的结果主要包括：

（1）从整体来看，选取的 18 个变量均对短期资本流动的冲击有显著的冲击响应，但冲击反应、方向和持续期各不相同，在 60 期后，即 5 年后，所有变量的脉冲响应函数曲线均趋于 0。

（2）道琼斯指数、上证指数、MSCI 新兴市场指数和恒生指数 4 个快速响应的金融变量脉冲变动的规律和趋势差异不大，资本流动的正向冲击在短期内将会推动股市繁荣，但市场的响应迅速变为负向，且有比较明显的波动性。流动性的冲击在股票市场中并不能带来稳定的市场响应。泡沫破裂后，股票市场甚至对资本的正向波动具有负向的反应。

（3）采购经理指数和汇丰采购经理指数的脉冲响应函数的形态、结构比较类似。短期资本流动的正向冲击在 3 年内会给 2 个序列带来持续的负向冲击。这说明，资本市场的波动对实体经济的平稳健康发展有一定的负向影响，也证实短期资本的波动虽然对实体经济发展有影响，但影响力的持续期不长，市场经济的发展需要资本市场的支撑，因此，发展实体经济需要对资本波动有一定的耐受力。

(4) 通货膨胀、贸易差额、广义货币以及金融机构存贷比这些宏观经济变量的冲击反应函数形态各不相同。短期资本流动的冲击首先对通货膨胀率有正向的冲击作用，在第 8 期后短期资本对通货膨胀的冲击转为负向；短期资本流动对贸易差额序列的影响在 9 期内主要为负向影响，在 9 期之后冲击反应转为正向；金融机构存贷比序列收到短期流动性冲击之后，冲击反应函数首先为负，随后在第 6 期逐渐转变为正向冲击响应；广义货币序列受到短期流动性冲击之后，冲击响应始终为负。

(5) 利差和汇差的冲击反应函数均为向右下方倾斜的曲线，这说明短期资本的冲击作用在持续减弱直至趋近于 0。利率和汇率两个变量受流动性冲击影响很大。在金融市场中，利差和汇差两个因素的波动将会带动投资者的风险偏好加大，形成资本泡沫，贷款的标准也将会相应地降低。因此，对流动性风险的控制将会降低利率和汇率的风险，同时，利差和汇差序列的脉冲响应函数受到冲击后持续期都较长，这也证实了流动性对 2 个变量的持续性影响。汇率预期序列对短期资本流动的冲击反应曲线和利差、汇差序列恰好相反。短期资本流动的正向冲击给汇率预期带来了负向影响，这种负向影响在持续 18 期之后才会逐渐转变为有限的正向影响。这说明流动性的冲击将会降低市场的汇率预期。

第八章 金融投机攻击与经济政策组合规则

随着国际游资规模和国际贸易规模的不断扩大，国际金融和贸易关联程度也随之加深，此时国家之间金融风险传染的可能性越来越大，投机攻击渠道也越来越多，金融投机攻击行为也变得越来越频繁。金融投机攻击行为一旦发生，将导致利率和汇率急剧波动，财政变量和金融变量出现跳跃性变化，不仅金融稳定性遭到严重破坏，而且会对虚拟经济和实体经济发展产生很大影响，导致经济系统出现急剧震荡和显著经济波动。在出现金融投机攻击时，政府必须采取及时的应对措施来维持金融和经济的基本稳定，这时政府宏观调控的中介目标必须采取盯住的方式，而且所需要采取的货币政策和财政政策组合规则显得尤为重要，宏观调控对经济系统的干预成为了必要的和核心的宏观经济管理任务。

一般而言，任何经济政策都是以经济干预变量的作用方式来体现的，而经济政策的积极和被动则是根据经济政策是按照规则执行还是可以相机选择来进行划分的。凡是可以随时调整和相机选择的政策作用方式，都称其是积极的；而凡是按照一定规则和目标来操作执行的经济政策，都称其是被动的。如此经济政策形式的划分与本书目前所提到的积极性政策、稳健性政策或者收缩性政策等划分方式是有明显区别的。对相机选择的经济政策方式来说，这些经济政策大都是内生性的经济政策，是经济政策制定者根据经济运行的现实条件，随着经济调控目标的变化而进行的调整；而规则性的经济政策则是按照某种既定的目标，按照一定规则来实施的经济政策，大多时候这些经济政策目标是外生给定的，但是中介目标有时不是"硬约束"，因此，也出现了规则性经济政策执行过程中的"软约束"现象。

按照积极和被动的划分方式，目前关于经济政策组合机制的研究主要有两种观点：一种观点是，货币政策应该遵循 Taylor 规则（Taylor，1993），而财政政策应该遵循"李嘉图等价原则"。这种政策组合的实质就是保持实际短期利率稳定和货币中性政策立场，而"李嘉图等价原则"是坚持长期中性和平衡预算的财政政策思路，这种政策组合就是积极货币政策与被动财政政策的组合机制（Leeper，1991）。第二种观点是，在Taylor规则无法发挥作用时，就应该允许"预算盈余"服从外生随机变化，也就是要采取"相机选择"式的政策方式，Leeper（1991）将这种机制称为被动货币政策和积极财政政策组合的机制。此时财政政策的期限结构比较灵活，不再受到长期预算平衡的约束。显然，上述第一种政策组合机制实际上就是标准的货币主义机制，它体现了大多数经济系统在"正常运行状态下"的政策协调机制，也是在经济未遭受金融投机攻击时的一般政策组合形式；而第二种政策机制则强调了价格水平变动与财政政策转移之间的关系，并对货币危机发生时的政策协调机制给予了解释（Sims，1994；Woodford，1995，2001）。

值得注意的是，以往对经济政策组合机制的研究仅仅关注单一经济政策组合机制的效应，而这与经济中多种经济政策机制并存的现实是不符的。按照上述经济政策操作过程是积极的还是被动的划分方式，货币政策和财政政策的积极和被动组合方式共有四种，而在本章中分析的经济政策组合机制的转变是指从"积极货币政策与被动财政政策组合"向"被动货币政策与积极财政政策组合"的机制转变，显然经济运行过程中还有其他组合方式，例如中国经济运行中就出现过"积极货币政策与积极财政政策的组合"方式。因此，需要在更为复杂的情形下，特别是存在金融投机攻击和金融脆弱性的情形下考虑经济政策的组合机制，并判断经济政策机制在转换过程中的诱发原因和实际效应。在本章后面分析经济政策组合机制转变概率时能够更为清楚地认识经济政策组合机制的复杂性。

目前为止，对投机性攻击的研究并不多见，特别是我国学者对金融投机攻击的研究更是寥寥无几。Corsetti和Mackowiak（2006）构建了一个被动货币政策和积极财政政策组合机制下的货币危机模型。Burnside等（2001，2006）为近期发生的一系列货币危机提供定量分析，也涉及经济政策组合机制的转换问题。这些研究都基于经济政策组合机制发生转换的基本假设，并探寻了经济政策组合机制发生转化带来的效应。在这些货币危机和投机攻击研究中，无论是货币储备还是债务规模，都是具有一种装置和转换的上限，当预期冲击导致这些上限被突破或者无法维持时，将导致诸如固定汇率体制的崩溃或者大量破产和违约等现象。而在本章下述研究中，则将经济政策组合机制的转化视为应对金融投机攻击的手段和方式，这是研究金融投机攻击的重要途径。本章在分析第一代和第二代货币危机模型的区别时发现，第二代货币危机模型已经放弃了固定汇率制的基本假设，这是因为在货币危机发生后，维持固定汇率制的货币政策机制已经无法实现经济稳定和保持债务规模，因此，从固定汇率制的解体也可以说明，在金融投机攻击和货币危机发生时期，出现经济政策组合机制转变已经成为一种必然的经济调节和经济体制变迁的必然反应。

　　本章借鉴上述研究思路，将投机攻击引致的货币危机视为货币政策和财政政策组合协调失败的结果，此时投机攻击是私人部门预期货币政策和财政政策组合即将转变所造成的，进行投机攻击的主要途径仍然是急剧调整货币供给和财政预算盈余，其结果仍然是对价格水平和供需关系产生显著冲击。投机攻击的持续和结果仍然依赖经济系统的反应敏感性和经济波动程度。

　　为此，本章在一个小型开放经济模型中，引入货币政策转换机制。假定经济系统的初始状态，政府采取的经济政策组合方式是积极货币政策和被动财政政策的货币主义政策机制，而在某一时点，由于受到金融投机攻击的影响，经济政策组合方式转为被动货币政策和积极财政政策的组合机制，这种经济政策组合机制的转移是内生的，是一种随经济周期变化而变化的政策转变。在该模型中，被动财政政策向积极财政政策的转变是受到财政政策预算预期冲击导致的。在对模型的分析中可以发现，当采用积极货币政策时，开放经济模型采用固定汇率制，而出现经济政策组合方式转变之后，固定汇率制将被迫向浮动汇率制转变，名义利率急剧上升，国债规模也出现快速增加，名义汇率也随之膨胀，出现加速攀升的通货膨胀，进而引发货币危机。这样，该模型就可以从理论上描述和分析投机攻击的影响过程和危机的传导机制，从经济政策组合机制角度和宏观调控机制方面，提供国家经济风险度量和管理的理论观点和经验证据。

第一节　具有经济政策组合机制转移的动态随机模型

　　在下文描述的模型系统中，首先假设初始经济状态是价格稳定、汇率稳定和财政平衡的常规状态，这也是经济系统在出现投机攻击和货币危机之前的正常状态，此时假设经济政策的组合方式是"积极货币政策与被动财政政策"。这时积极货币政策主要用于调整价格水平，进而保持通货膨胀率、利率和汇率的多重稳定；而被动财政政策是为了保持货币政策目标的稳定而采取的保守财政政策规则。一般情形下，如此经济政策组合方式在实行过程中，也会体现出一些具有共性特点的"典型化事实"，并对后来出现的货币危机具有预警作用。例如，分析巴西 1991 年 1 月出现的货币危机可以发现，在危机出现的前两年，巴西政府出现了债务规模的急剧扩张，尤其是国外债务扩张更为明显。例如，1999 年的债务规模比 1997 年上涨了大约 30%，表明政府预算出现了显著的非平衡收支现象，这也是长期被动性财政政策的实施效果。在 1999 年货币危机爆发过后，债务水平从 3180 亿美元急剧下降到 1800 亿美元，下降幅度达到 43%。这也说明了主动的财政政策操作大大紧缩了政府支出和债务规模。比较多次发生的货币危机，发现在货币危机爆发之后，大都出现了汇率和利率的大幅攀升、"铸币税"收益大幅下降等典型现象。[1] 巴西货币危机的例子说明，在经济系统中确实存在经济政策组合转化现象。下面结合模型分析来解释投机攻击传导机制及其主要影响。

一、经济系统的优化模型

假设一个小型开放的经济系统[2]，经济系统中包括"政府部门"和代表性"私人部门"，私人部门从事生产的实际产出为 Y，国内价格水平为 P，国外价格水平为 P^*，且两者之间通过"一价定律"产生汇率平减联系，名义汇率为变量 e：

$$P = eP^* \tag{8.1}$$

假设国外价格水平 P^* 是外生给定的，为了简单起见，假设国外产品具有单位价格，即：$P^* = 1$。此时汇率即本币表示的外币价格等于 P，汇率与价格水平在数量上的等价性是我们简化分析的一个重要特点。假设该经济系统采用外国名义利率，这也意味着名义利率与实际利率是相同的，这也为定量分析提供了一定的方便。

同时，假设该经济系统中私人部门持有的以本币表示的一年期的贴现债券为 B，这是本国国债存量；以外币表示的一年期的贴现债券为 B^*，这是国外债务存量；本国的货币供给量为 M，限制该经济系统中的 B 和 M 均为正值。这样一来，私人部门的资产就包括当期收入、持有债券和货币资产。这样，在本国市场中，私人部门消费的效用最大化问题可表示为如下优化模型：

---

[1] 上述分析数据来源于世界银行发布数据。
[2] 为了方便分析，我们假设经济系统的产出行为是外生给定的常数规模，这是一种"秉赋产出"假设。可以进一步给定生产函数，这样就可以拓展模型来分析经济周期波动。

$$U = E\left[\sum_{s=0}^{\infty} \beta^s \ln C_{t+s}\right] \quad (8.2)$$

其中，C_t 是私人部门的累积消费；β 是消费效用的时间贴现率，从当期时间 t 时开始累积效用的贴现周期。

私人部门面临的动态约束条件为：

$$\frac{B_t}{R_t P_t} + \frac{B_t^*}{R_t^*} + \frac{M_t}{P_t} \leq \frac{B_{t-1}}{P_t} + B_{t-1}^* + Y_t - \tau_t - C_t[1 + \gamma f(V_t)] \quad (8.3)$$

其中，R_t 为该国的名义利率（即以本国货币表示的贴现债券价格的倒数）；R_t^* 为外国的利率（即以外币表示的贴现债券价格的倒数）；τ_t 表示政府的实际预算盈余；C_t 为该经济系统中单一产品的消费总额；$V_t = C_t P_t / M_t$ 表示经济系统中货币周转的速率；$\gamma f(V_t)$ 表示每单位的消费进行货币交易的交易成本，γ 为外生参数且 $\gamma > 0$。

假设当期税收为 T_t，支出为 G_t，则预算盈余变量为 $\tau_t = T_t - G_t$。上述模型中政府实际预算盈余变量的引入，不仅代表了政府预算管理的政策工具和中介目标，而且可以将政府税收和支出行为进行统一处理。

约束条件式（8.3）左端表示经济系统现存的流动性资产，主要是国内和国外的实际债券余额和实际货币余额。式（8.3）右端表示当期实际收入，主要包括上期国内和国外债券转移，本期收入减去赤字和消费交易成本。

在模型中，与传统预算出现显著差异的部分是将预算盈余作为控制变量引入，唯一不确定的因素为政府的实际预算盈余 τ_t（Leeper，1991；Sims，1994），这样一来，就可以在模型中分析财政政策与货币政策之间的转化问题。

为了确定私人部门消费的优化路径，并判断最优路径上经济变量的动态性质，应对此动态优化问题进行求解，该优化问题的拉格朗日函数为：

$$L(C_t, M_t, B_t, B_t^*, \tau_t, \lambda_t)$$
$$= E\left(\sum_{t=0}^{\infty} \beta^t \ln C_t\right) + \sum_{t=0}^{\infty} \lambda_t \left\{\frac{B_t}{R_t P_t} + \frac{B_t^*}{R_t^*} + \frac{M_t}{P_t} - \frac{B_{t-1}}{P_t} + B_{t-1}^* + Y_t - \tau_t - C_t[1 + \gamma f(V_t)]\right\}$$
$$(8.4)$$

上述拉格朗日函数中的 λ_t 是预算条件松弛情形下的影子价格。计算关于消费变量的一阶条件，通过对 C_t 求导可以得到：

$$\frac{\partial L}{\partial C_t} = \frac{1}{C_t} - \lambda_t[1 + \gamma f(V_t) + \gamma f'(V_t)V] = 0$$

整理得到关于消费变量的一阶条件为：

$$C_t^{-1} = \lambda_t [1 + \gamma f(V_t) + \gamma f'(V_t) V_t] \tag{8.5}$$

由于经济系统中存在交易成本，上述关于消费的最优化选择体现的经济含义是：单位消费的累积效用边际 $\partial L/\partial C_t$ 是消费的边际效用与预算松弛产生的影子效用。

类似地，可以继续求得其他控制变量的一阶条件。由于假设国外的价格水平 P^* 恒定为单位价格，且经济系统中不存在违约风险，通过对 B^* 求导，得到以外币表示的一年期贴现债券 B^* 的一阶条件为：

$$\frac{1}{R_t^*} = \beta E_t \left(\frac{\lambda_{t+1}}{\lambda_t} \right) \tag{8.6}$$

该条件表示国外债券价格等于无风险债券（货币）的贴现价格。

继续对本国债券求导，得到以本币表示的一年期的贴现债券为 B 的一阶条件为：

$$\frac{1}{R_t} = \beta E_t \left(\frac{\lambda_{t+1}}{\lambda_t} \frac{P_t}{P_{t+1}} \right) \tag{8.7}$$

该一阶条件与国外债券一阶条件的区别在于，还需要在无风险资产价格的基础上利用本国价格水平进行跨期平减。

本国货币供给量 M 的一阶条件比较复杂，具体可以表示为：

$$1 - \gamma f'(V_t) V_t^2 = \beta E_t \left(\frac{\lambda_{t+1}}{\lambda_t} \frac{P_t}{P_{t+1}} \right) \tag{8.8}$$

货币作为该经济系统的无风险资产，其一阶条件中包括了交易成本的影响，货币的需求和边际效应还涉及交易费用和价格变化的影响。

根据式（8.7）和式（8.8），可得到经济系统中私人部门的流动性偏好为：

$$1 - \gamma f'(V_t) V_t^2 = R_t^{-1} \tag{8.9}$$

上述公式表明，经济系统中货币流通速度"$V_t = C_t P_t / M_t$"仅仅受到当期名义利率影响，也就是受到债券和货币持有成本和收益的影响，这是一个连接消费、货币需求和名义利率的重要方程。

二、政府预算约束的作用和限制

在上述模型介绍中，已经说明了该经济系统存在一个关键的控制变量，这就是模型系统的重要不确定因素：政府实际预算盈余 τ_t。与私人部门面对的预算约束不同，政府部门需要满足的预算约束为：

$$\frac{B_t}{R_t P_t} + \frac{F_t}{R_t^*} + \frac{M_t}{P_t} = \frac{B_{t-1}}{P_t} + F_{t-1} + \frac{M_{t-1}}{P_t} - \tau_t \tag{8.10}$$

其中，F_t 是政府发行的一年期外币贴现债券。

为了简单起见，政府预算约束并未罗列所有债务（如养老金），而仅仅是公开交易的债券和新增资本金等。这是因为，价格水平的微小变化对公开交易的债券和新增资本的影响很大（Persson，1998）。除此以外，在模型中，假设政府债券和由其他私人部门发行的债券无区别，都是由政府进行统一偿还，所以无须对政府债券与金融债券及公司债券进行区别。如果为了分析微观金融的影响，可以在模型中进行必要的细化，将模型进一步微观化，以获得公司金融对投机攻击的反应机理。

显然政府预算方程（8.10）也是政府需要融资的方程预算，因为等式右端给出了需要进行融资的债务存量，其中包括上期需要偿还的实际债务和政府预算盈余，而方程左端则表示当期政府为偿还当期债务需要进行融资的规模，而且表明了融资渠道主要包括发行货币、国内债务和国外债务，这些融资渠道在方程（8.10）中具有等价性和替代性。

在上述构建的模型中，私人部门效用最大化仍然是经济系统的基本要求，虽然在模型结构中引入了货币供给和各种利率作为货币政策工具，但是这还不足以说明经济政策组合机制的转换问题。为了描述财政政策工具，在给定政府债券和盈余管理的基础上，还需要进一步给出财政政策的期限结构约束。

更为具体地，假设货币周转速率函数满足如下形式（Sims，1994）：

$$f(V_t) \equiv \left[\frac{V}{1+V_t}\right]^\eta \quad (8.11)$$

其中参数满足 $\eta > 0$。

在上述假设下，可以从名义利率的一阶条件等式（8.9）中获得经济系统的实际货币存量为：

$$\frac{M_t}{P_t} = \left\{\left[\gamma\eta\left(\frac{R_t}{R_t-1}\right)\right]^{1/(1+\eta)} - 1\right\}C_t \quad (8.12)$$

该方程将实际货币需求与消费和利率联系起来。显然该货币需求函数与消费水平成正相关关系，而与名义利率水平成负相关关系，符合一般货币需求函数的基本要求。

为了约束财政预算的无限制扩张，假设财政预算的最终贴现水平为平衡预算，因此，政府部门预算满足下述横截性条件：

$$\lim_{T\to\infty}\beta^T E\left(\lambda_T \frac{B_T^*}{R_T^*} + \lambda_T \frac{B_T}{R_T P_T} + \lambda_T \frac{M_T}{R_T P_T}\right) = 0 \quad (8.13)$$

有了上述假设和动态优化的横截性条件，满足私人部门消费最优化路径下的政府预算约束方程（8.10）更改为如下形式：

$$\frac{B_{t-1} + M_{t-1}}{P_t} + F_{t-1} = E_t \left\{ \sum_{s=0}^{\infty} \frac{\beta^s \lambda_{t+s}}{\lambda_t} \left[\tau_{t+s} + \left(\frac{R_{t+s} - 1}{R_{t+s}} \right) \right] \frac{M_{t+s}}{P_{t+s}} \right\} \quad (8.14)$$

方程（8.14）体现了最优消费路径上政府预算的动态变化路径，这是一种前瞻性的预算平衡方程，前瞻性是指方程中涉及未来无限期内资产预期和贴现。方程左端表示政府前期持有资产的现期实际余额，它的最优规模应该等于政府财政和货币两个部门的预期收益，财政部门的预期收益是未来所有财政盈余的贴现值，货币部门的预期收益是来自所有实际货币余额产生的"铸币税"，其中"铸币税"收入等于通过维持货币余额规模可以避免的利息支付[1]。当通货膨胀率超过名义利率的时候，政府通过发行货币可以获得"铸币税"收益。需要注意的是，上述分析假设了通货膨胀只是一种"财政现象"而不是"货币现象"，这种理论观点也被称为"财政性物价理论"（Leeper，1991）。

预算约束方程（8.14）反映了经济政策组合机制的"两分法"。在被动货币政策和积极财政政策的组合机制下，如果给定外生预算盈余路径，那么方程（8.14）在价格均衡过程中发挥核心作用，因为该方程可以刻画价格水平的动态路径。此时价格调整是经济管理的核心工具，积极财政政策体现为财政支出要满足硬性约束，因此，在给定预算盈余变量 $\{\tau_t\}$ 外生的条件下，通过调整价格水平 $\{P_t\}$ 的路径可以达到方程平衡的效果。

与此对应，在被动财政政策和积极货币政策的经济政策组合机制下，其他控制变量的均衡等式，即其他一阶条件在市场均衡过程中发挥重要作用，此时政府主要依靠调整预算盈余来满足约束方程（8.14）。因此，无论在何种经济政策组合机制下，预算约束方程（8.14）都是需要满足的重要方程。

此外，约束方程（8.14）还体现了政府融资过程中财政和货币融资的相对作用，也体现出了"铸币税"收入与价格水平变化对财政政策影响的差异。例如，假设在某一周期内，$[(R_t - 1)/R_t]M_t/P_t$ 的数量很小，这意味着货币发行产生的"铸币税"收入比较微弱，从而导致未来一个阶段关于"铸币税"的预期将出现下调，此时表明积极货币政策效应也在减弱，从而出现倾向于积极财政政策的态势。此时，价格水平的随机波动会引起较大的财政收入的变化，在这种情形下更应该注重财政盈余管理，即关注财政盈余序列 $\{\tau_t\}$ 的动态属性。

---

[1] 关于"铸币税"的度量有多种方式，它们在数量上是基本等价的。常用的"铸币税"计算是利用通货膨胀率作为税率来乘以基础货币得到的。

为了具体求解模型并比较经济政策组合机制出现的变化，我们对模型中的一些变量进行简化处理。假设每个周期内 R_t^* 为恒定值 $\bar{r}$，λ_t 为恒定值 λ，$B_t^* = F_t$，在这样的假设条件下，这可以通过方程（8.6）得出：

$$\beta^{-1} = R_t E\left(\frac{P_t}{P_{t+1}}\right) \tag{8.15}$$

即以本币表示的政府债券的预期收益与贴现系数的倒数相符，此条件可以用于描述名义利率和均衡价格路径的动态性质。

三、初始经济政策组合机制的描述

首先，假设经济政策行为方式具有外生属性，是根据固定的政策规则进行的。因此，私人部门的优化行为是针对政府部门的政策机制所做出的自然反应。例如，模型系统中的预期变量就是私人部门做出的具体反应。但是，需要注意的是，经济政策行为本身是根据内生的经济变量的反馈规则构建的，这代表了私人部门行为与经济政策变量之间能够相互作用和相互影响。此外，我们假设模型中经济政策组合机制发生转换的日期也是内生的，这意味着模型系统本身具有自发调整的功能。

下面分析经济政策组合机制在模型系统中的表现方式。假设在某个时点 T 之前，政府采取的是积极货币政策和被动财政政策的组合方式，此时经济运行比较平稳，政府利用积极货币政策对价格和汇率进行"盯住"方式的调控，而对财政盈余采取规则性管理，财政盈余服从某个固定的随机过程，那么，采取的经济政策组合可以利用下述方程归纳和表示为：

$$\begin{cases} P_t = \bar{P} \\ \tau_t = \phi_0 + \phi_1\left(\frac{B_{t-1}}{P} + F_{t-1}\right) + \psi_t, \psi_t \sim iidN(0,\sigma^2), t < T \end{cases} \tag{8.16}$$

第一个方程表示货币政策目标以固定价格水平为中介目标，此时价格水平维持在常数状态。假设国外价格水平是单位价格，该价格水平等于名义汇率，那么这样的政策方式相当于采取固定汇率机制，代表着固定汇率体制下的经济政策操作。

第二个方程表示财政盈余服从的随机过程，对该过程的参数有一定的约束和要求。在这里，参数满足：$\phi_0 < 0$，$1 - \beta < \phi_1 < 1$。我们注意到政府大都采取赤字财政，这里 τ_t 是预算盈余，在赤字财政情况下，该变量过程的均值是负值，因此，需要参数约束 $\phi_0 < 0$。与此同时，约束条件"$1 - \beta < \phi_1 < 1$"能够保证基本预算盈余随着国债规模的扩大而增加，且

增加值能够抵消国债增加额,进而保证国债规模不会出现无限制的膨胀。参数 ϕ_1 的值越大,基本预算盈余对国债的系统反应也就越强烈。另外,这里关于财政冲击扰动 ψ_t 的假设也十分重要,假设该随机序列服从正态分布只是出于分析的方便,在计量分析过程中,还可以根据具体的财政冲击形式对该随机序列做出更为合理的假设。

需要注意到,由于货币政策采取了"盯住价格"的中介目标方式,另外一种政府融资和赋税方式,即通过征收通货膨胀税的方法来支付国债是无效的政策方式,而被动财政政策需要通过提高税收的方式来支付国债。

四、投机攻击发生后的经济政策组合机制转换

当经济系统中出现显著的货币冲击和随机扰动后,或者由于经济政策组合规则(8.16)无法无限期地执行下去,政府将无法持续维持固定价格水平目标,被迫实现经济政策组合机制的转换,下面利用该模型系统来分析货币政策机制的转换过程。

首先,由于价格水平保持常数,则由贴现率方程(8.15)得到:

$$\beta^{-1} = R_t = R^* = \bar{R} \tag{8.17}$$

而政府预算约束简化为:

$$\beta\left(\frac{B_t}{\bar{P}} + F_t\right) + \frac{M_t}{\bar{P}} = \left(\frac{B_{t-1}}{\bar{P}} + F_{t-1}\right) + \frac{M_{t-1}}{\bar{P}} - \tau_t \tag{8.18}$$

利用变量 G_t 表示前期债务的现期价值,则:

$$G_t = \frac{B_{t-1}}{\bar{P}_t} + F_{t-1} \tag{8.19}$$

当时间变量趋于无穷大时,根据政府的预算约束方程(8.18)和经济政策行为方程(8.16),可以得到债务水平 G_t 的动态方程为:

$$G_{t+1} = \frac{1}{\beta\bar{P}}(M_{t-1} - M_t) - \frac{\phi_0}{\beta} + \frac{1}{\beta}(1 - \phi_1)G_t - \frac{1}{\beta}\psi_t \tag{8.20}$$

假设货币供给具有外生速率 θ,则上述过程简化为:

$$G_{t+1} = -\frac{M_0}{\beta\bar{P}}(1-\theta)(1+\theta)^{t-1} - \frac{\phi_0}{\beta} + \frac{1}{\beta}(1-\phi_1)G_t - \frac{1}{\beta}\psi_t \tag{8.21}$$

显然,此时债务规模服从一阶高斯自回归过程,其自回归因子等于 $\beta^{-1}(1-\phi_1)$,该过程是否具有平稳性取决于该回归系数的绝对值是否大于1。因此,上述系统平稳性条件为:

$$1 - \phi_1 > \beta \tag{8.22}$$

还需要注意到，在平稳性假设下，此时回归过程的残差项的方差转变为：

$$\text{Var}(G_t) = \frac{1}{\beta^2 - (1-\phi_1)^2}\text{Var}(\psi_t) = \frac{\sigma^2}{\beta^2 - (1-\phi_1)^2} \quad (8.23)$$

显然，上述方差的非负条件与平稳性约束产生了冲突，这意味着在积极货币政策和被动财政政策组合下，无法维持平稳性的债务规模，势必要出现债务时间序列的无限制扩张。与此同时，从方差等式（8.23）中可以发现，债务冲击的方差要比原来财政冲击的方差大得多，通过简单的参数赋值就可以发现冲击方差的乘数放大效应。例如，假设参数为 $\phi_1 = 0.05$, $\beta = 0.99$，则有：

$$\text{Var}(G_t) = \frac{\sigma^2}{0.99^2 - (1-0.05)^2} = 12.5\sigma^2 \quad (8.24)$$

这说明，债务规模的冲击方差将是原来财政冲击方差的 12.5 倍，如此显著的乘数效应将导致经济政策的期限结构面临巨大的调整压力，由此诱发经济政策组合方式的转变，这也说明任何经济政策组合方式都面临转换的压力。

由此可见，上述模型系统在债务规模上无法满足自维持性。对此，私人部门应该具备一定的预期能力，并且预期在一定时期，当债务规模超过预算盈余一定程度时，政府将开始采取新的经济政策组合方式，也就是将目前积极货币政策与被动财政政策组合方式转变为被动货币政策与积极财政政策的组合方式。因此，问题就转化为如何界定政策转移的债务上限和政策组合转换的时点。

假设发生经济政策组合转换的债务上限是 $\bar{D}$，发生经济政策组合转变的时点是 T，此处 $\bar{D}$ 是外生给定的，而经济政策组合机制的转换时点 T 则是内生确定的，则经济政策组合转换的条件是：

$$\frac{B_{t-1}}{P} + F_{t-1} - \tau_t \geq \bar{D}, \quad t \geq T \quad (8.25)$$

这里的预算盈余 τ_t 也是初级财政赤字，因此，上述债务上限参数 $\bar{D}$ 实际上是债务规模与初期赤字的差距。由于预算盈余 τ_t 也是模型中的控制变量，当 T 趋于无限时，可以得到它的动态过程满足：

$$E_t(\tau_{t+1}) = \phi_0 + \frac{\phi_1}{\beta}\left(\frac{B_{t-1}}{P} + F_{t-1} - \tau_t\right) \quad (8.26)$$

显然初级预算赤字是债务规模的单调递增函数，这样一来，方程（8.25）给定的债务上限一定会在某个时点予以突破，也就是内在发生经济政策组合机制的转变。

五、发生经济政策组合机制转换后的经济政策规则

按照上述分析，当 $t \geq T$ 以后债务规模突破了预期上限，由方程 (8.16) 表示的积极货币政策与被动财政政策组合机制发生了转变，此时宏观调控采取的消极货币政策与积极财政政策组合机制可以表示为：

$$\begin{cases} R_t = \bar{r} \\ \tau_t = \bar{\tau} + \psi_t = \theta_0 + \theta_1 R_{T-1} + \psi_t, \psi_t \sim iidN(0, \sigma^2), t \geq T \end{cases} \quad (8.27)$$

其中，$\bar{r} \geq \beta^{-1}$，$\theta_0 > 0$。在 $t \geq T$ 的经济政策周期内，不再采用基本的泰勒规则，而是将名义利率固定在外生常数水平上。此时积极财政政策体现在，预算盈余序列服从具有常数位移动的高斯过程，常数位移动参数为 $\bar{\tau} = \theta_0 + \theta_1 R_{T-1}$，该参数依赖发生经济政策组合机制转换之前的利率水平。

为了比较分析经济政策组合机制转化前后的动态和稳态，我们对债务构成进行必要的简化。假设在债务规模中，外债的比例 κ 是固定的，那么外债规模可以表示为：

$$F_t = \kappa \left(\frac{B_t}{P} + F_t \right) \quad (8.28)$$

其中，参数 κ 满足 $\kappa \in [0,1)$，则在给定国债总量和冲击反应顺序的情况下，参数 κ 的改变将对政府的经济政策组合产生影响。对 κ 值的校验分析可以比较债务构成成分，即内部债务和外部债务对模型稳定性的定量影响。

第二节 经济政策组合机制转移模型的均衡分析

在上述模型系统中，在没有外生约定和简化假设下，模型系统的主要控制变量和状态变量集合为：

$$\{C_t, B_t, M_t, F_t, \tau_t, R_t, P_t\}_{t=0}^{\infty}$$

这些状态变量分别可描述为：经济系统的私人部门消费 C_t，国内发行的国债存量 B_t，银行发行的货币存量 M_t，持有的国外债券存量 F_t，政府预算盈余 τ_t，名义利率 R_t 和价格水平 P_t。下面，主要分析模型的动态机制，即在稳定状态下这些状态变量与控制变量，例如名义利率之间的关系。

一、度量经济政策转换机制的发生概率

假设当前时点 t 满足 $t < T$,此时政府采用"积极货币政策和被动财政政策组合"机制,根据前面给出的政府预算约束、政府货币政策"盯住目标"和财政政策操作规则,通过联立方程可以得到下述方程组:

$$\begin{cases} \dfrac{B_t}{R_t P_t} + \dfrac{F_t}{R_t^*} + \dfrac{M_t}{P_t} = \dfrac{B_{t-1}}{P_t} + F_{t-1} + \dfrac{M_{t-1}}{P_t} - \tau_t \\ P_t = \overline{P} \\ \tau_t = \phi_0 + \phi_1 \left(\dfrac{B_{t-1}}{\overline{P}} + F_{t-1} \right) + \psi_t, \quad \psi_t \sim iidN(0, \sigma^2), \quad t < T \\ F_t = \kappa \left(\dfrac{B_t}{\overline{P}} + F_t \right) \end{cases} \quad (8.29)$$

上述联立方程将政府的预算约束和政策规则以及国债构成组合起来。根据以上各式,可以得到实际国内债务余额和实际国外债务余额分别为:

$$\frac{B_t}{\overline{P}} = \left[\frac{R_t(1-\kappa)}{1-\kappa+\beta\kappa R_t} \right] \left[(1-\phi_1)\left(\frac{B_{t-1}}{\overline{P}} + F_{t-1} \right) - \phi_0 - \psi_t - \left(\frac{M_t - M_{t-1}}{\overline{P}} \right) \right]$$

$$(8.30)$$

$$F_t = \left[\frac{\kappa R_t}{1-\kappa+\beta\kappa R_t} \right] \left[(1-\phi_1)\left(\frac{B_{t-1}}{\overline{P}} + F_{t-1} \right) - \phi_0 - \psi_t - \left(\frac{M_t - M_{t-1}}{\overline{P}} \right) \right]$$

$$(8.31)$$

简单计算可以得到:

$$\frac{\mathrm{d}(B_t/\overline{P})}{\mathrm{d}R_t} = \left[\frac{(1-\kappa)^2}{(1-\kappa+\beta\kappa R_t)^2} \right] \left[(1-\phi_1)\left(\frac{B_{t-1}}{\overline{P}} + F_{t-1} \right) - \phi_0 - \psi_t - \left(\frac{M_t - M_{t-1}}{\overline{P}} \right) \right] > 0$$

$$(8.32)$$

$$\frac{\mathrm{d}F_t}{\mathrm{d}R_t} = \left[\frac{\kappa(1-\kappa)}{(1-\kappa+\beta\kappa R_t)^2} \right] \left[(1-\phi_1)\left(\frac{B_{t-1}}{\overline{P}} + F_{t-1} \right) - \phi_0 - \psi_t - \left(\frac{M_t - M_{t-1}}{\overline{P}} \right) \right] > 0$$

$$(8.33)$$

因此,当名义利率 R_t 提高时,国内债务和国外债务都随之提高,这时国债总量 $(B_t/\overline{P}) + F_t$ 也随之增加。另外,根据方程(8.30)和(8.31),还可以判断自回归系数和财政冲击扰动对债务水平的动态影响。例如,如果参数 ϕ_1 上升,在冲击 ψ_t 给定的条件下,国债总量下降,那么可以认为 ϕ_1 是衡量积极货币政策和消极财政政策组合下的财政政策改革程度的指标。

在上述关于利率变化的乘数关系中，还可以判断实际货币余额的变化对债务水平的影响。在上述公式（8.30）和（8.31）中，如果名义利率 R_t 上升，导致货币需求下降，此时出现实际货币余额的下降，即：

$$\frac{1}{P}(M_t - M_{t-1}) < 0 \tag{8.34}$$

这样一来，为了平衡预算约束，政府还需要进一步加大国债规模，这种强化关系在公式（8.32）和（8.33）中也得到了进一步验证。

为了描述政策组合机制的转变概率，将方程（8.16）给出的政策规则和方程（8.25）给出的转变条件结合起来，得到经济政策组合机制转变的随机条件是：

$$\frac{B_{t-1}}{P} + F_{t-1} - \left[\phi_0 + \phi_1\left(\frac{B_{t-1}}{P} + F_{t-1}\right) + \psi_t\right] \geq \bar{D}, \ t \geq T \tag{8.35}$$

对此进行整理，我们定义新的控制变量来度量具体的经济政策组合机制的转变概率，新的状态变量 Π_t 定义为：

$$\Pi_t = (1 - \phi_1)\left(\frac{B_t}{P} + F_t\right) - \phi_0 - \bar{D} \tag{8.36}$$

接下来描述经济政策组合机制转变的可能性。假设 q_t 为给定 t 时信息条件下，在 $t+1$ 时发生经济政策组合机制转变的概率。根据方程（8.35）和（8.36），经济政策组合机制是否发生转变就取决于现期状态变量 Π_t 与未来财政冲击的大小关系，因此，可以将经济政策组合机制转变概率表示为：

$$q_t = \Pr(\psi_{t+1} \leq \Pi_t | t) \tag{8.37}$$

由于假设财政政策冲击服从正态概率分布，因此，Π_t 越大，上述转移概率也就越大，这样一来，凡是导致 Π_t 增大的因素都将增加经济政策组合机制的转变概率。显然，名义利率是其中一个重要因素，因为名义利率提高将显著提高财政的债务水平，进而促进经济政策组合机制的转变。另外，就外生约束参数的作用而言，转变的阈值 $\bar{D}$ 越小，发生经济政策组合机制转变的概率就越大。另外，当 κ 值和 ϕ_1 值变大时，状态变量 Π_t 变小，此时将出现经济政策组合机制转换概率下降的情形，这给出了参数和转变概率之间的影响方向。

二、经济政策组合机制转换前的均衡路径性质

根据货币流通速率的表达式和方程（8.12），可以获得货币流通速率

与名义利率 R_t 之间的函数关系,具体可以表示如下:

$$V_t = \left\{\left[\gamma\eta\left(\frac{R_t}{R_t - 1}\right)\right]^{1/(1+\eta)} - 1\right\}^{-1} \tag{8.38}$$

通过简单检验可知,这是一个关于名义利率的单调递增函数,名义利率越高,货币流动速率越大,因为此时持有货币的边际成本较高,所以货币需求减少,也就增加了货币的流动性。

$$C_t^{-1} = \lambda_t [1 + \gamma f(V_t) + \gamma f'(V_t) V_t], f(V_t) \equiv \left[\frac{V}{1 + V_t}\right]^\eta$$

根据消费变量的一阶条件方程(8.5)和货币交易成本函数方程(8.11),可以将消费变量表示为货币流动速率 V_t 的单调递减函数。

$$C_t = \left\{\lambda\left[1 + \gamma\left(\frac{V_t}{1 + V_t}\right)^\eta + \gamma\eta\left(\frac{V_t}{1 + V_t}\right)^{\eta-1}\frac{V_t}{(1 + V_t)^2}\right]\right\}^{-1} \tag{8.39}$$

此时,我们注意到货币流动速率也是名义利率的函数,如果将方程(8.38)代入方程(8.39)中,就可以利用名义利率 R_t 来表示消费 C_t 的函数方程,并判断名义利率与消费变量之间的影响关系。根据上述函数的单调性,消费变化与均衡条件下名义利率的变化方向相反。当名义利率较高时,由于存在交易成本和货币的边际成本,将导致经济系统的消费需求降低。如果此时产业可以调整,那么较高的名义利率也将起到产出收缩的作用。

利用均衡路径上实际货币余额表达式(8.12),并将消费函数方程(8.39)代入其中,可以得到实际货币余额与名义利率之间的关系:

$$\frac{M_t}{P_t} = \left\{\left[\gamma\eta\left(\frac{R_t}{R_t - 1}\right)\right]^{\frac{1}{1+\eta}} - 1\right\}\left\{\lambda\left[1 + \gamma\left(\frac{V_t}{1 + V_t}\right)^\eta + \gamma\eta\left(\frac{V_t}{1 + V_t}\right)^{\eta-1}\frac{V_t}{(1 + V_t)^2}\right]\right\}^{-1} \tag{8.40}$$

显然,根据上述函数相对于利率变量的单调性,可以判断出名义利率与实际货币余额之间的反向关系,即名义利率提高将降低均衡路径上的实际货币余额,从而更加需要通过债务融资来解决政府的财政预算问题,进而产生经济政策组合机制的转换压力。

三、经济政策组合机制转变点的性质

根据前面的假设,经济政策组合机制在时点 $t = T$ 时发生转换,此时转换条件发生,并且经济政策规则由"积极货币政策与被动财政政策组合"[方程(8.16)表示]转变为"被动货币政策与积极财政政策组合"

[方程（8.27）表示]。下面，分别刻画转变时点 $t=\mathrm{T}$ 时价格和利率变量状态，以及转化后的经济系统机制。

在转变时点 $t=\mathrm{T}$，价格水平或者汇率 P_t 需要调整到公共债务的实际值等于预期预算盈余与预期"铸币税"收入总和的贴现值，并且是针对未来无限时间期限内的贴现。由于经济系统处于均衡路径上，此时价格水平或者名义汇率仍然需要满足均衡条件（8.14），将时间变量调整为 $t=\mathrm{T}$，我们得到关于 P_T 的约束条件为：

$$\frac{B_{\mathrm{T}-1}+M_{\mathrm{T}-1}}{P_\mathrm{T}}+F_{\mathrm{T}-1}=E_\mathrm{T}\left\{\sum_{s=0}^{\infty}\beta^s\left[\tau_{\mathrm{T}+s}+\left(\frac{R_{\mathrm{T}+s}-1}{R_{\mathrm{T}+s}}\right)\right]\frac{M_{\mathrm{T}+s}}{P_{\mathrm{T}+s}}\right\} \quad (8.41)$$

从上式中可以看出，在时点 $t=\mathrm{T}$ 的价格水平 P_T 依赖其后 $t\geqslant\mathrm{T}$ 时期内关于预算余额收入和铸币税收入的预期贴现值。

因为在 $t\geqslant\mathrm{T}$ 后发生了经济政策组合机制的转变，因此有 $R_t=\bar{r}$，同时方程（8.40）表示的实际货币余额也仅仅是 $R_t=\bar{r}$ 的函数。因此，简单计算可以发现，此时经济系统的"铸币税"收入也是常数水平，可以表示为：

$$E_\mathrm{T}\left[\sum_{s=0}^{\infty}\beta^s\left(\frac{R_{\mathrm{T}+s}-1}{R_{\mathrm{T}+s}}\right)\frac{M_{\mathrm{T}+s}}{P_{\mathrm{T}+s}}\right]=(1-\beta)^{-1}\left(\frac{\bar{r}-1}{\bar{r}}\right)M(\bar{r}) \quad (8.42)$$

其中，实际货币余额的长期贴现函数 $M(\bar{r})$ 可以表示为：

$$M(\bar{r})\equiv\frac{M_{\mathrm{T}+s}}{P_{\mathrm{T}+s}}=\left\{\left[\gamma\eta\left(\frac{\bar{r}}{\bar{r}-1}\right)\right]^{\frac{1}{1+\eta}}-1\right\}\left\{\lambda\left[1+\gamma\left(\frac{\bar{v}}{1+\bar{v}}\right)^\eta+\gamma\eta\left(\frac{\bar{v}}{1+\bar{v}}\right)^{\eta-1}\frac{\bar{v}}{(1+\bar{v})^2}\right]\right\}^{-1}$$

$$\bar{v}=\left\{\left[\gamma\eta\left(\frac{\bar{r}}{\bar{r}-1}\right)\right]^{\frac{1}{1+\eta}}-1\right\}^{-1} \quad (8.43)$$

由于在新的经济政策组合期限内，被动货币政策将促使名义利率固定在常数水平上，因此，新的均衡路径上出现固定的实际货币余额，其具体数值满足与固定利率的单调函数。

政府融资来源的另外一个成分，即政府通过财政盈余管理获得的收益是方程（8.41）预期贴现的第一部分，这涉及财政盈余序列 $\{\tau_{\mathrm{T}+s}\}_{s=0}^{\infty}$ 的政策规则，将方程（8.27）代入方程（8.41）中可以得到：

$$E_\mathrm{T}\left\{\sum_{s=0}^{\infty}\beta^s\tau_{\mathrm{T}+s}\frac{M_{\mathrm{T}+s}}{P_{\mathrm{T}+s}}\right\}=E_\mathrm{T}\left\{\sum_{s=0}^{\infty}\beta^s\frac{M_{\mathrm{T}+s}}{P_{\mathrm{T}+s}}(\theta_0+\theta_1 R_{\mathrm{T}-1}+\psi_\mathrm{T})\right\}$$

$$=\frac{1}{1-\beta}(\theta_0+\theta_1 R_{\mathrm{T}-1})M(\bar{r})$$

$$=\frac{\bar{\tau}}{1-\beta}M(\bar{r}) \quad (8.44)$$

再根据方程 (8.41)，可以得到转变时点价格水平 P_T 的表达式为：

$$P_T = \left(\frac{1}{B_{T-1} + M_{T-1}}\right)^{-1} \left[\frac{\bar{\tau}}{1-\beta} + \psi_T + \frac{1}{1-\beta}\left(\frac{\bar{r}-1}{\bar{r}}\right)M(\bar{r}) - F_{T-1}\right]^{-1}$$
(8.45)

化简得到：

$$P_T = \frac{(B_{T-1} + M_{T-1})(1-\beta)}{[\bar{\tau}/(1-\beta) + \psi_T] + [(\bar{r}-1)/\bar{r}(1-\beta)]M(\bar{r}) - F_{T-1}}$$
(8.46)

注意到上述公式中仍然有在 $t = T$ 时的财政冲击项 ψ_T，需要通过在政策组合机制发生转化的条件下的预期来进行处理。假设 $E_T(P_{t+1}^{-1}|\text{switch})$ 表示在 $t < T$ 时对下一个时间阶段随机变量在发生转变下的条件预期。则根据方程 (8.45) 可以推出：

$$E_T(P_{t+1}^{-1}|\text{switch}) = \left(\frac{1}{B_T + M_T}\right)\left[\frac{\bar{\tau}}{1-\beta} + \frac{1}{1-\beta}\left(\frac{\bar{r}-1}{\bar{r}}\right)M(\bar{r}) - F\right]$$
(8.47)

通过方程，本章给出了经济政策转换时点上的价格水平或者汇率水平的临界值。一旦经济系统出现经济政策组合机制的转换，经济系统的均衡路径将在这个时点上出现转变。由于本章假设调整是没有黏性的过程，因此这样的经济政策组合机制转变是跳跃性完成的。无论是出于投机攻击还是货币危机，此时在时点 T 处发生了显著变化，在随后的路径上，通过一些参数的调整，例如原来货币规则参数向财政政策规则参数的调整，将促使名义汇率在短期内出现大幅上升，即 $P_T > \bar{r}$。在这种情况下，经济政策组合机制的转变将导致以本币表示的政府债务 B 和货币供给量 M 的实际值不断下降。在具体的数量关系上，可以根据方程 (8.46) 进行判断。该方程分母中的 $\bar{\tau}/(1-\beta)$ 表示初级财政盈余的贴现值，因此，该项数值越小，导致的名义汇率 P_T 的跳跃就越大。类似地，其中"铸币税"收入的现期贴现值 $[(\bar{r}-1)/\bar{r}(1-\beta)]M(\bar{r})$ 越小，会导致名义汇率 P_T 产生幅度越大的跳跃。

显然，以上仅仅分析了经济政策组合发生转变时点的情形，而对其后出现的均衡路径性质还没有给出明晰的刻画，这是因为在未来经济变量的预期路径上还存在一些非确定性因素，可能出现多重均衡问题。目前很多经验事实表明，经济政策组合方式转变之后的浮动汇率体系仍然具有产生投机攻击或者货币危机的可能性，现实经济运行中很多货币危机也是出现在浮动汇率体制之下的，因此也存在经济政策组合机制再次发生转移，甚至形成经济政策组合转变周期的可能性。

第三节　具有政策漂移的动态随机模型的经济政策启示

如何预测和推断货币危机和投机攻击一直是金融风险管理的核心问题。第一代货币危机模型给出了货币危机发生的标准解释，该理论认为货币危机的成因在于，无论是危机之前还是危机之后，政府一直采取稳定和持续的信贷扩张政策，直到无限扩张的信贷规模与固定汇率体系无法相容，进而导致固定汇率体制崩溃和瓦解（Krugman，1979）。显然，在当前普遍实行浮动汇率体系而货币危机时有发生的情况下，这些解释未能很好地说明近年来发生的一些货币危机。上述给出和论证的经济政策组合机制转换模型，从一个新的角度解释了货币危机和投机攻击的形成原因和传导途径。在上述模型分析中，不仅将货币危机和投机攻击成因视为货币政策和财政政策协调失败，而且将经济政策组合方式的转变作为投机攻击和货币危机的传导途径。因此，模型能够说明目前在金融危机过程中，各国政府不断转换经济政策组合方式，加强信贷规模、国债规模和货币攻击管理的经济现实。本章从上述模型分析中获得如下重要经济政策启示。

首先，从上述分析中可以看出，经济政策操作过程中确实存在经济政策组合机制的"两分现象"或者"多分现象"，虽然本章仅仅关注了"积极货币政策与被动财政政策组合"和"被动货币政策与积极财政政策组合"两种具体方式，但这并不排除其他经济政策组合方式的存在和具体应用。就中国经济运行中宏观调控模式的选择而言，存在"积极财政政策与积极货币政策"的配合方式，针对这样的经济政策组合方式，还需要拓展上述分析框架来进行分析。同时，本章的研究还发现，无论是投机攻击的出现，还是货币危机的爆发，虽然在表示方式上都是政府的债务规模和货币规模的比例失调，虚拟经济运行严重偏离实体经济的支撑，导致价格、利率和汇率等剧烈波动，但其产生的主要原因之一就是货币政策和财政政策之间的配合和协调出现了严重问题，导致一些坚持的目标"盯住规则"，无论是"盯住汇率"还是"盯住利率"，无论是"盯住通货膨胀率"还是"盯住经济增长率"，都无法在长期内坚持并持续下去，随着金融投机攻击或者其他显著经济冲击的出现，经济系统进行大幅度的调整，这种调整本身一步的偏离或者向新的均衡路径进行调整。

其次，对近年来一些发生金融投机攻击或者出现货币危机的国家，选择外汇规模、汇率波动、"铸币税"收益、国债种类等指标进行了考察。研究发现，上述模型分析得到的一些定量结论与实际经济现实具有一定的相容性。例如，在模型的定量分析中发现，在经济政策组合机制发生转变的时点，名义利率、国债规模、"铸币税"收益、财政盈余贴现等指标都对名义汇率的调整幅度产生显著影响，因此，这些指标不仅是投机攻击和货币危机爆发的先行指标，而且可以利用这些指标的变化来度量投机攻击和货币危机的程度。模型的结构分析和均衡路径性质分析表明，在列举的经济政策组合机制转换的假设下，在针对货币危机的应对过程中，政府的融资方式应该更倾向于政府的财政盈余管理、国债成分和期限结构管理，此时应该采取灵活的和必要的财政政策改革，加强财政政策的需求管理和供给管理功能，并对传统的汇率制度进行必要的调整，实现固定汇率体系和浮动汇率体系的有机衔接。

最后，上述模型系统的稳定性分析和动态均衡路径分析表明，在货币政策与财政政策相互配合和协调过程中存在一定程度的冲突。因为无论是私人部门还是政府部门，其目标函数和资源约束中都缺乏相互对冲的配合方式，任何一种"盯住目标"的实现，都需要其他经济政策中介目标的"无界扩张"来实现。例如，在"积极货币政策与被动财政政策"组合方式中，为了实现"$P_t = \bar{P}$"的"价格盯住"目标，势必要减少实际货币余额的增量和规模，加之没有通货膨胀带来的显著"铸币税"收益，此时仅仅依靠财政盈余管理或者债务融资来平衡财政预算的"被动性财政政策"根本无法承担预期收支平衡的作用，加上固定汇率体系限制了本币和外币之间的贴现和浮动，因此，该经济系统就存在内生的爆发投机攻击和货币危机的内在原因。由此可见，在经济个体短期可以完全预期的假设下，随着投机攻击的产生和货币危机的形成，经济系统出现经济政策组合机制的转换也必然成为经济系统自身调整的重要方式和主要途径。但是，一个重要的问题是，如此反复出现的经济政策组合机制转换，是否能够形成具有周期性规律的经济政策组合周期，是否具有某种意义上的"最优经济政策组合"机制，这是可供未来继续研究的重要课题。

根据对经济政策组合机制转变概率的计算可以发现，随着时间推移和债务累积，经济政策组合机制发生转变的概率会逐渐增大并趋于1。在现实经济运行中，任何经济政策组合机制都存在着内生的"非稳定性"，这意味着发生金融投机攻击，形成金融脆弱性，进而产生货币危机等都具有一定程度的内生性，这种内生性不仅妨碍金融稳定性，而且会通过危机传染诱发实体部门危机，形成显著经济周期波动，导致经济政策周期与实际经济周期的连带和互动。因此，从经济政策组合机制内在非稳定性角度出发，应该在宏观经济管理中加强金融稳定的监管，既要防止长期单一的规则性经济政策，也不要偏执于短期灵活的相机选择性经济政策，而应根据产出波动、通货膨胀、利率和汇率的实际变化及预期，采取"总需求管理"和"总供给管理"并重的经济政策组合方式，以实现经济的长期、持续和稳定增长。

第九章　开放框架下金融市场传染效应的测度

在前文中已经讨论了金融脆弱性的度量以及金融投机发生的作用机制。投机攻击的发生并非单纯的微观主体行为，很多时候，投机攻击的发生将会引发经济变量的剧烈波动，进而导致大规模的货币危机。在封闭经济体制下，货币危机的发生可能仅仅对一国的实体经济产生作用，但是在开放经济的条件下，世界各国金融自由化的步伐加快，国际资本市场更发达，金融一体化趋势更为明显的背景下，投机攻击发生后，往往会迅速从影响本国实体经济开始急剧扩散影响他国实体经济乃至虚拟经济的发展，导致货币危机在更大的范围和更多国家形成"发生—传导—再传导"的恶性循环，造成更为恶劣的影响，即通过不同的金融传染渠道，金融危机蔓延至其他国家或地区。由于全球经济一体化的发展，金融传染的深度和广度都发生着巨大变化。因此，对开放经济条件下金融传染的研究能够帮助我们更为清晰地了解货币危机发生之后的作用途径和传导效应，对进一步制定防范金融危机的经济政策具有重要意义。

一般而言，金融传染的路径主要有三条：一是同一国家实体经济部门之间的金融传染；二是不同国家实体经济部门之间的金融传染；三是不同国家金融部门之间的金融传染（Baur，2010）。后两种传染方式在现代经济运行中受到更多的关注。在本章的研究中，首先，对金融传染的渠道及传导机制进行了描述；其次，重点针对第三条金融传染的路径给出实证检验证据，采用 DCC–GARCH 模型通过对美国股票市场和亚洲七国股票市场 1997 年到 2015 年底的相关性和波动性研究，说明这个时间区间内世界的股票市场之间是否存在金融传染，金融市场的传染是如何发生的，一国的金融传染又是如何作用于他国的金融市场的；最后，考察样本区间内的三段全球性金融危机期间的金融传染效应，说明当代金融危机的新特征以及在开放经济条件下，一国在金融风险管理过程中不仅需要防范经济系统内生脆弱性，也要防范单一国家与他国之间由于金融传染产生的溢出效应。

第一节 国内外实证研究综述

在第一章与第四章的内容中已经对金融传染的概念以及金融传染的模型进行了介绍,实际上,金融传染一旦发生,将经由不同渠道由一国传导至他国,对他国经济运行产生影响。本节对金融传染的实证研究进行回顾与总结,说明国际间金融传染实证研究的现状,进而对目前金融传染的不足进行总结。

一、金融传染的实证研究评述

与早期的货币危机相比,20世纪90年代之后发生的国际金融危机向人们展示了金融领域的风险积聚、风险传染和风险释放对实体经济产生的深远影响,金融市场之间的相互依赖性质已经成为经济学家研究的重要课题。货币危机的传染一旦发生,将会产生更为巨大的影响,因此,对金融传染[1]的研究主要集中于两个方面,首先是对金融传染是否存在的检验,其次就是对金融传染机制的实证分析。目前,对金融传染的研究主要包括以下几种方法:

(1) 不同市场之间资产价格相关系数研究。此种研究主要判断一些国家金融市场的资产价格是否存在联动和溢出关系,进而判断金融风险传染的可能性和存在性。

(2) 金融危机发生的条件概率分析。以一个国家发生的金融危机作为条件,度量另一个国家发生金融危机的条件概率,这个定量指标便是度量金融危机传染的重要尺度,如果该条件概率具有较高水平,则从因果关系角度能够判断金融危机传染的存在。

(3) 金融市场波动溢出效应分析。这是从波动率或者变化率角度判断金融危机传染的重要方法。如果一个国家的金融市场波动率能够对其他国家金融市场波动率产生影响,则意味着"溢出效应"存在,这是金融传染的重要途径和方式。

(4) "新息"溢出效应分析、协整分析和极端值分析。这是目前新的

---

[1] 由于检验金融传染的方法大多也可用来检验货币传染,因此,在这里并不强调两者的区别。

研究角度和研究方法，表示为一个新的术语就是"新闻信息"或者"新的信息"（news），简单称之为"新息"。这种"新息"冲击产生的"溢出效应"也是金融传染的重要方式。

现有的对金融危机传染的实证研究包含众多的方法与模型，学者们试图从不同的角度对金融危机传染进行度量，主要的实证研究方法包括：

（1）相关性分析。相关性分析方法认为在危机发生前后两国金融市场间的相关系数会发生显著变化，当危机发生后的相关系数显著高于危机发生前时，则认为两国市场间存在传染，并且认为其主要原因在于危机发生后，两国金融市场由于某种原因产生联动效应（co-movement），跨市场相关性增强。Corsetti 等（2008）采用 DSGE 模型检验了 1998 年东南亚金融危机期间泰国等多国汇率市场间的相关系数，发现在危机发生后多国汇率市场的相关性显著增加，证明了传染的存在。

（2）多元 GARCH 模型。许多学者采用 VAR 模型以及脉冲响应模型检验金融危机传染的波动性溢出效应，证实了金融危机传染的存在。但是 VAR 模型存在方差自回归现象，会对实证结果产生一定影响。多元 GARCH 弥补了 VAR 模型的缺陷。Edwards（1998）运用 GARCH 模型实证研究了 1994—1995 年墨西哥比索危机期间，墨西哥对南美各国的传染效应，结果表明，智利未受传染，阿根廷遭受了传染。

（3）条件概率检验法。Eichengreen（2008）认为，存在传染与否取决于一国发生金融危机时，另一国发生危机的条件概率值的大小，概率越大，传染效应越强。Caramazza 等（2004）通过应用 Probit 模型估计条件概率大小来研究金融危机传染，发现经济、贸易联系越密切的国家，发生传染的条件概率越大。

（4）协整模型。不同国家和市场间存在着长期均衡关系，当传染发生时，该种长期均衡关系会发生改变，可以以此来检验危机传染效应。在运用相关系数检验法来验证传染时，往往需要剔除市场间的长期均衡关系，这样可以有效去除长期趋势对跨市场关联性的影响。Cashin（1999）等在采用 1989—1995 年间六个新兴市场国家的金融市场数据进行实证分析时发现，一国发生危机，需要几周时间才能传染到其他国家。Gelos 和 Sahay（2001）研究了欧洲 10 个国家和地区金融市场的长期均衡关系。

整体而言，国外学者对金融传染的实证研究采用了多种方法，国内学者对金融传染的研究则集中于理论研究，实证研究侧重于相关性分析或者 VAR 模型的方法。

资产价格相关系数的研究方法是通过比较两个市场在金融危机发生时

和经济发展平稳期的关联系数来对金融传染进行判断，如果关联系数在金融危机发生时上升了，则说明两个市场间的传递机制加强了，即存在金融传染。Calvo 等（1995）利用了资产价格相关系数对 1994 年墨西哥比索金融危机进行检验，研究的结果显示危机发生期股票价格和 Brady 债券在亚洲和拉丁美洲之间的相关系数显著提高，这说明两个区域金融市场之间存在金融传染。

Baig 和 Goldfajn（1999）对 1995—1998 年之间的东南亚五国（印度尼西亚、韩国、马来西亚、韩国和菲律宾）的外汇、股票、利率和国债市场的资产价格相关系数进行了检验，结果显示在金融危机发生时，这些金融市场的相关系数明显提高，很好地印证了利用资产价格相关系数进行金融传染检验的合理性。但是，资产价格相关系数的检验未必是始终有效的。

Baig 和 Goldfajn（1999）以及 Park 和 Song（1999）研究发现，资产价格相关系数的变化有时候会受到共同冲击和国内经济基本面、风险观念、偏好变化的影响，因此，在利用这个方法对纯粹金融传染进行检验时需要对这些因素进行控制。

Corsetti（2006）对资产价格相关系数的研究方法进行了修正，指出金融传染是大幅超出了由于密切关联所造成的相关性的提高，并运用实证检验的方法说明一半以上的国家之间存在金融传染。

金融危机发生的条件概率分析就是在其他国家发生金融危机的条件下，对某一国家金融危机发生概率的分析方法，如果发生概率上升了，则说明国际金融市场之间存在金融传染。这种分析方法多采用 Probit 模型和 Logit 模型。Eichengreen（1996）参考 1959—1993 年 20 个工业化国家的面板数据，利用 Probit 模型对金融危机发生的概率进行了估计，发现金融传染更容易在贸易相连的国家之间出现。Eichengreen 等（1996），Kaminsky 和 Reinhart（1998）利用概率模型对一国金融危机发生后的外生变量影响他国危机的发生概率进行了分析，认为如果该国受到投机攻击，那么另一国受到投机攻击的概率必然增加，而且主要是通过贸易渠道进行传染。Glick 和 Rose（1999）对全球五次金融危机发生时 161 个国家的情况进行了检验，证实了贸易联系在危机传染过程中具有很重要的作用。

Haile 和 Pozo（2008）的研究认为金融传染主要包括 4 个渠道，即贸易渠道、金融渠道、经济相似度和邻国的影响，并利用概率模型对 37 个国家的季度数据进行了分析，认为贸易渠道是其中最为重要的一个渠道。不过，Kaminsky 和 Reinhart（2000）的研究认为金融传染的贸易渠道并不适合于所有区域，相比之下，拉丁美洲比东亚更适合上述结论。Baig 和

Goldfajn（1999）利用贸易矩阵对东亚情况的分析也支持了这一结论——贸易联系对1997年东亚金融危机的传染解释力不强。

金融市场波动溢出分析是将金融市场的波动看作自身发展内生的波动和其他市场影响下的波动，波动的溢出效应反映在模型中就是市场收益二阶矩之间的Granger因果检验。通常采用VAR模型的方差分解和脉冲响应进行分析或是采用多元GARCH（广义自回归条件异方差）模型进行分析。Baig和Goldfajn（1999）利用VAR模型对东亚国家货币市场和股票市场之间的关联进行了研究，证明了风险传染的存在。Masih（1999）则运用VAR模型检验了国际股票市场和东亚新兴市场的长期和短期动态联系。Yang和Bessler（2008）使用该方法对1987年的金融危机进行了研究，发现金融传染的路径是从美国市场传染到日本市场又再度作用于美国市场。Edwards（1998）利用GARCH模型对墨西哥的比索金融危机进行了检验，说明金融危机发生时，墨西哥对阿根廷有很显著的传染效应，但对智利的传染效应则不显著。

黄义珏、宋学锋、夏峰（2000）利用概率模型、GARCH模型等定量方法对1997年泰国金融危机的主要经济因素、传染效应进行了分析，认为金融传染的主要原因是一些结构性的因素，包括金融自由化的程度、宏观经济政策等。张志波、齐中英（2005）利用VAR模型对东亚金融危机9个国家的外汇市场情况进行了检验，说明泰国金融危机对东亚各国都产生了一定影响，但是对中国香港和大陆影响很小。李成、王建军（2009）则对9个国家在危机隐蔽期、爆发期和深化期的经济数据进行了Granger因果关系检验和脉冲响应函数检验，结果说明，金融全球化使金融危机呈现网状的交叉感染。方毅、张屹山（2007）运用多元的GARCH模型对期货市场的传染进行了研究，结果表明Granger因果关系存在，并从实证角度证明了市场之间存在显著的"波动溢出效应"。

除了这些方法以外，经济学家也进行了一些其他的尝试，包括"新息"溢出效应分析、协整分析和极端值分析等。如Cashin（1995）利用协整分析方法研究金融传染，说明新兴市场国家经济一体化在20世纪90年代显著提高。Baig和Goldfajn（1999）在研究1997年东亚金融危机时认为，股票市场的"新息"对其他国家的金融市场也会产生影响。Bae、Karolyi和Stulz（2003）利用多元Logit模型进行分析时认为，只有在随机变量超越某个阈值时，金融传染才会发生。Pesaran和Pick（2009）的研究也使用了阈值的概念，认为检验参数显著增强时会发生金融传染。

与传统的对金融传染的研究相比，金融传染实证研究的创新点在于非线性模型的研究，现有的研究成果主要有 Copula 函数方法和 Logistic 回归方法等。Bae 等（2003）利用多变量 Logit 回归分析来研究传染，通过对墨西哥和亚洲金融危机的实证研究发现，拉丁美洲金融市场的金融传染效应要大于东南亚金融市场的传染效应。此外，他们还运用蒙特卡罗模拟法检验了收益率值的多维正态分布、T 分布和 GARCH 分布，研究的结果证明了金融传染的存在。我国学者近些年来也开始逐步使用非线性的方法对金融传染进行检验。其中，韦艳华、齐树天（2008）利用 Copula 函数方法的实证研究说明，在亚洲金融危机爆发时，越南的金融市场由于和东南亚各国的相关性不强，因而越南危机的金融传染效应不大。叶五一、缪柏其（2009）利用阿基米德 Copula 变点检验的方法对金融传染进行研究，证明了传染效应的存在，全面地分析了国家收益率之间的相依结构。

总之，对于金融传染的检验国外已经有了比较成熟的理论和方法，但国内研究尚处于起步阶段，尤其在利用非线性模型来检验金融传染这一领域刚刚开始得到重视。

二、国内现有研究成果的不足之处

国内学者对金融危机传染的研究起步较晚，在国外金融危机传染理论相对完善和深入的基础上，国内学者主要致力于借鉴国外学者的成果进行金融危机传染方面的实证检验及现实指导方面的研究。董秀良（2009）等实证检验了国内外多个股票市场间的波动溢出效应，发现美国、日本等发达国家金融市场的波动会通过香港金融市场传导至上海股票市场。黄飞鸣（2012）采用格兰杰模型检验 5 个国家的危机传染效应，得出结论是美国与各国有单向的影响关系。宝音朝古拉（2013）等采用 VAR 模型分析了 2008 年全球金融危机期间东南亚主要国家和地区的危机传染问题。杨柳勇（2012）构建了一个理论模型来分析国际投资银行在 2007 年美国次贷危机的爆发和传染过程中的作用，发现投资银行和资产证券化金融市场平稳期促进了市场的健康快速发展，但是在危机发生时，加速了危机的扩散和传染。龚朴等（2009）分析了 2008 年全球金融风暴期间美国次贷危机对我国沪市和深市股票市场的传染效应，实证结果体现出美国对我国金融市场的直接传染和通过香港股票市场的间接传染，并得出影响呈现阶段性增强趋势的结论。叶五一等（2014）采用 Copula 模型的变点检测研究 2008 年全球金融危机的传染效应，发现大部分国家的金融市场数据都与美国的存在变点，并且变点的时间与危机爆发的时间大体一致。

第二节　国际金融市场金融传染的测度方法选择

目前，对金融传染的研究主要包括以下几种方法：不同市场之间资产价格相关系数的研究、金融危机发生的条件概率分析、金融市场波动溢出分析、"新息"溢出效应分析、协整分析和极端值分析等。与国外层出不穷的金融传染的实证研究相比，国内学者对金融传染的研究主要集中于理论研究，实证研究主要集中于相关性分析或者 Copula 模型及 VAR 模型等方法。下面，将重要介绍在后文中将运用到的 GARCH 模型与 Granger 因果检验的方法。

一、GARCH 模型

在大量关于经济和金融时间序列的研究中发现，变量的方差与均值一样具有时变性的特质。Bolleslev（1986）在原有 ARCH 模型的基础上进行拓展提出的 GARCH 模型，较好地描述了金融时间序列的波动性质，GARCH 模型由均值方程和方差方程组成，其一般形式可表示为：

$$r_t = x'\beta + \psi\delta + \varepsilon_t \tag{9.1}$$

$$h_t = \omega + \sum_{j=1}^{p}\beta_j h_{t-j} + \sum_{i=1}^{q}\alpha_i \varepsilon_{t-i}^2 \tag{9.2}$$

$$\varepsilon_t = v_t \sqrt{h_t} \tag{9.3}$$

其中，h_t 是条件方差，v_t 是独立同分布的随机变量，h_t 与 v_t 相互独立。式（9.1）称为条件均值方程；式（9.2）称为条件方差方程，说明时间序列条件方差的变化特征。为了适应收益率序列经验分布的尖峰厚尾特征，也可假设收益率服从其他分布，如 Bollerslev（1987）假设收益率服从广义 t - 分布，Nelson（1991）提出的 EGARCH 模型采用了广义误差分布（GED 分布）等。另外，许多实证研究表明，收益率分布不但存在尖峰厚尾特性，而且收益率残差对收益率的影响还存在非对称性。

当 GARCH（1，1）模型能够被应用于诸多高频金融时间序列当中的时候，众多学者时常会发现 α 以及 β 的具体估计值之和接近于 1。根据 Engle 和 Bollerslev（1986）的思想，当 $\alpha + \beta = 1$ 时，该模型就是单整 GARCH（IGARCH）过程。IGARCH 模型可以成为单位根 GARCH 模型，同时又接近于 ARIMA 模型。

二、DCC-GARCH 模型介绍

Bollerslev（1990）提出了双变量常相关的 CCC-GARCH 模型，其中设 y_t 是具有零均值的随机变量，$t = 1,2,\cdots n$，变量 y_t 的条件相关系数是：

$$\rho_{ij,t} = \frac{E_{t-1}[y_i, y_j]}{\sqrt{E_{t-1}[y_{i,t}^2] E_{t-1}[y_{j,t}^2]}} \quad (9.4)$$

设 $\sigma_{i,t}^2 = E_{t-1}[y_{i,t}^2]$，标准化残差则为 $Z_{i,t} = y_{i,t}/\sigma_{i,t}$，那么，相互系数可以表示为：

$$\rho_{ij,t} = E[Z_{i,t} Z_{j,t}] \quad (9.5)$$

$$\sigma_{i,t}^2 = \omega_i + \alpha \gamma_{i,t-1}^2 + \beta_i \sigma_{i,t-1}^2 \quad (9.6)$$

α_i 和 β_i 分别表示上述单变量 GARCH 模型中前期之后项的系数和前期条件方差的系数。在 CCC-GARCH 模型基础上，Engle（2002）提出了多变量动态条件相关的 DCC-GARCH 模型，其中，多元 GARCH 模型的动态条件方差表示为：

$$q_{ij,t} = \overline{\rho}_{ij} + \alpha(Z_{i,t-1} Z_{j,t-1} - \overline{\rho}_{ij}) + \beta(q_{ij,t-1} - \overline{\rho}_{ij}) \quad (9.7)$$

其中，$\overline{\rho}_{ij}$ 是依据标准化残差计算出的非条件相关系数，α 和 β 分别是多元 GARCH 模型中前期标准化残差平方系数和前期条件方差系数，满足 $\alpha \geq 0$，$\beta \geq 0$，$\alpha + \beta < 1$。并且具有一致性和渐进正态的性质。多元的 DCC-GARCH 模型可以表示为：

$$y_t | \Phi_{t-1} \sim N(0, D_t R_t D_t) \quad (9.8)$$

其中，$D_t = diag(\sigma_{i,t}, \cdots, \sigma_{n,t})$，$R_t = [diag(Q_t)]^{-\frac{1}{2}} Q_t [diag(Q_t)]^{-\frac{1}{2}}$，$Z_t = D_t^{-1} y_t$，$Q_t = (q_{ij,t})$。

这里，Φ_{t-1} 是到 $t-1$ 期为止所有可能获得的信息集，R_t 是动态条件相关系数矩阵。假设 θ 为 D_t 中需要估计的参数，ϕ 是 R_t 中需要估计的参数，那么，对数似然函数可以表达为：

$$l(\theta, \phi) = \sum_{t=1}^{T} l_t(\theta, \phi) \quad (9.9)$$

将不变项 $nlog(\pi)$ 省略后，转变为：

$$l(\theta, \phi) = -\frac{1}{2}(\log|D_t R_t D_t| + y_t' R_t^{-1} D_t^{-1} y_t) \quad (9.10)$$

为简化极大似然估计的程序，将上式转变为：

$$l(\theta,\phi) = -\frac{1}{2}(2\log|D_t| + y_t'D_r^{-1}D_t^{-1}y_t - Z_t'Z_t + \log|R_t| + Z_t'R^{-1}Z_t)$$

(9.11)

这样,似然函数就可以分解为变动项:

$$l_v(\theta) = -\frac{1}{2}(2\log|D_t| + y_t'D_r^{-1}D_t^{-1}y_t)$$

(9.12)

以及相关的部分:

$$l_c(\theta,\phi) = -\frac{1}{2}(2\log|R_t| + Z_t'R^{-1}Z_t - Z_t'Z_t)$$

(9.13)

对宏观经济变量的不确定性和宏观经济运行的指示器之间的关联的研究主要采用同步法和两步法,同步法可以对宏观经济变量在二者之间的水平值和不确定性之间的关系进行同步的估计和检验。而在这里,DCC-GARCH 模型则是采用两步法进行估计和检验,也就是所谓的两阶段估计,首先用单变量的 GARCH 模型估计式(9.10)和式(9.7)中的变量 θ,然后将 θ 的估计值代入式(9.9)中,运用极大似然估计的方法可以获得参数 ϕ 的值。

第三节 美国股票市场与亚洲新兴股票市场关联性检验

前面已经介绍了金融传染的测度方法,下面的内容中,我们将对股票市场之间的金融传染进行检验。研究已经证明,国际股票市场之中的收益率存在相关性,市场收益率之间的相关性在牛市较低,在熊市则较高(Ang & Bekaert,2002;Longin & Solnik,1995,2001)。除此以外,Lin 等(1994)也说明了,在市场波动和股票市场出现危机时,股票市场之间的关联度较高。这样的一些研究结论为国际投资策略的选择以及对国际股票市场之间的冲击渠道的研究都提供了依据。

而现有对股票市场之间的联系的一些研究中往往是针对发达国家股票市场的探讨。例如 Hamao 等(1990)、Theodossiou 和 Lee(1993)以及 Kim 等(2005)近些年来也有一些研究是对新兴市场与发达国家的股票市场之间的关系的探讨,例如,Bekaert(1995)、Bekaert 和 Harvey(1995)、Yang(2005)、Chiang 等(2007)。在本章中,采用 Engle(2002)的动态条件相关多元 GARCH 模型说明 1997—2015 年美国与亚洲各国股票市场的相互依存关系,探讨开放经济条件下各国金融传染的渠道。

一、亚洲股票市场的市场特征

本章主要研究美国股票市场和亚洲主要股票市场的协同性，选用的数据频度为周度数据[1]。选取的样本为美国道琼斯工业指数（DJIA）、上证综合指数（SHCI）、香港恒生指数（HSI）、韩国 KOSPI 指数（KS11）、日经 225 指数（NKY）、马来西亚 KLSE（KLCI）、印度 BSE30（BSE）指数的周收益率，数据的起止时间为 1997 年 7 月 11 日到 2015 年 3 月 31 日，数据来源于锐思数据库（www.resset.cn），共选取 925 个样本数据。为说明美国股票市场对亚洲股票市场的溢出和传染效应，本章选取的样本期间涵盖了 20 世纪 90 年代以来亚洲主要发生的三次金融危机，同时，选取的样本国家主要是新兴市场经济国家。一直以来，亚太地区对美国经济的依赖程度较高，20 世纪 80 年代以后，亚洲股票市场在世界股票市场中的发展速度很快，形成了各国股市自身特点，是世界上最吸引投资者的股票市场之一。但高速的增长未能规避股市的高风险，在三次主要的金融危机中，各国的股市都受到不同程度影响，且各国政府的救助手段的不同也为各国经济持续发展带来不同影响。图 9.1 展示了 1997 年 7 月 11 日至 2015 年 3 月 31 日之间各国股票市场指数的变化情况。

图 9.2 给出了 7 个样本国家股票市场的周收益率的时间序列图。通过周收益的时间序列图，可以初步对美国股票市场和亚洲国家股票市场的波动情况有直观认识。

图 9.2 表明，在样本期间内，各国股票市场都曾经出现异常峰值，而主要的变动出现于三次金融危机期间[2]，其余阶段则总体表现平稳。这也说明了序列波动的突发性和显著性。从波动的幅度来看，美、日等发达国家的股票收益率的波动性较亚洲新兴市场经济国家的市场波动性弱，以上证指数、香港恒生指数等为代表，市场波动性相对剧烈，这体现了新兴市场经济国家股票市场还不够成熟，总的来看，亚洲股票市场发展时间较短，存在诸如持股结构、经营者机构等问题，因而抵御风险的能力较差，同时从图中可以看出，序列都具有明显集聚特征，说明存在条件异方差现

---

[1] 本章主要考察金融市场之间的系统风险，选用周度数据一方面可以保证样本容量足够，另一方面也可以避免短期的投机行为对系统风险的影响，将投资者的非理性行为对金融市场造成的波动最小化。（Berben & Jansen, 2005）

[2] 本章三次金融危机期间分别指 1997—1998 年亚洲和俄罗斯金融危机时期，2000—2002 年网络泡沫时期，2008—2009 年股票市场崩盘时期。

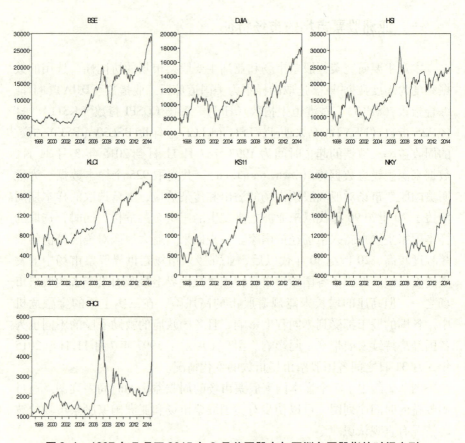

图 9.1　1997 年 7 月至 2015 年 3 月美国股市与亚洲各国股指的时间序列

象，这些序列中出现的扰动不是白噪声过程，可能引起伪回归的问题，因此，在进行参数估计之前，需要对数据进行单位根检验和序列自相关性检验。各国股票市场指数周收益率的描述性统计量如表 9.1 所示。

从表 9.1 中各国每个市场月收益率的基本统计描述中发现：就收益率均值和标准差而言，道琼斯工业综合指数的周平均收益的标准差最小，而收益也相对低于新兴市场国家，此外，日本股票市场的收益率是所有国家中最低的。这说明，相对于世界上成熟的股票市场而言，新兴市场国家股票市场的主要特征为"高风险、高收益"。而成熟的资本市场虽然收益较小，但是相对风险也较小，因此不易受到金融冲击的影响。就偏度和峰度来看，世界各大股票市场周收益率序列的峰度均大于 3，偏度均不为 0，呈现"尖峰厚尾"的现象。就 JB 统计量来看，在 1% 的显著性水平下，

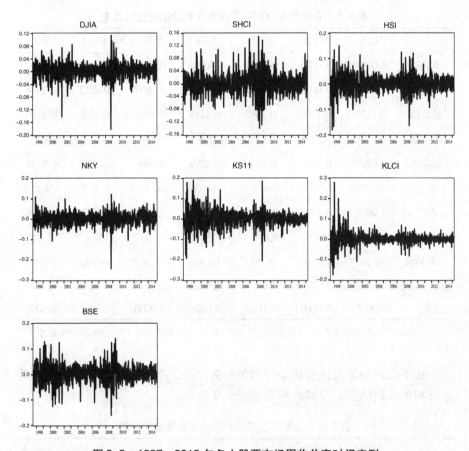

图 9.2　1997—2015 年各大股票市场周收益率时间序列

各个市场的周收益率都显著异于正态分布。同时，可以看到序列 ARCH 效应检验的 P 值均接近于 0，这说明各国股票指数的周收益率存在 ARCH 效应。因此，采用 GARCH 模型是合理的。单位根的检验结果显示时间序列的 ADF 检验统计量都远远小于 1% 的临界值，在 99% 的置信水平下拒绝原假设。每个国家的周市场收益率序列都通过了单位根检验，I（1）序列是平稳的，能够进行 DCC-GARCH 回归分析，避免了虚假回归。

表9.1 各国股票市场指数周收益率的描述性统计量

	DJIA	SHCI	HSI	NKY	KS11	KLCI	BSE
均值	0.0011	0.0024	0.0012	0.0006	0.0016	0.0010	0.0020
中位数	0.0026	0.0022	0.0018	0.0019	0.0032	0.0015	0.0033
最大值	0.1129	0.1496	0.1493	0.1213	0.1905	0.2786	0.1408
最小值	-0.1815	-0.1384	-0.1806	-0.2433	-0.2049	-0.1733	-0.1595
标准差	0.0238	0.0327	0.0340	0.0299	0.0401	0.0291	0.0334
偏度	-0.6501	0.3789	-0.1910	-0.6357	-0.1496	0.8402	-0.1510
峰度	9.0806	5.1728	6.0492	8.2446	7.1892	17.9623	5.4339
JB统计量	1490.2***	204.09***	363.97***	1122.4***	679.83***	8736.4***	231.82***
ADF检验	-20.161***	-27.240***	-29.133***	-19.892***	-33.082***	-19.062***	-29.362***
ARCH(1)检验	22.107 [0.0000]	27.789 [0.0000]	10.462 [0.0012]	3.9180 [0.0478]	29.298 [0.0000]	5.5180 [0.0188]	17.424 [0.0000]

注：( )中代表滞后阶数，[ ]代表对应统计量，***，**，*分别表示在1%，5%和10%的水平下显著。

接下来，为了对比分析条件相关系数序列，本章给出了时间序列的非条件相关系数结果，得到的结果如表9.2所示。

表9.2 各国股票市场之间的非条件相关系数

	DJIA	SHCI	HSI	NKY	KS11	KLCI	BSE
DJIA	1.0000	0.0577	0.5091	0.4947	0.3974	0.2532	0.3926
SHCI	0.0577	1.0000	0.2150	0.1535	0.1423	0.1067	0.1379
HSI	0.5091	0.2150	1.0000	0.5345	0.5413	0.4331	0.4726
NKY	0.4947	0.1535	0.5345	1.0000	0.4874	0.2873	0.3979
KS11	0.3974	0.1423	0.5413	0.4874	1.0000	0.3063	0.3871
KLCI	0.2532	0.1067	0.4331	0.2873	0.3063	1.0000	0.2641
BSE	0.3926	0.1379	0.4726	0.3979	0.3871	0.2641	1.0000

为说明美国股市与亚洲股市之间的因果关系，对样本区间内美国股市周收益率与其他亚洲国家股票市场周收率进行线性Granger因果关系检验。

结果如表 9.3 所示。

表 9.3　各国股票市场之间的 Granger 因果关系检验结果

原假设	F 统计量	概率
DJIA 非格兰杰影响变量 SHCI	7.4849	0.0006
DJIA 非格兰杰影响变量 HSI	8.2737	0.0003
DJIA 非格兰杰影响变量 KS11	17.3703	0.0000
DJIA 非格兰杰影响变量 NKY	14.1841	0.0000
DJIA 非格兰杰影响变量 KLCI	8.0331	0.0003
DJIA 非格兰杰影响变量 BSE	16.5297	0.0000
SHCI 非格兰杰影响变量 DJIA	4.0522	0.0177
HSI 非格兰杰影响变量 DJIA	0.9731	0.3783
KS11 非格兰杰影响变量 DJIA	0.4140	0.6611
NKY 非格兰杰影响变量 DJIA	2.3296	0.0979
KLCI 非格兰杰影响变量 DJIA	0.9693	0.3797
BSE 非格兰杰影响变量 DJIA	0.6332	0.5311

以表 9.2 中各股票指数之间的相关系数来看，除与中国以外，各国的股票市场之间的关联性都相对显著。中国的上证综合指数与美国的道琼斯工业综合指数以及亚洲各股市的相关系数较小，而它与世界最成熟的美国股票市场的联系甚至还要小于其他亚洲各国股票市场之间的相关性。同样作为"金砖四国"之一的印度与亚洲各国股票市场的联系要明显大于中国。但是，需要注意的是，这里所得到的相关性是一种静态的相关系数，并不是随时间动态变化的。因此，这里仅利用静态系数判断国际股票市场之间关系的结论有待验证。此外，由表 9.3 美国与亚洲各国的 Granger 因果检验结果来看，能够确定美国股市对亚洲国家和地区的股市的影响，但是多数亚洲新兴的经济体对世界股票市场并不会产生作用。为进一步了解各国股市之间的动态相关性，本章采用的多变量动态条件相关模型，即 DCC-GARCH 模型能够分析美国股票市场和亚洲股票市场之间的联动性，对各国股市之间的动态相关性进行捕捉。

二、DCC-GARCH 模型的参数估计结果

多元 DCC-GARCH 模型可以在样本中得到所有可能的指数收益之间的

相关系数,并能描述在某些特定时期不同国家的行为。由表 9.1 的分析结果可以看出,各国股票市场的周数据存在异方差和序列自相关的问题。因此,可以对任何两个被特定危机影响的市场之间可能存在的传染效应进行检验。基于上述的分析,以本章选取的变量构建 DCC-GARCH 模型可以得到:

均值方程为:
$$r_t = \mu + \gamma_1 r_{t-1}^{DJIA} + \gamma_2 r_{t-1}^{others} + \varepsilon_t \qquad (9.14)$$

其中,$r_t = (r_{1,t}, r_{2,t}, \cdots r_{6,t})'$,$\varepsilon_t = (\varepsilon_{1,t}, \varepsilon_{2,t}, \cdots \varepsilon_{6,t})'$,$\varepsilon_t | I_t \sim N(0, H_t)$。

方差方程为:
$$h_{ii,t} = \omega_i + \alpha_{i,1} \varepsilon_{i,t-1}^2 + \beta_{i,1} h_{ii,t-1}, \quad \text{对 } i = 1,2,\cdots,7 \text{ 成立} \qquad (9.15)$$

DCC 方程为:
$$q_{ij,t} = \bar{\rho}_{ij}(1 - a - b) + b q_{ij,t-1} + a \eta_{i,t-1} \eta_{j,t-1} \qquad (9.16)$$

$$\rho_{ij,t} = \frac{q_{ij,t}}{\sqrt{q_{ii,t}} \sqrt{q_{jj,t}}}, \quad \text{其中 } i,j = 1,2,\cdots,7 \text{ 且 } i \neq j$$

在估计 DCC-GARCH 模型之前,需要生成 CCC-GARCH 模型来说明条件相关系数存在动态特征[1]。表 9.4 给出了多元 DCC-GARCH 模型的估计结果。其中第一行为均值方程的估计结果,第二行为方差方程估计结果,第三行为 DCC 方程估计结果。

表 9.4 中方差方程中 α 表示新信息系数,是市场中新出现的信息对下一期波动的影响程度。α 的值越高,表示市场对信息的敏感程度越高。β 表示衰减系数,是条件协方差受自身滞后一期的影响程度。β 值越大,表示条件协方差的衰减速度也就越快。其中:$\lambda = \alpha + \beta$ 是对股票指数收益率波动持久性的衡量,即现有的波动性在未来消失的速度,若 λ 越接近于 1,则波动趋势在未来持续的时间将会更长。结果表明,用 $(\alpha + \beta)$ 来测量波动的持久性与检测所有市场的方法是相当接近的。通过表 9.4 的 λ 值我们发现,GARCH 模型的波动性具有很高的持久性。

---

[1] 上表中最后两行 a 和 b 的值均显著为正,故应使用 DCC-GARCH 而非 CCC-GARCH 模型。

表9.4 DCC-GARCH模型的估计结果

	DJIA	SHCI	HSI	NKY	KS11	KLCI	BSE
均值方程							
μ	0.0024***	0.0019**	0.0021***	0.0018**	0.0021***	0.0016***	0.0033***
γ_1	-0.1114***	0.1073**	0.1538***	0.1457***	0.1284***	0.1025***	0.1153***
γ_2		0.0787**	-0.0864***	-0.0318	-0.0834***	0.0118	-0.0026
方差方程							
ω	0.0000**	0.0001***	0.0000***	0.0001*	0.0000***	0.0000***	0.0000***
α	0.1520***	0.1434***	0.0986***	0.0834**	0.1528***	0.0676***	0.0886***
β	0.8182***	0.7976***	0.8923***	0.8202***	0.8430***	0.9290***	0.9028***
λ	0.9702	0.9410	0.9909	0.9036	0.9958	0.9967	0.9914
DCC参数							
a	0.0037***						
b	0.9862***						

注：***、**、* 分别表示在1%、5%和10%的水平下显著。

估计结果的最后两行给出了DCC（1，1）在公式（9.16）中参数 a 和 b 的估计。这两个参数在统计上具有很强的显著性，揭示了序列之间随时间变化的联动性。此外，条件相关系数也具有高度的持久性，并且在样本里 $\alpha + \beta$ 平均总和超过0.90。其余行则是对检验股票市场收益的均值方差方程和条件方差方程的参数估计。进一步，可以发现在方差方程中，带有滞后项的条件波动的系数与带有 ε^2 项的系数是十分显著的，从而证明了使用GARCH（1，1）是恰当的。接下来，要对条件相关系数进行讨论，图9.3所示为各国股票市场中的条件方差序列。

从图9.3中可以直观看出，1997年8月至2015年3月之间，总体来看，亚洲新兴市场经济体国家的股票市场波动性较强。美国股市波动性在几个样本国家之间是最弱的，这说明了美国股市作为全球最为成熟的股票市场具有良好的风险抵御能力。各国金融市场波动性最强的阶段基本与几次金融危机的期间吻合（图中阴影部分）。其中，1997年亚洲和俄罗斯金融危机期间，波动性最强的国家为韩国和新加坡。中国股票市场在1999年7月、2007年1月和2015年1月分别达到阶段性峰值，几次峰值出现与金融市场改革及金融自由化进程加快息息相关。

接下来，要对条件相关系数进行讨论，将条件相关系数设定为一个常数和一个趋势项的回归方程进行估计，可以得到表9.5的各国股票市场指

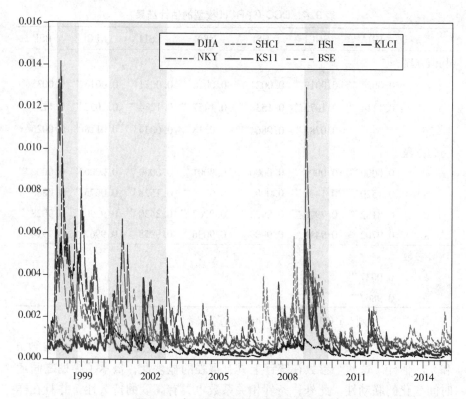

图 9.3 各国股票收益率条件方差序列

数周收益率的动态相关系数的估计结果。表 9.5 的回归结果显示,美国与中国、马来西亚、日本、韩国及印度的股票收益之间的平均条件相关系数与无条件相关系数具有相近的大小,同样地,中国股市与美国股市的关联性最小。此外,条件相关系数的波动性介于 3.37% ~ 10.73% 之间,这说明各个市场关联性的程度变动较大,新兴市场与成熟的股票市场之间的关联受外部冲击的影响较大,并不是稳定的。

表 9.5 各国股票市场指数周收益率的动态相关系数的估计

	SHCI - DJIA	HSI - DJIA	KLCI - DJIA	NKY - DJIA	KS11 - DJIA	BSE - DJIA
均值	0.0740	0.4789	0.2508	0.4644	0.3818	0.3738
方差	0.0337	0.0939	0.0476	0.1073	0.0862	0.0886
趋势	0.0001	0.0002	0.0001	0.0003	0.0002	0.0003
t 统计量	40.5670	28.2080	27.8870	38.6020	34.6190	40.3100

图 9.4 给出了基于 7 个国家时间序列条件相关系数的时序演变图。通过观察图 9.4，我们很容易发现 1997 年至 2015 年，各国股市之间的条件相关性的变化，同时也能看出这种关联性的波动情况。首先，从时间序列图中我们可以发现美国股票市场与亚洲股票市场之间的相关性不断增强。其中与印度、韩国、日本之间的相关度最高，中国在几个国家中与美国股市的关联度很低。条件相关系数达到峰值恰逢 2008 年的股票市场崩盘，这场危机发生在美国几个主要公司如雷曼兄弟、AIG 美林证券公司倒闭或被收购之后，并在世界范围内迅速蔓延，进而导致了大量亚洲银行倒闭和各种股票指数与商品指数大幅下降。截至 2008 年 10 月末，伴随着投资者将大量的资本转化为更加强势的货币（例如美元和瑞士法郎），一场货币危机已经在世界范围内产生巨大影响。其次，从图 9.4 中可以看出，虽然美国与各国股票市场的关联度有差异，但从整体上看，在时序上呈现了相同的特征，这说明动态关联性的强弱与市场风险息息相关，高风险的市场环境股票市场的关联性会同步增强。

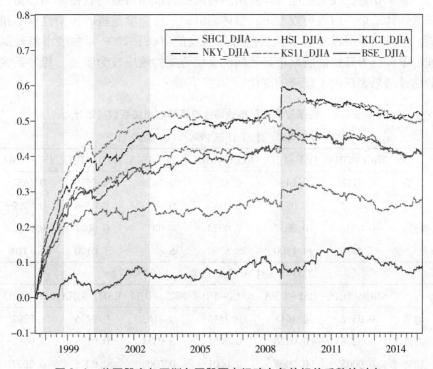

图 9.4　美国股市与亚洲各国股票市场动态条件相关系数的时序

第四节 金融危机期间风险水平与动态关联性的关系

为进一步研究金融危机对动态相关系数的影响,判断推动股票市场相关系数变化的潜在因素,本节对三个不同的金融危机阶段通过引入虚拟变量构建模型,研究不同金融危机阶段股票市场之间相关系数的动态特征。接下来,对含有虚拟变量的模型进行回归。其中,$DM_{1,t}$代表亚洲和俄罗斯金融危机时期(1997年11月21日至1998年10月30日),$DM_{2,t}$代表网络泡沫时期(2000年3月10日至2002年9月27日),$DM_{3,t}$代表2008年股票市场崩盘时期(2008年9月26日至2009年10月30日)。虚拟变量的值被设定为在金融危机期间为1,在其他时期为0。那么有:

$$\rho_{ij,t} = \omega + \alpha_k DM_{k,t} + \varepsilon_{ij,t}, \quad k = 1,2,3 \tag{9.17}$$

表9.6是三段金融危机爆发期内各国股票市场指数周收益率动态相关系数估计结果。由表可以看出,整体而言,三次金融危机的传染性不尽相同。但是明显可以看出"次贷危机"引发的2008—2009年的股市风暴期间,羊群行为导致的股票市场之间的金融传染的效应较为明显,相关系数的估计结果表现出了显著的变化。

表9.6 各国股票市场指数周收益率动态相关系数的估计

1997年11月21日至1998年10月30日

	SHCI – DJIA	HSI – DJIA	KLCI – DJIA	NKY – DJIA	KS11 – DJIA	BSE – DJIA
均值	0.0113	0.2454	0.1459	0.2072	0.1670	0.1657
方差	0.0139	0.0544	0.0347	0.0490	0.0398	0.0502
趋势	0.0007	0.0037	0.0023	0.0033	0.0027	0.0034
t统计量	7.4876	34.1500	28.5790	36.8930	51.0120	64.1310

2000年3月10日至2002年9月27日

	SHCI – DJIA	HSI – DJIA	KLCI – DJIA	NKY – DJIA	KS11 – DJIA	BSE – DJIA
均值	0.0512	0.4618	0.2415	0.4163	0.3435	0.3292
方差	0.0228	0.0326	0.0091	0.0331	0.0195	0.0312
趋势	0.0005	0.0008	0.0001	0.0008	0.0005	0.0007
t统计量	25.0110	51.9130	5.7378	37.6190	30.5630	28.3850

续表9.6

	2008年9月26日至2009年10月30日					
	SHCI – DJIA	HSI – DJIA	KLCI – DJIA	NKY – DJIA	KS11 – DJIA	BSE – DJIA
均值	0.0798	0.5447	0.3062	0.5848	0.4499	0.4668
方差	0.0073	0.0129	0.0118	0.0143	0.0083	0.0107
趋势	0.0001	0.0006	0.0005	– 0.0001	– 0.0000	– 0.0003
t 统计量	1.5464	8.5464	7.1150	– 0.8222	– 0.1328	– 3.2126

1997年爆发的亚洲金融危机期间，各国股票市场相关系数与美国股市的关联度较低，甚至低于样本区间内的平均水平。只有中国香港地区和日本股市与美国股市的关联程度相对较高。这是因为几个新兴市场经济国家的股票市场刚刚起步发展，与国际股票市场的关联性不强，没有形成协同效应。1997年亚洲金融危机爆发后，热钱涌入，实际对东南亚的股票市场造成巨大影响，特别是以马来西亚为代表的东南亚国家，但是本次投机攻击的特点是针对个别国家，危机的爆发限于亚洲区域内，因此，美国股市与亚洲股市的关联性没有明显变化。

关于 $DM_{2,t}$ 的系数，结果显示相关系数与"正常状态下"的相关系数相比不相上下。这说明，经历了亚洲金融危机之后，亚洲各国股市进入"恢复期"，市场和投资者恢复理性，各国股票市场逐渐成熟。美国2000年以科技股为代表的纳斯达克股市的崩盘和"网络泡沫"的破灭，导致股票市场波动较大，但此次危机对亚洲各国股票市场的影响有限。

此外，在2008年至2009年"次贷危机"引致的股市崩盘期间，由 $DM_{3,t}$ 的估计量给出的相关系数是正的，并且美国股市与各国股市之间的关联系数有显著增加。估计系数的幅度均显著高于过去金融危机中的系数和样本期间内的市场平均水平，这揭示了2008年股票市场崩盘对相关系数影响的程度。可以从两个角度解释这个问题：首先，随着股票市场金融深化程度的加深，新兴市场经济国家股票市场与国际股票市场的协同程度增强；其次，股票市场的关联程度与市场风险存在关联，在高风险的市场环境中股票市场的关联性也会提高[1]。这一发现提供了支持在2008年股票市场崩盘期间出现了"羊群行为"的观点的证据（Jeon & Moffet, 2010）。

---

[1] Connolly 等（2007），Aydemir（2008）和 Cai 等（2009）提供的证据表明，当风险水平更高时，国际股票市场之间将会联系得更加紧密。

接下来需要探讨条件波动性与条件相关系数之间随时间变化的联系，检验高风险的市场环境是否股票市场关联性将会提高，本章通过采用一个滚动逐步回归的方法对下面的方程进行估计，这种方法只有在统计上具有显著性才能解释因变量：

$$\rho_{ij,t} = \omega + \beta_i h_{t,i} + \beta_j h_{t,j} + \varepsilon_{ij,t} \tag{9.18}$$

这里的 $\rho_{ij,t}$ 是美国市场与亚洲股票市场两者之间被估计的条件相关系数，其中，i 代表美国，j 代表上证综合指数、香港恒生指数、韩国 KOSPI 指数、日经 225 指数、马来西亚 KLSE 指数及印度 BSE30 指数，$h_{t,i}$ 是美国市场的条件波动性，$h_{t,i}$ 是其他亚洲国家或地区的条件波动性。本节采用一个 54 周的时间窗口[1]，对 6 个亚洲国家股票市场中的每一个市场的方程（9.18）都进行估计，得到了 872 个滚动时间区间。得到的结果如图 9.5 所示，本章绘制了条件波动性随时间变化的参数值 β 的估计的波动情况，通过检验可以知道，在样本期间内，条件相关系数与条件波动性之间的关系是随时间变化的。因此，条件相关性和条件波动性之间的解释力也是随时间变化的。这个证据同样说明方程（9.18）中斜率系数 β_i 具有统计上的显著性，并且在正的和负的区域中都是变化的。一个正的 β_i 表明美国与亚洲股票市场的条件相关系数随着美国股市波动性的增加而变大，即波动性越强的时候两国股票市场的关联性也越强。与此相反，一个负的 β_i 意味着在美国市场波动非常剧烈时，美国市场的收益序列与亚洲股市的收益序列的关联性将会下降。这一结果意味着发达国家市场的股票收益波动高于平均水平时，亚洲股票市场将吸纳更多的投资者投资，其风险的不确定性更强。同理，β_j 代表亚洲股票市场波动对其与美国股市关联性的影响方向[2]。

图 9.5 的研究结果表明：对于所有样本中初始的数组，方程（9.18）的斜率系数 β_i 都是负的，但持续了一段时间的上升趋势，这说明美国股市波动性越强，则与亚洲股市的关联度越弱，此时亚洲新兴市场经济国家股市吸收资本稳步发展，这是亚洲股市发展的初始阶段。但是随着各国金融自由化的发展，金融市场与国际金融市场的同步性越来越强，因此，可以看到，在之后的样本期间内，β_i 在各国基本为正，这也证明了国际股票市场的高风险会带动新兴市场经济国家的协同波动，两者之间的关联度也

---

[1] 在 Manolis 和 Georgios（2011）对中东欧与美国、德国及俄罗斯股市之间的关联性研究中采用了 54 周时间窗口，本章认为这是较为合理的设定，基本说明了年度内的系数估计情况，符合研究系统性风险的设定，所以在这里我们也采用 54 周时间窗口。

[2] 本章主要研究国际股票市场的高波动是否意味着高关联性，所以侧重于对 β_i 的解释。

会增加。而在样本期间的三次金融危机期间，观察 β_i 值的变化可以发现，在 1997 年亚洲金融危机爆发以后以及 2008 年"次贷危机"爆发之后，各国 β_i 均出现过峰值，但是在 2000 年的网络泡沫危机期间，这种表现不明显。特别是在研究 2008 年 10 月的股票市场崩盘时期，也就是美国市场的波动十分剧烈的时期时，这段时间可决系数 R^2 几乎等于 100%。这一发现进一步证明了在 2008 年股票市场崩盘期间的金融传染效应确实是存在的。

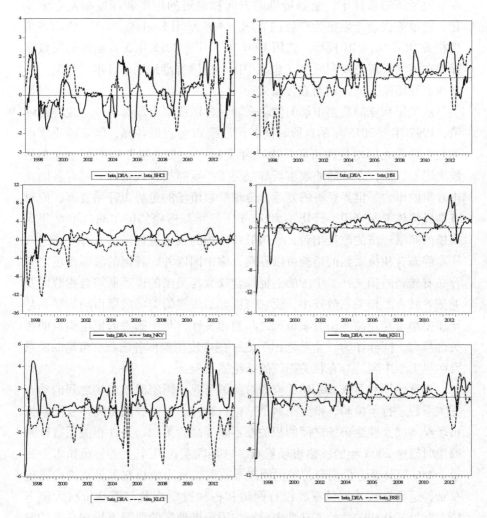

图 9.5 美国股市与新兴市场经济国家股票市场 β 系数变动情况

第五节 基本结论和经济政策启示

在封闭经济中，货币危机的发生可能仅仅影响一国经济的发展，但是在开放经济的条件下，金融传染的方向和渠道的广度和深度都发生了变化，货币危机会产生更为广泛的影响。本章采用 Engle（2002）的动态条件相关 DCC-GARCH 模型。选用 1997 年 7 月至 2015 年 3 月期间的周数据捕捉在美国股市与亚洲股市（包括中国、中国香港地区、日本、韩国、马来西亚和印度）之间的潜在传染效应。

从美国和亚洲股票市场的波动来看，各国股票市场都曾经出现异常峰值，1997 年至 2015 年的这段时间各国股票市场表现各异，但亚洲股票市场是全球最大的增长型市场。2007 年美国"次贷危机"引发的全球金融危机爆发以后，全球的股票市场都经历了严重挫折进入低谷，随着各国救市政策的出台，世界经济的复苏，全球股票市场的走势也开始复苏，而对基准经济体美国来说，经历了 2008 年下半年最惨痛的倒闭潮，2009 年大规模的刺激经济的政策出台，美国股票市场的表现也逐渐被看好。通过对样本静态自相关系数的检验可以发现，除中国以外，各国的股票市场之间存在着显著的相关性。中国的上证综合指数与美国的道琼斯综合指数以及亚洲各股市的相关系数较小，而它与世界最成熟的美国股票市场的联系甚至还要小于与亚洲各国股票市场之间的相关性，与中国香港恒生指数的相关性最高。同样作为"金砖四国"之一的印度与亚洲各国股票市场的联系要明显大于中国，静态相关指数的结论需要验证。

本章使用对 DCC-GARCH 模型对美国与亚洲国家股票市场之间的动态相关系数进行了检验，得到了两个结论：第一，美国股票市场与亚洲新兴市场经济国家股票市场之间的相关性不断提高。第二，条件相关系数达到峰值时恰逢 2008 年的股票市场崩盘，这期间美国几个主要公司如雷曼兄弟、AIG 美林证券公司等纷纷倒闭或被收购，货币危机在世界范围内迅速蔓延，进而导致了大量亚洲银行倒闭和各种股票指数与商品价格大幅下降。此外，从相关性的波动性来看，中国香港地区的股票市场和日本的股票市场与美国股票市场的关联性的波动性最高，中国股市与美国股市动态关联性最低，这也说明，中国股市存在的一系列制度问题还未从根本上解决，导致股票市场的市场化程度不足，市场波动性较大但与国际股票市场的关联性却相对较低。

最后，本章考虑三段金融危机时期，美国股市与亚洲股市之间的动态相关系数在2007—2009年"次贷危机"引发的股市风暴期间，尤其是2008年下半年的估计水平是最高的。这说明"羊群行为"导致的传染效应确实存在。这种"羊群行为"可以归因于亚洲股票市场中游资的激增、外国投资者数量的增加以及金融自由化程度的日益提高。2007年之后的金融危机的表现形式和金融传染的深度和广度已经不同于20世纪90年代之前的金融危机，因此，政府需要在开放经济的背景下注重国家宏观金融风险管理。

第十章　金融市场互通与金融风险溢出

　　金融体系的重要宏观经济角色在于有效配置资源。资源的配置，其核心是通过空间上的流动和期限上的跨时转换两种最本质的手段，使得资源在社会分工中的运用摆脱空间和时间上的束缚，达到推动社会分工系统中的资源使用和价值创造的有效率的良性循环的作用。一般来说，从比较金融体系的角度看，我们可以把金融体系划分为机构导向型的金融体系和市场导向型的金融体系两大类，不同的金融体系其资源配置的模式有所差别[1]。在机构导向型的金融体系中，金融资源的跨空间和期限配置主要是通过银行等金融机构来完成的，其契约特征是银行作为当事人与金融资源的供给方和需求方之间的契约，银行通过负债的方式取得存款，再以资产的方式贷出去；在市场导向型的金融体系中，金融资源的跨空间和期限配置主要是通过金融市场的组织功能来完成的，其契约特征是在金融资源的供给方和需求方之间所达成的契约，各种金融机构只是作为金融中介沟通供需双方的信息以及交易意向。

　　从空间角度看，金融市场可以分为以货币市场、资本市场和外汇市场为代表的三大相互关联的市场体系。三者之间的联系和传导机制非常复杂，而且与市场一样具有内在的变化性。就像我们在研究市场的时候以价格及其形成为典型的代表一样，在分析金融市场之间的传导机制的时候，我们主要以货币市场的利率、资本市场的股票价格以及外汇市场的汇率作为指标，来分析通过利率、股票价格和汇率三者之间相互关联的变化关系，所反映的金融市场之间的内在传导机制。从时间角度看，金融市场可以分为即期的现货市场和远期市场两大类。远期市场的产品是在即期的现货市场产品基础上衍生出来的，所以两者之间的变化存在着基于预期和期限结构的联系和传导机制。

　　本章主要从空间角度检验我国最主要的金融市场之间的压力溢出效应，进而分析金融市场之间的传导机制，并从金融市场的行为传导性和金

---

　　[1]　关于不同的金融体制下的具体金融特征，请参看有关比较金融体制方面的专著。

融市场一体化角度分析金融市场之间传导机制的一些客观规律。

第一节　金融市场间金融风险传导机制概述

一、货币市场与资本市场之间的传导机制

货币市场与资本市场同时作为金融市场的一部分，既有所区别，又相互联系。一般来说，它们之间的区别主要表现在融资期限、融资主体、融资目的等方面，此外，还表现在两者之间的利率结构、收益率与价格风险方面。货币市场上的代表性价格指标是利率，但是资本市场的价格指标则相对复杂。从广义的角度看，资本市场不仅包括股票市场、中长期债券市场，而且随着资产证券化的不断发展，中长期信贷市场以及企业产权交易市场等都属于资本市场的范畴。但是，资本市场各个子市场之间的价格具有趋同性，尤其是在资本可以自由流动的情况下，所以可以选用证券市场作为资本市场的代表，并用股票价格（可以以一般的股价指数为代表）作为资本市场的代表性价格，以此简化分析。这样，在分析货币市场与资本市场之间的传导机制时，就可以主要从分析利率和股价指数的依存和互动关系的角度进行。

货币市场与资本市场是两个不可分割的联系在一起的市场，二者之间相互作用，作用的渠道是资金的流动，影响的机制是利率。资金的流动取决于货币市场收益率与资本市场收益率的对比，利率下调，货币市场收益率下降，一旦低于资本市场收益率（用风险调整后的），就会导致资金流出货币市场，流入资本市场。

但是，货币市场与资本市场之间具有内在联通性，联通的渠道主要有三种：一是通过金融中介同时参与两种市场而产生直接联通；二是通过企业资产运用的调整而出现间接联通；三是通过居民储蓄存款向股市转移投资而出现金融非中介化（反之，亦成立），使一个市场的资金向另一个市场转移。

货币市场与资本市场之间的联系，可以从货币政策对两种市场作用的机制来加以分析。假如经济运行的主要特征是：通货膨胀压力较小，有效需求不足，经济增长乏力，需要适当放松货币政策，促使经济活动回升。那么，进行具体政策操作时，中央银行往往通过公开市场操作增加债券逆

回购数量，相应增加金融体系流动性，使货币市场头寸有所增加，货币市场利率趋于下降。其中，货币政策传导到企业有以下三种途径：

一是货币政策操作直接作用于货币市场，影响货币市场资金供求状况，由此使企业和居民持有的货币市场工具有所调整或变化，并改变企业和居民对资本市场的投资决策。

二是货币政策工具使用（包括公开市场操作和其他贷款便利）可直接增加金融机构的可贷资金，促使其降低贷款利率，放松贷款条件，增加对企业或居民的贷款发放。贷款利率一旦降低，也使一些原来处于边缘开发的项目变得有利可图，企业对银行贷款需求会相应增加。

三是在传导渠道畅通的情况下，货币市场利率的下调，会促使资金向资本市场转移，致使资本市场的资金成本有所下降，资产价格趋于上升。这时，企业的重置成本相对降低，证券发行价格趋升，从而产生资本市场扩大容量的动力，相应增加企业的资金来源。

上述传导过程的各个部分是相互联系的，企业始终处于两个市场的末端，最终对实体经济产生作用。当货币市场和银行体系资金增加时，不仅通过金融中介，而且通过企业、居民相应增加资本市场资金；当资本市场收益上升或资金增加时，会反过来促使有关企业减少对银行信贷资金的需求，甚至增加企业存款或货币市场投资。其中，市场、金融中介、企业、居民之间是相互影响的，因而它们之间的联系通常具有可逆性。

以利率和股票价格为例，利率主要通过两条途径影响股票价格，一是资产结构调整效应，二是财富传导效应，这两条途径分别通过股票投资者和上市公司起作用。

（一）资产结构调整效应

对于投资者来说，当利率下降时，会使股票投资的机会成本下降，从而导致投资者进行资产组合的结构调整，增加资产组合中对股票的需求，使股票价格上涨。反之亦然。对于企业来说，主要是通过托宾的 Q 理论起作用。Q 值为企业市场价值与企业重置成本之比。该理论可表述为：

利率↓→股票价格↓→企业 Q 值 >1→企业投资↑→产出↑

当 Q 值 >1 时，企业真实资本的当期股票市场价值大于企业资本当期的重置资本。即建立一个新的工厂和增添新的设备相对于企业的市场价值来说更便宜，这时企业乐于增添新设备，购买投资品，以扩大生产规模，从而获得更大的收益。当社会的投资增加时，整个社会的投资水平就会提高，国民收入也会相应增加，反之则相反。资产结构调整效应还可以从相反的渠道，通过股票价格的变化来影响利率的变动，两者具体的影响路径与金融体系中市场主导作用的或机构主导作用的相对权重有关。

（二）财富效应

对投资者来说，利率的降低使得股票和长期债券价格上升，增加投资者收益，使人们觉得更加富有，从而人们会增加实物商品和劳务消费支出，进而影响产出水平。对于企业来说，利率的降低引起社会总供求环境的变化，改变企业的经营环境，引起企业投资的资本成本降低并增强投资者的预期，促使投资与消费的增长，通过社会总需求的增长，使股票价格上涨。财富效应同样可以从相反的渠道，通过股票价格的变化来影响利率的变动。

二、货币市场与外汇市场之间的传导机制[1]

在分析货币市场与外汇市场之间的互动关系时，我们以国内利率作为货币市场的代表性价格，以汇率作为外汇市场的代表性价格[2]。这样，我们可以从利率与汇率之间的传导机制出发，去认识货币市场与外汇市场之间的互动关系。利率的变动对汇率的影响，可以从五个方面去把握。

（一）从购买力平价（PPP）的角度去分析

我们以相对购买力平价作为分析的起点。相对购买力平价的一般形式为：

$$\Delta e = \Delta p - \Delta p^* \tag{10.1}$$

式中的变量都是取对数形式变换后的变量，其中，e 为直接标价的汇率，p 为本国物价水平，p^* 为外国物价水平。

根据购买力平价理论，汇率的变动取决于本国通货膨胀率和外国通货膨胀率之差额，如果本国通货膨胀率超过外国通货膨胀率，则本币相对于外币贬值。此外，还可以从购买力平价角度分析利率变动对汇率影响的传导机制，当利率的变动影响到物价的变动时，就会影响到本国通货膨胀率

---

[1] 本小节的内容，主要借鉴了国际金融学的汇率决定理论中的许多内容，关于购买力平价和利率平价的具体理论内容、汇率变动与国际收支的关系、汇率的货币分析法以及汇率的资产组合模型等内容，请参阅姜波克的《国际金融学》（高等教育出版社1999年版）。

[2] 其中，由于汇率具有两国间的对应关系，所以对利率与汇率的关系进行分析时也涉及相似的两国对应关系。

和外国通货膨胀率之差,从而引起汇率的变动。其传导途径为: $i \Rightarrow p \Rightarrow \Delta p \Rightarrow \Delta e$。

(二) 从利率平价的角度去分析

利率平价分为套补的利率平价 (CIP, covered interest-rate parity) 和非套补的利率平价 (UIP, uncovered interest-rate parity) 两种。套补的利率平价的一般表达式为:

$$\rho = i - i^* \tag{10.2}$$

该公式的经济含义为:汇率的远期升、贴水率 $[\rho = (f-e)/e]$ 等于两国货币的利率之差。其中,利率变动对汇率影响的传导机制可表示为: $i \Rightarrow$ 套利资金的流动 $\Rightarrow e \Rightarrow f \Rightarrow \rho$。

非套补的利率平价方程的一般表达式为:

$$i_t - i_t^* = E_t(e_{t+1}) - e_t + \rho_t + \varphi_t \tag{10.3}$$

其中, i_t 是国内利率水平, i_t^* 是国外利率水平, ρ_t 是汇率的风险补贴, φ_t 是国内债券的违约风险补贴, $E_t(e_{t+1}) - e_t$ 是预期本国货币的贬值率。我们把该式简化为:

$$E_\rho = i - i^* \tag{10.4}$$

其中, E_ρ 表示预期的汇率远期变动率。这其中的利率变动对汇率影响的传导机制可表示为: $i \Rightarrow$ 资本的流动 $\Rightarrow E_\rho \Rightarrow e$。

(三) 从国际收支的角度去分析

国际收支包括经常账户 (CA) 与资本账户 (K)。汇率是外汇市场上的价格,当决定汇率的均衡被打破时,汇率就会以自身变动的方式实现外汇市场供求的均衡,从而使国际收支始终处于平衡状态。因此,从国际收支角度分析利率变动对汇率的影响可以通过经常账户与资本账户这两条途径:首先,利率变动影响国际资本流动,然后影响汇率;其次,利率变动通过经常账户影响汇率。其传导路径为: $i \Rightarrow$ 经常账户与资本账户 $\Rightarrow$ 国际收支 $\Rightarrow$ 外汇供求 $\Rightarrow e$。

(四) 从汇率的货币分析法角度去分析

汇率的货币分析法集中分析的是本国货币市场上货币供求的变动对汇率的影响。弹性价格货币分析法的基本模型如下:

$$e = \alpha(y^* - y) + \beta(i - i^*) + (M_s - M_s^*) \tag{10.5}$$

从基本模型中可以看出,本国与外国之间的国民收入水平、利率水平以及货币供给水平通过对各自物价水平的影响而决定汇率水平。从而，弹性货币分析法将货币市场上的一系列因素引入汇率水平的决定之中。概括而言，这一途径中利率与汇率关系的传导机制为：$i \Rightarrow M_d \Rightarrow P \Rightarrow \Delta P \Rightarrow \Delta e$。

（五）从汇率的资产组合模型角度去分析

这一理论的基本模型如下：本国居民不持有外国货币，本国债券和外国债券不完全替代，则私人部门的持有财富主要包括本国货币 M、本国债券 B 和外国债券 F 三种资产。在这一简化的模型中，资产组合函数为：

$$W = M + B + eF \tag{10.6}$$

$$M = M(i, i^* + \Delta e^e)W, \ M_i < 0, \ M_{i^* + \Delta e^e} < 0 \tag{10.7}$$

$$B = B(i, i^* + \Delta e^e)W, \ B_i > 0, \ B_{i^* + \Delta e^e} < 0 \tag{10.8}$$

$$eF = F(i, i^* + \Delta e^e)W, \ F_i < 0, \ F_{i^* + \Delta e^e} > 0 \tag{10.9}$$

从汇率的资产组合模型来分析利率变动对汇率的影响是：当国内利率提高时，对国外债券的需求下降，对国内债券的需求上升，投资者会卖出外国债券，买进本国债券，在外汇市场上对本国货币的需求增加，本币升值。反之则相反。这一关系的传导机制为：$i \Rightarrow$ 资产组合效应 $\Rightarrow$ 外汇市场上对本币的需求 $\Rightarrow e$。

三、外汇市场与资本市场之间的传导机制

当我们在讨论外汇市场与资本市场之间的关系时，需要把货币市场纳入，因为货币市场是资本市场和外汇市场之间的桥梁。如果把三者作为一个整体，则当三个市场同时达到均衡时，就可以建立利率、汇率和股票价格三者之间的关系，从而分析外汇市场与资本市场之间的传导机制。我们把戈登的股票价格公式 (10.2) 与利率平价公式 (10.5) 联立，就可以得到以下方程组：

$$i_t - i_t^* = E_t(e_{t+1}) - e_t + \rho_t + \varphi_t \tag{10.10}$$

$$P_s = \frac{D}{r + i' - g} \tag{10.11}$$

求解该联立方程组得：

$$P_s = \frac{D}{i^* + E_t(e_{t+1}) - e_t + \rho_t + \varphi_t + i' - g} \tag{10.12}$$

式 (10.12) 中所有的字母含义与以上所列的相同。该式表明，股票价格 P_s 的变动与本国货币的预期贬值率 $E_t(e_{t+1}) - e_t$ 成反向变化的关系，股票价格 P_s 的变动与本币币值 e_t 的变动成正向变化的关系。也就是说，一国

汇率的贬值将导致该国股票市场的价格下降，反之亦然。

外汇市场与资本市场之间的上述关系可以通过以下传导机制来进行：

1. 通过利率相互影响

汇率波动 ⇒ 资本流动 ⇒ 国内利率 ⇒ 股票价格变动；

股票价格变动 ⇒ 资产组合结构调整效应 ⇒ 国内利率 ⇒ 汇率变动。

2. 通过进出口贸易相互影响

汇率波动 ⇒ 贸易条件改变 ⇒ 进出口数量变化 ⇒ 上市公司利润变化 ⇒ 股票价格变动；股票价格变动 ⇒ 投资和消费 ⇒ 国民收入 ⇒ 进出口贸易余额 ⇒ 汇率变动。

3. 通过资本流动相互影响

汇率变动 ⇒ 资本流动 ⇒ 国内资本市场资金供给 ⇒ 股票价格变动；

汇率变动 ⇒ 上市公司成本和对外投资 ⇒ 上市公司资产价值 ⇒ 股票价格变动。

4. 通过投资者预期相互影响

汇率波动 ⇔ 投资者心理预期 ⇔ 股票价格波动。

在以上我们所讨论的货币市场、外汇市场和资本市场之间的互动关系和传导机制分析中，我们一般是假设在开放经济、资本自由流动、汇率和利率市场形成的条件下，所探讨的金融市场之间的互动关系。事实上，一国的经济开放程度、金融市场的市场化程度、金融管制程度是探讨金融市场之间关系的基本前提。在一个封闭经济的国家，外汇市场与货币市场和资本市场之间根本谈不上什么直接的传导机制。同样，在一个封闭且国内金融市场之间因为管制而相互分割的环境下，不仅国内货币市场与资本市场没有直接的传导机制，而且三个市场之间也谈不上直接的关系。所以，以上这些前提条件决定了我们所分析的金融市场之间的传导机制在多大的程度上是直接的、有效率的或者是畅通的。此外，金融市场之间的传导机制也往往受到一国政策目标和政策搭配的影响，也会受到市场层面的信息、预期与市场稳定性等因素的影响。

四、金融市场中基础市场与期货市场之间的传导机制

从时间的角度来看，金融市场可以分为即期的现货市场和远期市场两大类。在货币市场、外汇市场和资本市场中，都存在着即期的基础产品交易，以及远期的期货或期权等衍生产品的交易。比如在资本市场中，既存在着股票或者股票指数的交易，也存在着股票期货和股指期货的交易和期

权交易，以及在此基础上衍生出的金融衍生品交易。由于即期和远期市场的交易产品之间存在着内在的联系，所不同的只是时间期限的转换，所以即期的现货市场和远期市场之间存在着由于时间期限的不同，以及由不同时间期限导致的预期结构的不同所相互联系的传导机制。在以下的分析中，我们为了简化分析，仅集中分析金融市场之间关于即期的现货市场和期货市场之间的传导机制。至于货币市场、外汇市场和资本市场内部的期限联系，以及三个市场之间在期限上的关联，读者可以参照第一节的内容和本节的内容进行一般性的类比，本书不再详细分析。

（一）主要的几种金融期货市场[1]

在金融期货市场中，主要有与外汇市场相关的外汇期货，与资本市场相关的股指期货，以及与货币市场相关的利率期货三种市场。

外汇期货交易是在商品期货交易的基础上发展起来的，其交易原理同历史上早已形成的商品期货交易的原理一样，主要是通过期货的买卖抵销因价格变动可能造成的现货交易的损失。具体做法是：在外汇市场上以外汇的现货交易买进某种外国货币的同时，又在外汇期货交易所卖出同样数量的同种货币，或进行相反的交易。这样，在这种货币的汇率发生波动时，现货和期货同方向变动，但因交易的方向相反而起到了盈亏相互抵销的作用，从而防止了汇率风险。外汇期货的套期保值交易的具体做法是：在已经发生的一笔即期或远期外汇交易的基础上，为防止损失，同时做一笔相反方向的交易。这样，如果其中一笔原有交易受损，则所做的相反方向的一笔交易可以得益而弥补或者抵销损失。套期保值交易分为空头（卖出）套期保值和多头（买入）套期保值两种，外汇期货的投机交易外汇汇率的不稳定性，一方面迫使投机者纷纷利用期货市场进行套期保值，以避免汇率波动的风险，另一方面，这种不稳定性也给投机者制造了创造利润的可能性。

股指期货是以股票价格指数作为交易标的的期货合约。股票价格指数是股票交易过程中的一个最为重要的概念，世界各大证券交易所基本上都有自己的股票价格指数。它不仅是衡量证券交易所全部股票交易的价格尺度表，同时还是反映一个国家或者地区经济发展和政治状况的"晴雨表"。通过不同的价格指数，人们可以清楚地了解股票市场涨跌幅度及变化情况，投资者则可通过比较、分析，对股市做出合理的预测，确定投资选择。

---

[1] 有关金融期货市场的详细内容，请参见其他相关专著，本处仅就论述主题进行一般性介绍。

股指期货的交易主要分为套期保值交易和投机交易两种。股指期货套期保值交易的原则是：股票持有者若要避免和减少股价下跌造成的损失，应在期货市场上卖出指数期货，即做空头，假设股价如预期那样下跌，空头所获利润即可用于弥补持有的股票资产因行市下跌而引起的损失。如果投资者想购买某种股票，那么他应该在期货市场买入指数期货，即做多头，若股价指数上涨，则多头所获利润可用于抵补将来购买股票所需。因此，套期保值交易主要有两种形式：买入套期保值交易，以及卖出套期保值交易。股指期货的投机交易分为买空和卖空两种。在买空交易中，若投机者预期指数将上升，则可通过购买某一交割月份的股价指数期货合约，一旦预测准确，他便将事先买入的指数期货卖出，从中赚取差额。在卖空交易中，若投机者预测指数期货的价格下跌，则可售出某一交割月份的指数期货，一旦预测准确，他可将先前卖出的期货合约再买入，以赚取2张合约的差价。

利率期货交易是指买卖双方在固定交易场所，通过公开喊价就将来某一特定日期将某一特定金融证券商品以预先确定的价格进行买卖的交易方式。就期货而言，利率期货交易的特征主要有：①交易标的物必须为特定的金融证券工具；②交易双方都必须缴纳一定数量的保证金；③交易双方须通过指定交易所采取公开喊价方式进行交易；④合约的内容标准化；⑤在场内交易是每天结算账面盈亏；⑥在签订合约时即确定成交价格；⑦交割日为将来某一特定时期；⑧交易标的物的交割必须通过清算中心进行；等等。利率期货主要分为短期利率期货和中长期利率期货两种。利率期货的交易主要与债券市场中的各种产品，尤其与国债的交易存在着密切的关联，其中涉及复杂的利率期限结构的预测和确定。

(二) 金融市场现货市场与期货市场之间传导机制的一个例子

前一小节指出金融期货市场与现货市场之间的价格变动是同方向的，期货市场交易由规避风险的交易和投机交易组成，不同的交易类型组成结构将导致不同的价格变动方式和水平，而且预期和投机因素在现货市场和期货市场之间的互动关系中扮演着越来越重要的角色，这些变化深刻地影响着金融市场的运行。以下，我们以一个例子说明金融市场之间这些复杂的传导关系在实践中的体现。

在东南亚金融危机中，投机者在汇市与股市、现货市场与期货市场进行联动式操作，导致了货币危机，并把货币危机扩大到资本市场和其他金融市场，引发全面的金融危机。

在开放经济条件下，一国的汇率疲软会通过国与国之间的套利资金流动而使其利率水平上升。当本币疲软时，相应表示本币的投资风险增加，这将推动资金的外流，宏观当局需要相应地提高利率才能使外汇市场上的货币供求重新趋于平衡。利率的上升将使得证券市场价格下跌。所以，当一国货币受到投机性冲击时，宏观当局为了打击投机，一般会主动提高利率，但是利率的提高也会使证券价格下跌。所以，如果投机者在汇市与股市、现货市场与期货市场进行联动式操作，那么将加剧和加速外汇市场和证券市场的波动。

在东南亚金融危机中，投机者预期到泰铢的弱势并准备阻击泰铢时，投机者先在外汇期货市场上，按照目前的期货市场价格持有大量以泰铢买进美元的期货合约；然后在泰国货币现货市场上拆借泰铢，在市场上抛售，并卖出大量泰铢期货合约，以打压泰铢汇率；一旦打压泰铢成功，则在随后的以泰铢买进美元的期货合约交割中，按照合约价格买进美元，由于美元相对泰铢汇率已经升值，则同时在已经贬值的泰铢现货市场上买进泰铢，偿还之前拆借的泰铢，获取套利价差。同时，投机者预测到市场变化过程中，宏观当局将被迫采取高利率政策，导致证券市场价格下跌，则在打压泰铢的同时，按照当前的较高价格卖出股指期货，并等泰铢阻击成功并导致证券市场价格下跌后，再以下跌后的股指现货交割原先以较高价格卖出的股指期货，从而再次获得证券市场的套利差。就这样，投机者通过货币市场的拆借，以及外汇市场、证券市场、现货市场、期货市场之间的联动操作，导致了泰国货币危机，并使之扩散成为东南亚金融危机。在这个过程中，预期和投机成为金融市场互动和危机传播的重要行为因素。

随着金融市场的发展，在金融市场的各种互动传导渠道中，预期和投机的影响在明显地增大。在20世纪末的东南亚金融危机、2001年的土耳其货币危机和阿根廷货币危机中，预期和投机的作用表现得十分明显，甚至在某种程度上可以说这些危机是由市场预期的变化以及由此引发的市场信心危机导致的。我们可以展望这样一种情况，随着经济金融全球化的不断推进，新的信息技术在金融领域的广泛应用，金融创新不断发展，金融市场之间的互动作用越来越明显，传导机制越来越直接和畅通，各个市场都处于一个相互依存、错综复杂并互为联动的金融体系中。在这个体系中，投资者预期的变化对市场的波动影响越来越大，当投资者预期形成一种市场一致性预期和行为的时候，市场中就会发生"羊群效应"，推动金融市场更为剧烈地波动。

在金融市场的运行中，与预期相伴的是投机。金融市场中的交易，已经远远脱离了实体经济的交易和规避风险的需要,而演变成为自我实现增值市场交易体系,于是投机的市场推动作用和影响力在不断地扩大。一般性的投机活动可以理解为金融市场正常的套利活动。事实上,当证券市场、外汇市场高涨或暴跌时,投机性的卖空或买空都会抑制市场单边的涨跌趋势。因而,不同的投机程度、方式、资本规模和进入市场的时机,对金融市场的影响也会有相当大的差异。但是,过度的投机或者是大规模的潮流引导式的投机很容易引发市场的恐慌和动荡[1]。

五、金融市场一体化对金融市场之间传导机制的影响

当前,金融市场的统一进程成为当代主要市场经济国家金融发展的主流趋势。特别是亚洲金融危机爆发以后,以美国、英国、日本为首的发达国家为了适应金融全球化的挑战,强化了金融一体化的进程,各国纷纷改变分业经营的格局,实行金融市场统一的制度、措施。金融市场一体化的主要标志是:

(1) 各个市场的资金标价越来越趋于统一。由于各个金融市场的信息不完全性造成的隔离越来越小,大量的和多样化的边际买者和边际卖者不断地博弈,经过折现后不同市场的金融资产的开价、要价到最后的成交差额在减小。这种状态恰恰是金融市场统一和成熟的表现。在一个市场不统一的国家,会存在不同的资产价格结构,甚至市场之间由于隔绝的原因,价格差距很大,隔绝意味着垄断,垄断意味着套利,这种市场分割的存在是一个区域的经济和金融资源配置的扭曲。根据各种分析,目前全球化的金融市场统一程度比各国的金融市场的统一程度还要高。

(2) 各种类型的金融市场的收益率趋于一致。市场的统一和流动性的提高,使得各类金融市场的产品收益率高度关联,从而促使收益率提高。

(3) 货币市场的主体和资本市场的主体的传统角色变得模糊不清。由于混业经营的普遍化,传统的市场角色参与不同市场的活动,极大地改变着传统分业经营条件下的市场角色,那种非常单一的市场角色只有在实行分业经营模式的国家才可以看到。

(4) 各种资本市场上的金融资产越来越有某种货币性,也就是说,资

---

[1] 以上的例子,简短地说明了在金融市场现货和期货市场之间存在着复杂的传导机制,而且市场中的行为性因素也使得这些金融市场之间的互动关系以扩散和放大的方式在起作用。我们不能一一详尽地论述这些复杂的互动关系,读者可以在把握一些基本原则的基础上,参考其他专业书籍。

本市场上的许多金融资产或多或少在某种程度上成为货币的替代品。而货币市场的金融工具则越来越有金融资产的特性。

（5）随着货币供给的内生性过程在金融发展的推动下进一步强化，金融市场的统一具有强烈的内生性。

金融市场这种一体化的进程，是金融发展的客观趋势。我们从上述五个代表性特征中可以看出，这些特征的每一个方面，都从不同的角度暗示着金融市场之间传导机制的一些变化，这些变化着重体现在传导的效率性上。也就是说，我们在本节分析的金融市场之间的各种传导和互动关系，在相互关系上是没有本质性改变的，但是各种关系之间的联动反应速度和传导的效率，将随着金融市场一体化程度的提高而提高。金融市场一体化程度的提高，意味着金融市场的摩擦减小，在一个完全无摩擦的金融市场中，各种金融资产也就成为一种理论上假设的完全替代性资产。正如物理学实践中没有完全无摩擦的运动一样，现实中也不存在完全无摩擦的金融市场，因而也没有完全意义上的金融市场一体化。这一特性反映到金融市场之间的传导机制上，就是一种传导效率随一体化进程逐步提高的关系。展望未来，随着金融市场一体化进程的发展，市场间的传导机制将越来越直接和高效，金融运行的效率将越来越高。

第二节　金融市场间溢出效应的文献综述

2007年"次贷危机"爆发以后，对金融市场溢出效应的分析研究逐渐增多，金融风险监管的概念也从微观审慎监管扩展到宏观审慎监管。对于宏观审慎监管而言，最主要的就是把握系统性的金融风险，一旦金融脆弱性累积爆发，不仅会对一个部门产生影响，甚至会导致整个金融体系的不稳定蔓延，即金融溢出和传染是系统性金融危机典型的特征。其中，金融市场间的溢出效应体现了金融系统之间相互渗透的密切关系。

金融市场之间的波动溢出效应一直以来都受到国内外学者和金融监管部门关注。特别是随着我国外汇管理体制改革和股权分置改革的不断深入，外汇市场和股票市场逐步回归市场化运作，二者的相互作用关系也开始显现出市场化关联的特性。加之国际金融一体化与自由化进程的加快，我国汇市与股市间的溢出效应逐步增强。相对于金融市场间价格溢出效应所体现出的变量一阶矩的关系，波动溢出效应反映了变量二阶矩上的关系,即一个市场的波动不仅受到自身前期波动的影响,还有可能受到来自其他市场波动的影响。波动溢出效应广泛存在于不同地域、不同类型的金融市场之间,是金融市场波动的重要特征,它考察了金融市场波动性向另一个金融市场传导的过程。

一、研究地域范畴

对金融市场间波动溢出效应的研究多集中于发达国家市场,对新兴国家市场的研究相对较少。Kanas(2000)对英国、德国、日本、美国等 6 个工业国家的外汇市场和股票市场间的波动溢出效应进行研究,结果显示,除德国外,其他 5 个国家均存在从股市到汇市的显著波动溢出效应,但外汇市场到股票市场的反向反馈效应很弱。Yang and Doong(2004)在上述研究的基础上,对样本的覆盖范围进行了扩展,由原来的 6 个国家扩展为 7 国家,但实证结果与 Kanas(2000)的实证结果并无显著差异。Chen 等(2004)对不同国家市场波动传导存在以上差异的现象进行了解释,认为金融市场相对比较大、比较成熟的国家受国内因素的影响要远胜于国际因素,外汇市场的波动信息对股市的影响在一定程度上就变得比较微弱。Chang 等(2009)运用 GJA – GARCH 模型进行实证,结果显示外汇市场与股票市场间存在非对称的门限协整关系。Wu(2010)利用中国台湾地区、日本、韩国、新加坡、美国的外汇市场和股票市场的数据进行分析后发现,2007 年下半年由美国"次贷危机"引发的全球金融危机对上述地区的外汇市场和股票市场的传导机制产生了显著的影响。金融危机后,上述地区外汇市场与股票市场的波动溢出效应的非对称性更为显著。

Alaganar 和 Bhar(2007)通过对汇率市场与股票市场相关数据的一阶矩和二阶矩特性进行对比分析后发现,美国外汇市场样本数据的一阶矩和二阶矩对美国股票市场上的多元投资组合均具有显著的波动溢出效应,而美国股票市场样本数据的一阶矩和二阶矩对外汇市场不具有显著的波动溢出效应。Choi(2009)则采用多变量指数广义自回归条件异方差模型对新西兰外汇市场与股票市场之间的波动溢出效应进行了动态测算,同时为考察亚洲金融危机对上述两个市场传导机制的影响,其将样本分成了两个区间,比较金融危机前和金融危机后外汇市场与股票市场的传导机制的异同。结果发现,亚洲金融危机并未对新西兰外汇市场和股票市场的波动溢出效应产生显著影响。Wong 和 Licinio(2001)采用相同的方法测度了亚洲金融危机以及美国金融危机对外汇市场和股票市场的波动溢出效应影响，结果发现，金融危机对美国外汇市场与股票市场的传导机制及波动溢出效应产生了显著影响，并认为金融危机期间应保持汇率稳定，这是维持股票市场正常运行的必要保障。

随着我国经济开放程度及金融发展的不断提高，我国金融市场不仅受国际金融市场的影响，国内各金融市场间的联系也日益密切。近年来，国内学者关于我国金融市场间的传导机制及波动溢出效应的研究也日益增多。史建勋和吴平（2008）、李晓广和张岩贵（2008）对我国股票市场与国际股票市场的关联机制进行了研究，结果发现，我国股票市场与国际股票市场存在显著的关联，国际股票市场冲击对国内股票市场有显著影响，因此，国内机构及投资者应密切关注国际股票市场的波动，最大限度地减小国际股票市场对收益的冲击。

二、研究方法范畴

在关于金融市场溢出效应的研究中，主流文献主要还是基于外汇市场、货币市场以及股票市场指数构建协整检验及误差修正模型，或者是基于上述金融市场波动率构建向量自回归模型，在此基础上通过 Granger 因果关系检验、计算上述变量之间的脉冲响应函数，或者是通过方差分解方法考察金融市场间的线性关联及波动溢出效应。同时，考虑到金融市场相关高频数据存在波动聚类线性，大量文献运用广义自回归条件异方差模型考察金融市场间的波动溢出效应。

基于 Hakkio 和 Keeton（2009）以及 Cardarelli 等（2009）对系统风险的定量测度以及预警指标体系构建，Frankel 和 Rose（1996）、Nag 和 Mitra（1999）以及 Abiad（2007）分别构建 FR 概率模型、人工神经网络以及时变马尔科夫区制转移模型考察了相关金融市场之间的波动溢出效应。Engle（2002）和 Hamilton（1989）分别构建动态条件相关广义自回归条件异方差模型和状态转换自回归条件异方差模型对股票市场和债券市场的波动溢出效应进行了测算。随后，大量学者基于这两个模型的扩展对金融市场间的波动溢出效应进行定量研究。为考察美国金融危机对金融市场间关联机制及波动溢出机制的影响，Dimitris 等（2011）通过构建多变量区制转移 SMG 模型以及非对称一般动态条件相关分析模型，在进行非线性检验的基础上，对中国、美国、英国等国家金融市场风险传递效应进行了实证检验，结果发现，上述国家的金融市场间存在显著的波动溢出效应。Glosten 等（1993）构建动态条件相关门限 GARCH 模型考察金融市场间波动溢出效应的传导机制及波动效应的非对称性和门限效应。Nelson (1991) 构建动态条件相关指数 GARCH 模型,通过标准化残差建模,在分析杠杆效应的同时放宽了对方差方程的约束。

第三节　金融市场间系统性金融压力溢出效应检验

一、向量自回归模型及广义预测误差方差分解

VAR 模型应用十分广泛,一般多用于多维时间序列系统的分析及说明随机扰动与变量系统的动态影像,对于协方差平稳的 N 维变量的 VAR (p) 模型来说,模型的基本形式是:

$$Y_t = \eta + \phi_1 Y_{t-1} + \phi_2 Y_{t-2} + \cdots + \phi_p Y_{t-p} + \varepsilon_t \quad (10.13)$$

其中,Y_t 是 $n \times 1$ 维向量 $(y_{1t}, y_{2t}, \cdots, y_{nt})$;$\eta$ 为 $n \times 1$ 维常数向量;ϕ_i 是 $n \times n$ 维自回归系数矩阵;ε_t 为 $n \times 1$ 维向量白噪音。

为了判断金融市场间的互通性,本章计算我国主要金融市场的波动溢出指数。一般而言,VAR 模型选用的传统正交误差方差分解可以将内生变量的预测均方误差分解成系统中各变量的随机冲击所做的贡献,因此,其对于分析变量冲击效应具有重要意义(Sims,1980)。脉冲响应函数是随着时间的推移,观察模型中的各变量对冲击是如何反应,然而对于只需简单地说明变量间的影响关系又稍稍过细了一些。因此,Sims 于 1980 年依据 VMA (∞),提出了方差分解方法,定量地但是相当粗糙地把握变量间的影响关系。传统正交误差方差分解的思路如下:

$$y_{it} = \sum_{j=1}^{k} (c_{ij}^{(0)} \varepsilon_{jt} + c_{ij}^{(1)} \varepsilon_{jt-1} + c_{ij}^{(2)} \varepsilon_{jt-2} + c_{ij}^{(3)} \varepsilon_{jt-3} + \cdots) \quad (10.14)$$

各个括号中的内容是第 j 个扰动项 ε_j 从无限过去到现在时点对 y_i 影响的总和。求其方差,假定 ε_j 无序列相关,则有:

$$E[(c_{ij}^{(0)} \varepsilon_{jt} + c_{ij}^{(1)} \varepsilon_{jt-1} + c_{ij}^{(2)} \varepsilon_{jt-2} + \cdots)^2] = \sum_{q=0}^{\infty} (c_{ij}^{(q)})^2 \sigma_{jj} \quad (10.15)$$

这是把第 j 个扰动项对第 i 个变量从无限过去到现在时点的影响,用方差加以评价的结果。此处还假定扰动项向量的协方差矩阵 $\sum$ 是对角矩阵,则 y_i 的方差是上述方差的 k 项之和:

$$\mathrm{Var}(y_{it}) = \sum_{j=1}^{k} \left\{ \sum_{q=0}^{\infty} (c_{ij}^{(q)})^2 \sigma_{jj} \right\} \quad (10.16)$$

y_i 的方差可以分解成 k 种不相关的影响，因此，为了测定各个扰动项相对 y_i 的方差有多大程度的贡献，定义了如下尺度：

$$RVC_{j \to i}(\infty) = \frac{\sum_{q=0}^{\infty}(c_{ij}^{(q)})^2 \sigma_{jj}}{\text{Var}(y_{it})} = \frac{\sum_{q=0}^{\infty}(c_{ij}^{(q)})^2 \sigma_{jj}}{\sum_{j=1}^{k}\left\{\sum_{q=0}^{\infty}(c_{ij}^{(q)})^2 \sigma_{jj}\right\}} \quad (10.17)$$

相对方差贡献率（relative variance contribution，RVC）是根据第 j 个变量基于冲击的方差对 y_i 的方差的相对贡献度来观测第 j 个变量对第 i 个变量的影响。

实际上，不可能用直到 $s = \infty$ 的项之和来评价。如果模型满足平稳性条件，则随着 q 的增大呈几何级数性的衰减，所以只需取有限的 s 项。VAR(p) 模型的前 s 期的预测误差是：

$$C_0 \varepsilon_t + C_1 \varepsilon_{t-1} + C_2 \varepsilon_{t-2} + \cdots + C_{s-1} \varepsilon_{t-s+1} \quad C_0 = I_0 \quad (10.18)$$

可得近似的相对方差贡献率 RVC：

$$RVC_{j \to i}(s) = \frac{\sum_{q=0}^{s-1}(c_{ij}^{(q)})^2 \sigma_{jj}}{\sum_{j=1}^{k}\left\{\sum_{q=0}^{s-1}(c_{ij}^{(q)})^2 \sigma_{jj}\right\}} \quad (10.19)$$

其中，$RVC_{j \to i}(s)$ 具有如下性质：① $0 \leq RVC_{j \to i}(s) \leq 1$；$i,j = 1,2,\cdots,k$。② $\sum_{j=1}^{k} RVC_{j \to i}(s) = 1$。$RVC_{j \to i}(s)$ 大时，意味着第 j 个变量对第 i 个变量的影响大；相反地，$RVC_{j \to i}(s)$ 小时，可以认为第 j 个变量对第 i 个变量的影响小。

传统方差分解（variance decomposition）是通过分析每一个结构冲击对内生变量变化（通常用方差来度量）的贡献度，进一步评价不同结构冲击的重要性。但是传统的正交误差方差分解方法的结果会随着系统内变量的顺序发生变化，得到的结果并不稳定（Pesaran & Shin，1998）。广义预测误差方差分解（generalized forecast error variance decomposition）与传统方差分解技术相比，对变量的排序没有要求，因而得到的实证研究结果更为准确。Diebold 和 Yilmaz（2012）在研究中利用广义预测误差方差分解的方法提出了溢出指数（spillover index）的计算方法，并对美国金融市场之间的溢出效应进行了检验。广义预测误差方差分解的方法使用历史观测的误差分布近似替代同期的信息冲击，允许信息之间存在相关性，由于没有变量的信息冲击不是正交化的，因此得到的方差分解之和不一定等于1。Diebold 和 Yilmaz（2012）设定变量自身的方差份额是变量 X_i 的 H - 步预测误差由于自身受到信息冲击而导致的，在此基础上，假设截面方差份额或波动溢出效应是变量 X_i 的 $H-$ 步预测误差方差中由模型中的另外的变量 X_j 导致的。

在广义 VAR 的分析框架下，$H-$ 步预测误差方差分解为 $\theta_{ij}^g(H)$，对于 $H=1,2,\cdots,$ 有：

$$\theta_{ij}^g(H) = \frac{\sigma_{jj}^{-1} \sum_{h=0}^{H-1} (e_i' A_h \sum e_j)^2}{\sum_{h=0}^{H-1} (e_i' A_h \sum A_h' e_j)} \quad (10.20)$$

其中，$\sum$ 是误差向量 ε 的方差协方差矩阵，σ_{jj} 是系统中第 j 个方程的误差项的标准误，e_i 是选择向量，即除了第 i 个变量的取值为 1 之外，其余元素均为零。在计算波动溢出指数过程中，需要对每一个方差分解矩阵进行标准化。则有：

$$\tilde{\theta}_{ij}^g(H) = \frac{\theta_{ij}^g(H)}{\sum_{j=1}^{N} \theta_{ij}^g(H)} \quad (10.21)$$

通过标准化，使得 $\sum_{j=1}^{N} \tilde{\theta}_{ij}^g(H) = 1$，且 $\sum_{i,j=1}^{N} \tilde{\theta}_{ij}^g(H) = N$。

在此基础上，可以按照广义 VAR 方差分解的波动率贡献计算方法，计算总的市场波动溢出指数为：

$$S^g(H) = \frac{\sum_{\substack{i,j=1 \\ i \neq j}}^{N} \tilde{\theta}_{ij}^g(H)}{\sum_{i,j=1}^{N} \tilde{\theta}_{ij}^g(H)} \times 100 = \frac{\sum_{\substack{i,j=1 \\ i \neq j}}^{N} \tilde{\theta}_{ij}^g(H)}{N} \times 100 \quad (10.22)$$

总溢出指数衡量向量中各变量的波动溢出效应相对于总预测误差方差的贡献水平。除了该指数以外，在广义 VAR 的框架下，可以进一步分析各个变量之间的溢出效应方向，也可以通过广义方差分解矩阵标准化的方法进一步计算所有其他变量 j 对目标变量 i 的方向性溢出效应的大小。可以表示为：

$$S_{i\cdot}^g(H) = \frac{\sum_{\substack{j=1 \\ i \neq j}}^{N} \tilde{\theta}_{ij}^g(H)}{\sum_{i,j=1}^{N} \tilde{\theta}_{ij}^g(H)} \times 100 = \frac{\sum_{\substack{j=1 \\ i \neq j}}^{N} \tilde{\theta}_{ij}^g(H)}{N} \times 100 \quad (10.23)$$

可以计算目标变量 i 对其他变量 j 的方向性波动溢出，即总溢出中来自除目标变量之外变量的特定冲击：

$$S_{\cdot i}^{g}(H) = \frac{\sum_{\substack{j=1 \\ i \neq j}}^{N} \tilde{\theta}_{ji}^{g}(H)}{\sum_{i,j=1}^{N} \tilde{\theta}_{ji}^{g}(H)} \times 100 = \frac{\sum_{\substack{j=1 \\ i \neq j}}^{N} \tilde{\theta}_{ji}^{g}(H)}{N} \times 100 \qquad (10.24)$$

在此基础上，可以计算某一特定变量的净溢出效应。净溢出效应是总溢出效应和方向性溢出效应之差，目标变量 i 对其他变量的净波动溢出效应可表达为：

$$S^{g}(H) = S_{\cdot i}^{g}(H) - S_{i \cdot}^{g}(H) \qquad (10.25)$$

为了评判两两变量之间的净溢出效应，可计算：

$$S_{ij}^{g}(H) = \left(\frac{\tilde{\theta}_{ji}^{g}(H)}{\sum_{i,k=1}^{N} \tilde{\theta}_{ik}^{g}(H)} - \frac{\tilde{\theta}_{ij}^{g}(H)}{\sum_{j,k=1}^{N} \tilde{\theta}_{jk}^{g}(H)} \right) \times 100 = \left(\frac{\tilde{\theta}_{ji}^{g}(H) - \tilde{\theta}_{ij}^{g}(H)}{N} \right) \times 100$$

$$(10.26)$$

两变量之间的净溢出效应也是两个变量之间总溢出效应之差。

二、数据来源及描述性统计

本章的研究主要是对我国几大金融市场的风险溢出效应进行检验，在此基础上分析各个金融市场对系统性风险的贡献程度。根据前文的分析，金融市场间的互联主要包括债券市场、股票市场、外汇市场、房地产市场和期货市场之间的互联，但是从我国金融发展现状来看，我国金融衍生品市场还处于发展初期，无论是产品种类还是交易体量都相对较小，因此，本章的研究主要考察债券市场、股票市场、外汇市场和房地产市场的互通互联特性。表 10.1 给出了债券收益率、房地产收益率、外汇指数波动率以及股票市场收益率序列的描述性统计。数据起止时间为 2006 年 10 月至 2017 年 4 月，数据来源于中经网统计数据库。

从表 10.1 中可以看出，就样本期内的各市场平均收益来看，债券市场、房地产市场以及股票市场均能获得正收益，其中，债券市场的平均收益最高，为 1.88%，其次为股票市场和房地产市场，分别为 0.87% 和 0.34%，而外汇市场平均收益率为负数，表明我国外汇市场受国际经济金融冲击较大，汇率波动较大，不确定性较高，平均收益最低。因此，现阶段投资汇率市场应更加谨慎小心。上述市场收益率的中位数数据和平均收益的特征非常相似。从最大值和最小值数据可以看出，尽管在上述四个金融市场中，平均股票收益率不是最高的，但股票的最大收益率是最高的，为27.45%，当然其最小股票收益率也是四个金融市场中最小的，因此，股票收益率的极差是最大的，表明股票投资风险较大，这从股票收益率的标准差数据中也可明显看出（股票收益率标准差在上述四个金融市场中是最大的，为8.99），而债券市场的极差是最小的，对应的标准差也是最小的，表明债券投资仍然是目前资本投资的最优选择，对应的平均收益率最高，且风险最小。

表 10.1 描述统计量

描述统计量	BK (%)	RE (%)	EX (%)	ST (%)
均值	1.88	0.34	-1.23	0.87
中位数	2.03	-0.50	-2.44	0.79
最大值	6.64	9.63	6.59	27.45
最小值	-3.63	-8.24	-7.57	-24.63
标准差	2.07	3.25	4.26	8.99
偏态系数	-0.84	0.63	0.21	-0.24
峰态系数	3.54	3.19	1.59	3.89

注：BK 表示债券收益率，RE 表示房地产收益率，EX 表示外汇指数波动率，ST 表示股票收益率。

三、金融市场之间的净溢出效应

在本节内容中，首先在广义 VAR 的框架下对金融市场，即债券市场、股票市场、外汇市场和房地产市场之间的总溢出效应进行分析（Diebold & Tilmaz，2012），对以上选取的各个序列采用了一阶差分的处理避免序列不稳定的问题。其次按照 AIC、SIC 信息准则对模型的滞后阶数进行了选取，选取之后阶数为二阶，采用极大似然估计法对模型的参数进行了估计。如图 10.1 所示是各个市场的波动给其他市场带来的净溢出效应。

从图 10.1 中可以看出，在我国的金融市场中，溢出效应较强的是房地产市场和股票市场。两者给其他金融市场带来的是正向的冲击作用，而外汇市场和债券市场的波动给其他金融市场带来的则是负向的溢出效应。房地产市场给金融市场带来的溢出效应在 5 期内会有比较明显的波动，在

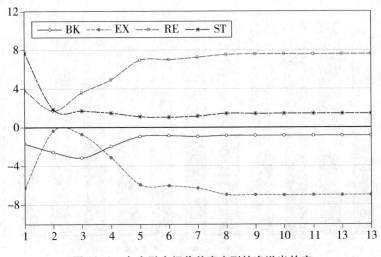

图 10.1　各金融市场收益率序列的净溢出效应

第 2 期溢出效应降低为 1.719 个单位后，溢出效应将会明显增强，在第 5 期上升至 7.008 个单位后，作用效果在 1 年的时间内维持在 7% 左右。股票市场的净溢出效应在初期非常显著，大约会引起 7.726 个单位的其他市场的连带作用，但是这种作用力在第 2 期迅速下降至 1.871 个单位，之后持续输出 $1.0 \sim 1.4$ 个单位的溢出效应，股票收益率属于快速波动的金融变量，因此对其他金融市场的影响在长期内并不明显。外汇市场对金融市场的净溢出效应一直为负向，作用效果仍旧在 4 期内表现明显，在 5 期内外汇市场的波动对其他金融市场的溢出效应呈现先增加后减少的趋势，在初始的 -6.263 个单位的溢出作用之后，第 2 期增加到 -0.377 个单位的溢出效应，随后在第 4 期持续下降至 -5.960 个单位的溢出效应，直至逐步下降至 -7.587 个单位，这说明外汇市场对其他金融市场的溢出效应持续期是较长的，对外汇市场的监管对稳定整个金融市场具有重要的作用。而债券市场对整个金融市场的净溢出效应序列比较平缓，在第 3 期为最低值 -3.1405 个单位，随后债券收益率的冲击对金融市场的溢出效应为 $-0.8 \sim 0.9$ 个单位，这说明目前我国债券市场对金融市场的冲击力并不强，债券市场的作用并未完全体现。一个适度发展的债券市场，不仅可以使筹资主体获得中长期的资金，债券投资者也可以获得较高的利率。但是债券市场是一个具有突出的外部性特征的特殊市场，应当在严格监管的框架下进行适度的开放。图 10.2 与图 10.3 具体说明了各个市场受到其他金融市场的溢出影响以及对其他市场的贡献。

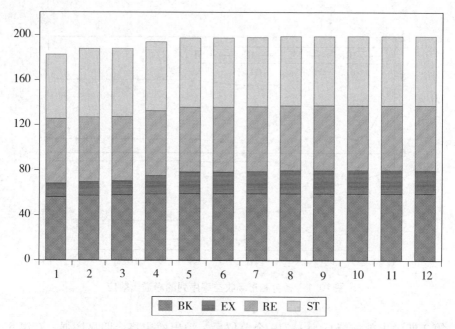

图 10.2　各金融市场收益率序列的来自其他市场的溢出效应

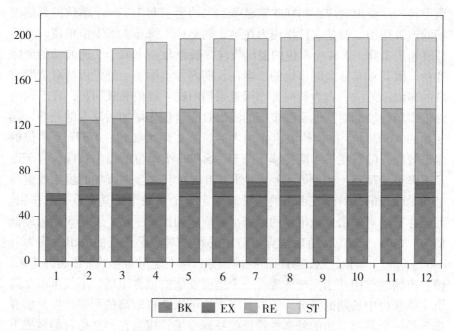

图 10.3　各金融市场收益率序列的对其他市场的溢出贡献

从图 10.2 与 10.3 中不难看出，在我国金融市场中，不论是自身受到其他市场的溢出效应还是自身对其他金融市场的影响，相互的冲击与反冲击力结构比较类似，外汇市场对金融市场的互通连接影响较小。我国外汇市场目前仍旧是一个相对封闭的，以银行间市场为中心的市场体系，外汇市场的投资者多是参与国内银行的实盘交易。由于我国外汇市场中尚未完全开放保证金业务，以及目前国家采用的外汇管制政策，外汇市场在金融市场中的地位和作用相对薄弱，但外汇市场相对坚挺。值得一提的是：从我国债券市场的现状来看，债券市场规模已经拥有全球第三大的市场规模，债券市场在我国金融和经济发展中的作用也越来越大，不仅是货币政策和财政政策的重要工具，也是企业获得中长期债务资金的重要途径，不仅是银行和非银行金融机构进行流动性头寸调剂的重要手段，也是人民币国际化进程的重要根基。目前债券市场的溢出效应也正在逐步凸显出来。

四、各金融市场的互通溢出效应

在构建包含债券市场收益率（BK）、汇率波动率（EX）、房地产市场收益率（RE）以及股票市场收益率（ST）VAR 模型的基础上，按照本章介绍的广义预测误差方差分解方法对债券市场收益率（BK）、汇率波动率（EX）、房地产市场收益率（RE）以及股票市场收益率（ST）序列进行了方差分解。同时，我们还利用方差分解表数据绘制了各金融市场收益率序列的广义误差方差分解图，如图 10.4 所示。

图 10.4 的第一行中，BK、EX、RE 和 ST 各列对应的数字分别表示当期及之后各期债券收益率、汇率波动率、房地产收益率以及股票收益率对债券收益率的方差贡献。比较各类序列不难发现，在债券收益率波动中，债券收益率自身仍然是解释当期及随后各期债券收益波动的主要因素，其次是股票收益率和房地产市场收益率。对债券市场方差贡献最小的是汇率波动率，表明我国债券市场与汇率市场的传导机制并不完善，汇率市场向债券市场的波动溢出效应并不明显。

图 10.4 的第二行中给出了债券市场收益率、汇率市场波动率、房地产市场收益率以及股票市场收益率对汇率市场波动率在当期及随后各期的方差贡献。从图 10.4 的第二行可以看出，汇率市场波动率主要受自身的影响，直到第 12 期，汇率市场波动率对自身的方差贡献仍然在 80% 以上，而债券市场收益率、房地产市场收益率以及股票市场收益率尽管随着时间的延长，对汇率市场波动的方差贡献逐渐增加，但并不明显，均未超过

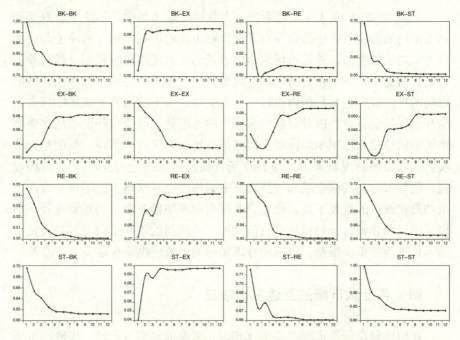

图 10.4 各金融市场收益率序列的净溢出效应

10%,表明我国金融市场开放程度仍然较低,货币市场、股票市场以及房地产市场对汇率市场的波动溢出效应仍然十分有限。

房地产收益率的广义误差方差分解表明,除房地产收益率自身对其方差贡献外,股票市场收益率与债券市场收益率是房地产市场收益率波动的主要因素。表明在我国,股票市场、债券市场与房地产市场存在显著的波动溢出效应,因此,应防范股票市场以及债券市场向房地产市场的风险溢出。与房地产市场收益率的广义误差反差分解结果相似,我国股票市场收益率的方差分解结果表明,我国债券市场与房地产市场波动是导致股票市场收益率波动的主要因素。

综上,对债券市场收益率、股票市场收益率以及房地产市场收益率的广义误差方差分解表明,上述三个市场间的波动溢出效应非常显著,三个市场间存在明显的风险传染机制。而汇率市场与债券市场、房地产市场和股票市场之间的波动溢出效应并不显著,存在一定的外生性,国际外生冲击对债券市场、股票市场以及房地产市场的影响相对较小。因此,未来一段时间金融风险主要还是来源于国内债券市场、股票市场以及房地产市场可能出现的不确定性冲击,政府职能部门、机构投资者及个人投资者需谨慎应对国内金融风险及各个市场间的风险溢出。

第四节　本章小结

金融市场的互通互联是货币政策与财政政策工具能够有效实现的重要途径，也是人民币国际化的重要依托，同时金融市场的联通也会对金融市场的稳定运行产生重要影响（殷剑锋，2006）。本章的研究对我国金融市场中的股票市场、债券市场、房地产市场和外汇市场的互通互联机制和溢出效应进行了分析。总体上看，我国的四大金融市场的溢出效应体现了如下特征：

（1）从净溢出效应的检验结果来看，在我国的金融市场中，溢出效应较强的是房地产市场和股票市场。两者给其他金融市场带来的是正向的冲击作用，即两个收益序列的正向波动将会引起其他市场收益序列显著的正向波动，也就是说，两个序列与其他市场之间具有"联动"效应。而外汇市场和债券市场的波动给其他金融市场带来的则是负向的溢出效应，即两个市场收益率序列的波动将会持续给其他市场带来"跷跷板"效应（史永东等，2013）。

（2）各个金融市场中存在溢出与反溢出作用。不论是自身受到其他市场的溢出效应还是自身对其他金融市场的影响，相互的冲击与反冲击力结构比较类似，外汇市场对金融市场的互通连接影响较小。这在客观上有利于金融稳定，但是从长期看，随着金融市场开放程度的不断加强，金融市场的相互冲击将会更为复杂多变。因此，需避免在极端情况下的金融市场负向溢出，应做好充分的应对准备。

（3）债券市场收益率、股票市场收益率以及房地产市场收益率的波动溢出效应非常显著，这也说明三个市场间存在明显的风险传染机制。而汇率市场与债券市场、房地产市场和股票市场之间的波动溢出效应并不显著，存在一定的外生性，国际外生冲击对债券市场、股票市场以及房地产市场的影响相对较小，因此，未来一段时间金融风险主要还是来源于国内债券市场、股票市场以及房地产市场可能出现的不确定性冲击，政府职能部门、机构投资者及个人投资者需谨慎应对国内金融风险及各个市场间的风险溢出。

第十一章 国家经济风险与金融风险监管

在判断宏观经济形势和制定有效经济政策时，必须全面分析国家经济风险和进行国家风险管理，从而保证经济资源配置和宏观调控在一定的安全性下进行。国家经济安全与经济风险是密切相关的，经济的安全又包含了国家金融的安全和产业安全，两者相互影响。本章对国家经济风险的来源和层次进行了详细划分，同时对主要的国家经济风险管理方式进行了探讨。目前最为主要的国家经济风险来自金融风险，要采取有效措施防范可能出现的国际经济危机的转移和扩延。

从根本上看，有效的政府干预是金融稳定的前提，在经济社会全球化的今天，我国金融稳定不仅受到内部的制约与冲击，也受到外部力量的影响。金融稳定、货币政策独立和金融自由化已经成为各国金融政策的"三元悖论"（Obstfeld，2014）。而我国近些年来面临着诸多经济金融发展的新老命题，其中包括金融市场、金融机构、金融创新、金融开放与金融监管，等等。本章尝试从金融脆弱性的视角出发，对我国国家金融风险面对的主要命题进行进一步的探讨。

第一节 国家经济风险及风险管理

经历 2007 年的全球金融危机洗礼之后，中国经济发展在 2014 年正式步入新常态。经济的发展由"高位平滑"的增长状态进入换挡期，经济结构调整进入阵痛期，前期的刺激政策也进入消化期。2008 年以后，我国采用了"强刺激的"金融危机救助手段，这种救助手段的应用在短期内起到了良好的效果，但也使得我国的经济增长模式从出口投资为主转为信贷驱动为主，宏观经济需在较长的一段时间内面临流动性风险，企业的杠杆风险导致债台高筑，经济的泡沫化和生产过剩的矛盾都集中凸显出来，经济的系统风险也难以在短期内得到合理的解决，国家经济运行的稳定性和安全性也受到了严重挑战，一些重大的外部冲击、金融投机攻击和经济危机转嫁都可能影响我国经济的健康发展。国家经济安全同国家政治安全和主权安全一样，被提高到前所未有的高度。

衡量一个国家经济安全水平，可以通过对一个国家面临的国家经济风险的高低和国家实行国家经济风险管理水平的高低来进行度量。因此，下文将讨论国家风险管理过程的基本元素，并提供一些以风险为中心的检测程序。

一、国家经济风险和风险管理概述

近年来，随着国家之间的金融交往逐渐密切，金融关联的规模增加、速度加快，国家之间的金融风险主要汇集于金融部门之中。例如，美国的金融风险集中体现于银行系统，银行系统的风险中，国际风险资金也逐渐流向几家银行巨头企业。具体来看，容易受到国家经济风险冲击的机构主要包括三类：①巨型货币中心银行。它们真正按照跨国金融机构运作，并且通过由下属和分支机构组成的国际网络提供种类齐全的银行产品和服务。②许多其他银行（它们中不少是相对较大的银行）以及外国银行的分行。这些银行的国外风险主要反映了其国内公司客户的国际融资需要。③相对较小的金融机构。在面临国际风险的银行和外国银行分行中，数量最多的就是这种金融机构。

在过去20年中，许多欠发达国家和新兴市场经济国家所经历的债务危机已经把人们的注意力集中在许多与国家风险联系尤为突出的因素上。影响国家经济风险的主要因素包括：

（一）宏观经济因素

宏观经济因素当中最为主要的因素是，就其经济规模和经济水平而言，其外债的规模和结构，具体包括现有短期债务水平，以及流动性风险。①根据公共部门所负外债的程度，政府从税收和其他渠道创造足够偿还债务的能力；②一国往来账户的状况和脆弱性也是重要的考虑因素之一，包括国际储备水平以及货币当局激进的市场姿态（特别是在固定汇率条件下）；③该国国际储备所承担的进口数额，作为财政收入渠道之一的商品出口的规模；④是否存在价格稳定机制，该国是否易受出口市场萎缩或出口商品价格下降的影响；⑤汇率剧烈变动的潜在可能以及对该国进出口商品相对价格的影响。

在分析国家风险时，另一个重要考虑因素是为满足国家资本需要而使用的外国资本的风险作用机制。包括：①国家进入国际金融市场的难易程度，以及市场流动性损失的潜在威胁；②国家与私人部门的债权人关系，包括存在的贷款承诺，以及银行家对本国举债人追加借款的态度；③国家目前在多边的和政府性的债权人中的地位，包括其获得并支持国际货币基金组织支持或其他适当经济调整项目的能力；④外国投资的趋势以及吸引未来外国投资的能力；⑤国有企业私有化的可能。

此外，还有其他很多宏观经济因素会对国家经济风险具有重要影响：①国家经济受到其他国家金融传染的可能性及其影响程度；②国家银行体系的规模和具体情况，银行监管制度是否完备，银行体系的脆弱性程度；③政府指导性贷款或其他政府干预可能已经产生的对国家银行体系健全性的负面影响的程度，或对国家优惠行业或公司的结构和竞争性的负面影响的程度；④对国内和国际的风险资金，宏观经济形势和负面趋势影响国内同业机构而带来的信贷风险的程度。

（二）社会、政治和法律等因素

国家风险分析不能忽略国家的社会、政治和法律环境。这包括：①国家潜在的自然人力资源；②政府认识到经济或预算问题的意愿和能力以及实施适当挽救措施的意愿和能力；③政治的或地方的宗派活动或武装冲突对一国政府的负面影响程度；④任何倾向于政府施加价格、利率或汇率管制的趋势；⑤依赖国家的法律体系以公平地保护外国债权人和投资者的利益的程度；⑥国家的会计标准，金融信息的可靠性和透明度；⑦国家法律和政府规定保护参与电子交易的各方并且以一种安全健康的方式促进科技发展的能力；⑧政府规定促进有效管理机构风险资金的程度；⑨与国际司法和商业习惯标准保持一致的程度；⑩各金融机构特有的一些因素等。

最后，机构在进行国家风险分析时应该考虑与一国实际（或已批准的）风险资金的性质相关的因素，例如：①该机构的商业战略和为某个国家而制订的风险资金管理计划；②风险资金与承诺的混合，包括投资者和借款者的类型，到期时间的分布，担保品的质量和种类，是否存在担保方，风险资金是否留作贸易或投资之用，以及资产组合的其他显著特点；③对某个国家特定的目标行业的经济展望；④一个国家的政治或经济发展可能在多大程度上影响机构在该国选定的行业，如失业率或地方破产法的变化可能对某些业务活动的影响更大；⑤对一个参与资本市场活动的机构而言，在其基于市场变动而定的价格发生变化时，它是否易受此影响，当对一外国对口机构的索取权的市场价值上升时，该对口机构在财务上会变得不够健康，这样，遭遇不偿付的风险就会增大，这一点尤其适用于场外交易的各种衍生工具；⑥政治或经济发展会在多大程度上影响一个国家单个机构的信贷风险，如具有健康的出口市场的外国同业机构或其业务与为发达国家供应制造品的实体有密切联系的外国同业机构对本国经济的突变所引起的风险可能会受到比该国其他同业机构小得多的影响；⑦金融机构有效管理投放在某个国家的风险资金的能力。

二、国家金融风险的来源和层次

对国家经济风险，特别是金融风险的管理，有时可以根据经济风险的划分进行系统管理。由于风险主要是指一些可能发生事件产生负面影响的可能性，这些事件在事前无法判断是否一定发生。如果从金融风险监督的角度出发，一般可以定义九类金融风险：信贷风险、利率风险、价格风险、外币换算风险、交易风险、合规风险、战略风险和名誉风险。这九类风险不是相互排斥的，以银行为主的金融机构提供的任何产品或服务不论是在国内还是在国外都将置于多种风险复合作用的情境之下。

从事国际业务的金融机构不仅在国内业务中存在各种风险，而且会面临"国家风险"，这种风险是指外国的经济、社会、政治形势和事件会对某个机构的金融利益产生负面影响，导致经济形势恶化、政治和社会动荡等负面影响会增大一个国家的债务人违约风险。除此之外，国家风险还包括其他的一些可能性：资产国有化或没收资产的风险、政府拒绝偿付外债的风险、外汇管制风险以及货币跌价或贬值的风险等。

国家风险对金融机构国际业务具有支配作用。在对公共部门和私人部门的所有国外金融机构带来的一切风险资金（包括资产负债表以外的风险资金）进行评估时，应该明确地把国家风险纳入评估范围。如果该国出现政治或宏观经济形势导致的汇率下跌以及偿还外债成本上升的情况，风险传染的可能性也会增加。

需要注意的是，国家金融风险不一定局限于银行投入国外金融机构的风险资金。尽管银行在其正式的国家风险管理程序中不一定能够把国家风险对本国银行机构的潜在作用纳入进来，但是，当评估本国银行机构的信用度时，应该适当地考虑国家风险因素。如果借方或担保方的信用度（或抵押品的价值）受到国外事件的严重影响，国家风险将会在涉及本地银行机构的风险资金中得到反映。例如，本国借方的信用风险可能会因为国外应收出口账款的增加而增大,或因为从国外子公司进口的货物存在价格转换问题而增大。当交易中需要充分考虑外国的汇率或利率环境时,估计国家风险是恰当的。国家风险决不仅限于信用交易,如国外子公司的投资、电子银行协议等都可能带来这类风险。

三、国家经济风险管理的要素和基本程序

为了有效控制国际业务带来风险的程度,以银行为主的金融机构需要完善国家风险的风险管理程序。一个健全的国家风险管理程序包括:①有效的监督机制;②充分的风险管理规定和程序;③报告国家风险的精确系统;④分析国家风险的有效程序;⑤国家风险定级体制;⑥确立国家风险资金的限制条件;⑦对国家形势的日常监测;⑧国外风险资金的定期压力测试;⑨充分的内部控制和审计职能。

尽管金融机构之间在风险管理程序的细节和复杂性上不尽一致,但是,这种管理必须与银行的国际业务量和复杂性保持一致。监督预期也要考虑到银行的规模和技术能力。

(一)有效监督机制

如果国家风险管理得当,必须有效地控制监督管理过程。银行的主要部门应当负责定期审查和批准那些指导银行国际业务的规定,以确保这些规定与银行的战略计划和目标一致。此外,还要负责审查和批准国家风险的极限,确保这种管理对风险实行了有效的控制。在评估银行资本和贷款租赁损失限额是否恰当时,应当考虑国外风险资金的数量和风险资金涉及的国家的风险等级。

(二)充分的风险管理规定和程序

金融机构的管理部门需要负责实施健全、定义明确用于管理国家风险的规定和程序,这些规定和程序里应当包括:确立风险的容许极限;国家风险管理决策的责任方式和解释方式;规定授权的业务活动、投资以及投资手段;确定可取的和不可取的业务种类。管理部门也应该保证把国家风险管理的规定、标准及具体操作都清楚地交代给相关部门。

(三)国家风险的报告系统

为了有效地管理国家风险,各类金融机构必须有一个可靠的信息系统

用以捕捉国外风险的大小、性质并对其进行分类。报告系统应该涵盖其金融业务的所有方面，不管是通过线下交易还是通过电子方式进行的交易。金融机构的主要管理部门应当及时汇总和报告国外风险资金水平。如果一家金融机构所面对的国外风险资金水平很高，或者如果金融机构面对的国家被认为是高风险国家，则至少每个季度应向主管部门报告风险资金的情况。当国外风险资金恶化到足以威胁金融机构的健康发展时，应该更加及时地进行报告。

（四）国家风险的分析程序

尽管国家风险分析程序的性质和投入的资源会因为各个国家金融机构规模及国际业务复杂性的不同而不同，但是，所有金融机构在进行评估这一过程时都应该考虑以下一系列问题：第一，对于金融机构而言，目前是否已经对正在开展业务和计划开展业务的各个国家的风险进行了定性和定量评价；第二，是否定期进行国家风险分析，金融机构是否已经拥有一个完备的金融风险监管系统；第三，在国家风险的考量方面是否已经考虑了广义的国家风险，以及银行的业务战略可能已经瞄准的同业机构群体所能带来的特殊风险；第四，各类风险是否已经完备地录入系统，形成相应报告后是否已经递交给金融机构的风险管理部门；第五，针对目前金融机构国际业务的规模和复杂性，对国家风险的分析给予的资源是否达标；第六，在国家风险管理过程中是否有考虑其他渠道的信息，如外部的研究机构、定级机构以及国家风险管理机构给出的报告或结论，对比本机构的结论是否需调整。

四、国家经济风险的等级划分和预警机制建立

国家经济风险管理的先进经验证实，国家风险定级能够总结国家风险分析程序的结论，能够为金融机构的国家经济风险的承受能力提供一个基本的框架，是国家风险管理中的重要组成部分。考虑到国内宏观经济形势给金融机构的同业拆借业务带来的风险较大，银行在给国家风险定级时要区分不同类型的风险资金。比如，涉及贸易的和银行系统内的风险资金要比其他类型的风险资金获得更有利的定级，因为它们对一国经济的重要意义会使政府在偿还债务时优先考虑这类交易。一些银行的定级系统还可能需要区分公共部门和私营部门的风险资金。一些银行规定，一个国家的私营部门的信用风险不能比公共部门的低（即银行在给一个国家的各种风险

定级时附加了"最高限")。这两种做法都可接受。

金融机构的国家风险定级可能和权威部门规定的转移风险等级不一致,原因在于这两种定级方式的目的和范围都不相同。金融机构的内部定级是要协助其决定是否扩大信用额度,以及如何管理现有的风险资金。因此,这样的定级应该具有前瞻性,其中,广义的国家风险是关注的重点。而权威部门进行风险定级的重点则在于转移风险,这样的定级主要是作为一种监督工具,用以鉴别那些转移风险的集中度值得更细致研究的国家,以及用以决定是否应该建立某些抵御转移风险的最低储备水平。

(一)国家风险的限制

作为国家风险管理程序的一部分,国际业务活跃的金融机构应该采用国家风险资金限制系统。由于国家风险限制的过程牵扯到金融机构内的不同利益集团,因此,风险的限制需要在几种考量因素中进行平衡,这些因素包括指导金融机构业务的总体战略、国家风险定级和金融机构对风险的偏好程度、预期在某个国家的商业机会、支持本国客户从事国际业务的意愿等。对国家风险的各种限制应该经过核心管理部门的批准,并且应通报给所有受到影响的部门和职工。国家风险的限制应该至少每年评估和报批一次,当对某个国家的关注程度增加时,应该更经常地评估和报批。

同时,金融机构应该考虑能否使其国际业务做到分离的监管来补充银行总的风险资金限制。这类管制可以考虑采取以下形式:对一个国家的不同行业加以限制,按对口机构的类型制定限制条件,或按照风险资金的类型或期限进行限制。金融机构还可能对使用当地货币进行限制。那些在资本市场和信贷市场上有大量风险资金的金融机构通常分别设置总的风险资金限制,因为这两种业务的衡量标准一般是不一样的。

尽管习惯上金融机构按照国别制定风险资金的限额,但是银行应该考虑在更高的视角中(比如以区域为基础)限制风险资金。出现动荡的国家的问题经常会波及邻国,其负面影响还会通过贸易或投资扩大到地理上相距遥远却联系密切的国家。通过监控和管制风险资金,如果上述风险的负面影响开始蔓延,金融机构就可以做出更有利的反应。

对于以直接放贷业务为主的银行,有必要每月对国家风险资金限制的执行情况进行监控。然而,对于其资产组合更易变动的银行(包括那些贸易账户占很大比重的银行),应该更经常地对这些限制的执行情况进行监控。对于那些不在已批准的国家风险限制之内的特例,应该报告给适当的管理层或董事会,使其能够采取正确的措施。

（二）监控国家经济形势

金融机构应该有一套现成的系统，用以监控每个该银行投入大量风险资金的国家的当前局势。金融机构投入监控一个国家的时局的资源应该与投入该国的风险资金水平和可预期的风险水平成比例。如果金融机构在国外设有办事机构，那么该机构的当地雇员发回的报告显然是监控该国时局的很有价值的资料。此外，地区经理的定期出国访问对于监控某个国家的个别风险资金和形势是很重要的。金融机构还可以从评级机构和其他外部渠道获得信息。高层管理人员和该国的负责经理之间应该保持密切的沟通。在危机时期，金融机构不应该仅仅依靠非正式的沟通和专门决策方式，而应该准备好现成的程序以处理投入动乱国家的风险资金，这包括降低风险的应急计划和撤出该国的计划。

（三）国家经济风险的压力测试

金融机构应该定期对其国外风险资金进行压力测试，并且将结果汇报给董事会和高层管理人员。压力测试指的是不必应用复杂的金融模型，而是所有银行需要以某种方式评估不同的预想条件对其国家风险模型的潜在影响。投入在这方面的资源水平应该与国外风险资金在金融机构总业务中的比重相称。

（四）内部控制和审计

金融机构应该确保其国家风险管理程序中包括了充分的内部监控，并且确保建立一个审核机制，它必须能够保证供高层管理者和董事会用来监督国家风险规定和风险资金限制执行情况的信息是完整的。内部监控系统应该确保把营销和放贷人员的责任与分析国家风险、划分国家风险等级和制定国家限制的人员的责任适当分离。

第二节　金融脆弱性与宏观审慎监管

金融监管是金融监督和金融管理的合称。对一国金融体系而言，货币当局对金融机构实施全面和经常性的检查和督导是必须的。按照新古典经济学的观点，由于金融体系与生俱来的脆弱性，金融监管机构需要确保一国金融体系的稳健运行，促进金融体系内的金融资源的合理配置，提升金融效率，能够及时纠正市场失灵，保障金融市场良性运行。狭义的金融监管是指中央银行或其他金融监管当局依据国家法律法规对整个金融业（包括金融机构和金融业务）实施监督管理。广义的金融监管在上述含义之外，还包括了金融机构的内部控制和稽核、同业自律性组织的监管、金融中介组织的监管等。

一、国际金融监管理论的演进

纵观金融监管的发展，主要可以分为四个阶段。20世纪30年代之前的金融监管理论和实践均具有自发性、单向性和滞后性的特点，银行业迅速发展成为投机之风蔓延的优渥土壤，多次金融危机给世界经济的发展造成了不可挽回的损失。在20世纪30年代之后，受之前屡次全球金融危机的影响，对金融业的管理逐渐转变为严格管理的状态。此时的金融监管行为主要表现为对金融机构具体经营业务和活动进行限制、对国内外金融市场的准入的限制和对利率水平的限制等方面。这一阶段加强金融监管维护了公众对金融市场的信心，也促进了金融市场的全面复苏，各国在金融监管中也积累了大量经验，形成了各具特色的金融监管体系。理论层面，"市场失灵理论"和"信息经济学"发展，为这一阶段的金融监管奠定了理论基础。如1933年的《银行法》是美国对银行业管制的标志，随后一系列法律对金融业务实施严格的金融监管，严格控制银行资金盲目进入证券市场。20世纪70年代至20世纪80年代末，以Friedman（1962）为代表的现代货币主义研究者对金融自由化发展进行研究，学者们普遍认识到严格的金融监管过程中忽视了金融效率问题。这一阶段在理论研究中遵循效率优先的金融自由化理论对金融监管过程中的效率损失进行了深度研究，实践中各国开始从金融市场的效率探讨金融监管的适度性问题。金融自由化的发展客观上要求各国放松对金融体系的监管,金融行业的效率追求成为各国金融发展的新目标。20世纪90年代之后,区域内及全球金融危机频繁发生。墨西哥、巴西等国及东南亚地区的金融危机的典型经验再度给金融监管理论提出了新的挑战。各国对金融监管政策的总结证明,在经济全球化进程加快、金融创新和金融自由化的进程中,金融风险更具蔓延性、扩散性和传染性,因此,有效的金融监管政策需要在金融效率和金融安全中间进行均衡。同时,这一阶段的金融监管理论也更加重视国际合作,巴塞尔委员会工作深化的同时,国际性金融监管组织之间的合作也不断加强。

(一) 20世纪30年代以前的"自律型"金融监管理论

总的来看,西方的金融监管理论随着金融监管形势的变化在进行演进。早期的西方经济学充分认可"无形的手",崇尚经济自由,古典经济学中对于"货币中性"的理论认为货币中性,因此不会对经济活动产生实质性的影响,此时对金融体系的监管主要以"自律型"金融监管为主。Adam Smith (1776) 的"真实票据"理论认为,只要银行贷款用于生产流通中的短期商业票据,通货膨胀或紧缩就不会出现。显然,银行应当自由竞争,没必要实施约束。Sandon (1802) 则提出了相反的观点,强调真实票据的原则不能保证银行的必要流动性和货币供给的弹性,银行存在挤兑风险,因此,实施货币信用的管制是必要的。随着全球金融危机的频发以及后期"银行学派"及"通货学派"的崛起,"自律型"的金融监管模式逐渐失去主导地位,金融监管的理论逐渐兴起。

(二) 20世纪30年代至70年代的"强约束"金融监管理论

20世纪30年代之前的金融监管主要以讨论"自由发展"还是"实行监管"为主,此时的金融监管内容仅是货币信用和银行挤兑的控制两个方面。随着经济的不断发展,市场的不完全性逐渐凸显出来,金融体系的内在不稳定性也被察觉出来,凯恩斯主义的思想占据了主流经济学的地位。此时,基于市场的不完全性和金融体系的脆弱性,衍生而成的金融监管理论主要包括公共利益的监管理论和金融脆弱的监管理论。

公共利益的监管理论以市场失灵和福利经济学为基础,指出管制是政府对公共需要的反应,目的是弥补市场失灵,提高资源配置效率,实现社会福利最大化。市场失灵主要表现为外部效应 (externality)、信息不对称 (asymmetric information)、不完全竞争或自然垄断 (natural monopoly) 等,监管是一种公共产品，是能够降低或消除市场失灵的手段。相应地，形成了负外部性监管理论、公共产品监管理论、信息不对称监管理论和自然垄断监管理论。而从金融体系脆弱性视角出发形成的金融脆弱的监管理论是基于20世纪60年代金融危机开始呈现出独立性，金融危机的发生完全脱离于实体经济，金融体系的内在脆弱性进入了研究者和政策制定者的视线，由此形成的主要金融监管理论包括金融不稳定假设和银行挤兑理论等[1]。

总的来看，金融监管理论产生于世界性的金融危机，为西方主要的发达国家严格、广泛的金融监管提供了有利的注解。但此时的金融监管的研究独立性很强，也有很浓厚的危机色彩。

（三）20世纪70年代至20世纪90年代的"自由化"金融监管理论

20世纪70年代以后，世界经济出现层次化发展的特征，西方发达国家出现了经济滞涨现象，"看得见的手"遭到质疑。随着西方国家金融发展的纵深化，金融创新的需求日益旺盛，而"强约束"的金融管制手段显然成为绊脚石，此时的发展中国家经济迅猛发展，资金的捉襟见肘也使得其金融自由化的需求迫切。金融监管的研究也逐渐转移至"效率运作"视角，注重效率的金融监管理论成为研究焦点，相应地形成了集团利益理论，具体包括政府掠夺论、特殊利益论和多元利益论。

政府掠夺论认为监管活动和管制都是由政府推行的，但是政府并非社会利益的代表，政府有其自身的利益倾向，对金融业的监管是为了实现政府利益最大化。特殊利益论和多元利益论则认为金融监管是为了满足特殊利益集团的利益，不同的社会经济利益集团是金融监管的需求者，而政府的金融监管是各类利益集团的利益的动态平衡和匹配过程。由此可见，以上的集团利益理论是从政治经济学的视角对金融监管进行的理解，研究认为，实行"强约束"的金融监管政策是为了满足利益集团的需要，不能很好地保证金融体系的运行效率。为了进一步说明政府在"强约束"的金融监管政策下导致的金融效率的缺失，以金融体系运行效率为主要视角的理论应运而生，主要包括管制供求理论、管制寻租理论、监管俘获理论和社会选择理论。

管制供求理论从供求理论的角度解释金融监管的效率，认为金融监管的供给者为政府，需求者是经济中的利益集团，在监管中交换金融资源或

---

[1] 关于金融不稳定假说和银行挤兑理论的具体内容请参见第二章。

投票权，目的是达到提高经济地位的目的，寻求直接的资金补贴，控制进入者和相关政策等。管制寻租理论认为政府管制会加剧市场中的寻租机会，由此产生政府及其代理人的租金创造和抽租问题，市场竞争的环境将会恶化。通过政府管制来纠正市场失灵是理想化的、不现实的。寻租理论是为管制寻租理论提供支撑，认为经由政治过程的金融监管将会通过获得特许权而损害他人的利益。监管俘获理论认为，政府建立管制起初，管制机构能够独立运用权利公平管制，但在被管制者与管制者的长期共存中，管制机构逐渐被管制对象通过各种手段和方法俘获，管制机构最终会被控制，为少数利益集团谋求超额利润，使真正的守法者损失利益，结果使被监管行业更加不公平，降低整体效率。社会选择理论认为只有在监管机构能够相对独立之后监管的真正作用才能充分发挥，因此，金融监管政策的实施可能恰好与公众的利益相悖。

总的来看，在这一阶段的发展过程中，金融监管理论已经更加成熟，在更加战略化的角度对金融监管进行了探讨，具有动态性、发展性和辩证性，对金融监管效率的研究成为焦点，大大拓展了金融监管理论的视野，而监管失灵的理论说明监管机构在执行金融监管时仍以追求自身利益最大为目标，因此，政府管制可能导致监管效率的缺失，甚至影响金融市场的健康有序发展。但是此时的金融监管理论在实践应用中的"操作性"较差。

（四）20世纪90年代以后的"规范化"金融监管理论

20世纪90年代以来，以资本自由化、金融创新化为特征的金融全球化进程加快，金融资源在全球范围内得到了有效的配置，但金融风险传染、集聚和爆发也在区域内形成更强的危害。因此，对金融产品收益和金融风险监管的权衡成为世界各国货币当局的重要命题。但比较有共识的是，各国认为金融监管已经不是一个静态的独立的行为，而应当是一个动态的、全局性的问题。由此，全球化发展中金融稳定发展成为各国金融监管的主要目标。这一时期的金融监管的实践性、规则性更加明显。主要的金融监管理论包括功能监管理论、激励监管理论、资本监管理论和市场纪律监管理论。

功能监管理论基于金融中介理论，金融中介的功能主要区分为机构观和功能观。机构观认为金融中介在公共政策的辅助下进行运营。功能观认为金融机构在运营过程中主要根据自身功能进行发展。在此基础上的功能监管理论认为金融功能比金融机构更加稳定，金融功能会促使金融中介的组织结构、形式不断变迁。金融机构会在创新和竞争中完善自己的功能。

相较之下，功能观的金融中介更便于管理，降低监管者与被监管者的信息不对称程度，能够降低监管套利的可能性。激励监管理论是在监管者与被监管者之间订立成熟完备的合约，分析信息结构、约束条件以及双方的行为，提出监管的具体操作方法。资本监管理论兴起于20世纪90年代末，由于区域性金融危机的频发，加强金融监管的需求增强，从资本充足率的角度对资产业务的管制成为核心。资本监管主要对最低资本充足率和金融中介机构的资产业务进行约束，避免金融业务的交叉感染和过度竞争[1]。

总的来看，这一阶段的理论研究与经济变迁关联很密切，纯粹的理论研究也向"操作型"的理论研究进行转化，在研究思路上讲究"市场调节"和"政府监管"相互融合，研究方法和使用工具也更为规范化。从金融监管理论的整个发展路径来看，金融监管从传统的金融体系内部约束逐渐转向金融机构、金融体系内部的激励相容的模式，金融监管制度也更加主张自觉的金融风险防范，金融监管从各个国家独立的金融监管制度逐步拓展为国际合作式监管。

二、审慎监管的基本制度

金融监管是金融监督和金融管理的合称。对一国金融体系而言，货币当局对金融机构实施全面和经常性的检查和督导是必须的。按照新古典经济学的观点，由于金融体系与生俱来的脆弱性，金融监管机构需要确保一国金融体系的稳健运行，促进金融体系内金融资源的合理配置，提升金融效率，能够及时纠正市场失灵，保障金融市场良性运行。狭义的金融监管是指中央银行或其他金融监管当局依据国家法律法规对整个金融业（包括金融机构和金融业务）实施监督管理。广义的金融监管在上述含义之外，还包括了金融机构的内部控制和稽核、同业自律性组织的监管、金融中介组织的监管等。宏观审慎监管是和微观审慎监管相对应的，传统的微观审慎监管强调的是金融体系中个体金融机构的监管，保证各个金融机构不发生违约风险和流动性风险，监管的目标是保护个体金融机构及其投资者。"宏观审慎"这一概念是20世纪70年代国际清算银行提出的，2007年"次贷危机"爆发后，全球金融发展和经济运行受到重创，学术界和各国监管机构重新将"宏观审慎监管"这一概念提出。宏观审慎监管强调系统性金融风险的防范，只有金融稳定，才能保证金融体系和实体经济的正常

---

[1] 最低资本充足率的监管开始于20世纪70年代的美国"CAMEL"风险管理体系，1988年《巴塞尔协议》的推出。以上内容在第五章中进行了详细的讨论。

平稳运行。宏观审慎监管的整个框架目前仍在调整和完善中,因此,对于宏观审慎监管的具体定义和操作工具还没有形成完全一致的意见。

显然,宏观审慎监管从整个经济运行周期的视角,对金融体系存在的金融溢出和金融传染进行了综合的考量,和微观审慎监管在监管的概念、监管的目标上存在很大的区别(见表11.1)。

表11.1 宏观审慎监管与微观审慎监管对比

	宏观审慎监管	微观审慎监管
日常目标	防范系统性金融风险	防范个体金融机构的风险
最终目标	避免实体经济受到冲击	保护金融机构与投资者
风险性质	风险是内生的 是金融机构共同的行为和相互关联产生的	风险是外生的 金融机构之间不存在共同行为的影响
风险溢出	金融机构风险相关 是系统性金融风险的来源	不存在溢出 彼此无关
监管执行	自上而下 着眼于系统风险	自下而上 着眼于个体机构风险
监管工具	标准审慎工具 将准备金提取、风险定价和贷款量相关联	统一偿付标准 自律型准则
监管重点	重点关注体量大、业务复杂的金融机构(SIFI);市场监督;逆周期管理	重点关注个体金融机构
代表性工具	逆周期资本缓冲;资本附加;流动性附加;动态拨备;动态贷款价值比	资本要求;杠杆率;流动性比率

宏观审慎监管的着眼点为整个金融体系,认为系统性的金融风险来源于独立的金融机构的风险行为的累积,金融风险本身是内生的,而金融体系内部的关联性会引发金融风险的溢出和扩散,因此,在监管手段上应当着眼于系统风险的控制,采用自上而下的监管方法。微观审慎管理核心的观点认为金融风险是外生的,金融风险管理的重点应该是各个金融机构的风险控制,风险管理的目标也应当是保护金融机构和相关投资者,因此,在风险管理的手段选择上应当采用自下而上的风险管理路径,对独立金融机构的风险进行严格控制。而从微观审慎的视角出发,个别金融机构的风险主要包括信用风险、流动性风险、市场风险、操作风险等各类风险。目

前，对金融机构的微观审慎管理已经形成了对应的国际准则，主要包括巴塞尔银行监管委员会（BCBS）出台的《有效银行监管核心原则》《巴塞尔协议Ⅲ》以及国际保险监督官协会（IAIS）出台的《保险核心原则》等。

三、国际主要经济体金融监管的思路

（一）美国的金融风险管理体系

美国的金融风险管理体系相对成熟。自1929年的金融危机以来，美国的金融风险监管经历了"放任—管制—自由—规范"的发展进程，这与国际金融风险监管的理论演进路径比较类似。2007年金融危机之后，美国提出金融风险监管的"无缝化"理念，强调宏观金融风险管理，有效防范系统性金融风险的宏观审慎的监管体系逐步确立。2009年6月，《金融监管改革——新基础：重建金融监管》的改革方案提出，强调宏观审慎管理在金融风险管理中的地位，注重防范系统性风险。宏观审慎监管的主要方法是在现有的监管体系下成立由多个监管部门参与的金融风险监管组织，而其中系统性金融风险的监管权主要赋予美联储（Fed），要求其他监管部门在进行微观审慎监管时，加强宏观审慎管理防范系统性风险。该方案建立了防范系统性风险的宏观审慎监管框架。2010年7月，美国政府颁布《多德——弗兰克华尔街改革和消费者保护法》，确认美联储为系统性金融风险的管理者并设立宏观审慎监管的跨部门金融稳定监督委员会（FSOC），FSOC从本质上看与美联储相互独立，主要的职责包括识别、监测和处置大型金融机构导致的系统性风险及金融传染发生的可能性。2010年10月美国政府通过的《美国金融稳定监督委员会组织规则》，阐明了FSOC的治理原则和程序，进一步明确了FSOC的职责和权力。

除以美联储为核心，FSOC为中枢的宏观审慎监管框架外，美国的金融监管体系具有两个特征：伞形监管模式和双线多头监管模式。

1. "伞形"监管模式

美国的金融监管刚开始采用分业监管体制，即三大金融领域银行、证券、保险分别由不同的监管机构进行监管。1999年以后，以分业监管为基础，发展出"伞形模式"。确定美联储作为"伞头"，负责总体协调银行控股公司，其他功能监管者仍然按行业划分监管范围。

2. 双线多头监管模式

为了防止权力过于集中，美国存在联邦和州的双线监管。另外，由于历史原因，还存在多个监管机构监视同一业务的现象。具体的系统性金融监管部门除美联储及 FSOC 之外，还包括：①消费者金融保护局（CFPB），主要负责保护购买金融产品和服务的消费者。把原来分散在各个监管机构的保护消费者的职责整合，使之能够更高效地保护消费者不受不公正对待，同时也确保消费者能够获得准确的信息。另外，CFPB 具有高度的独立性，它虽设在美联储下但不从属于美联储，局长直接由总统任命并需经过参议院的批准。②联邦存款保险公司（FDIC），负责对投保机构进行监管，一般为辅助监管。2009 年改革后，增加了对系统重要性金融机构的清算权。对于任何财务困难并会威胁美国金融稳定的金融机构，FDIC 都有权接管并清算。联邦一级的监管者包括美联储（Fed）、联邦存款保险公司（FDIC）、货币监理署（OCC）、全国信用社管理局（NCUA）、金融稳定监督委员会（FSCO）、消费者金融保护局（CFPB）、期货交易委员会（CFTC）、证券交易委员会（SEC）。地方一级的监管者包括各州监管机构，如州银行监管办（SBR）。（见表 11.2）

表 11.2 美国金融监管主要部门及其职责

类型	监管范围			主要监管者	辅助监管	监管、清算机构
银行类子公司	银行机构	国民银行		OOC	Fed、FDIC	系统重要性金融机构 FSOC Fed FDIC
		州立银行	州立会员银行	Fed	SBR、FDIC	
			州立非会员银行	SBR	FDIC	
	银行控股公司（含金融控股）			Fed		
	储贷机构	联邦注册		FDIC	Fed、OOC	
		州注册		SBR	FDIC	
	储蓄机构控股公司			FDIC	Fed、OOC	
	信用社	联邦注册		NCUA		
		州注册		SBR		
证券类子公司	证券机构（证券公司、证券交易所）			SEC		
保险类子公司	保险机构			州保险署	FDIC	
期货类子公司	期货机构（期货公司、期货交易所）			CFTC		
其他	消费者保护			CFPR		

（二）英国的金融风险管理体系

英国的金融风险监管体系初始选择的是分业经营和分业管理模式。在 2007 年"次贷危机"之前，英国的金融风险管理主要依托于金融服务局（FSA）、英格兰银行、财政部。"次贷危机"之后，英国相继通过《2009 年银行法》《2010 年金融服务法》《金融监管新办法》《衍生品交易市场改革方案》《金融监管新框架：建立更强大的系统》等相关的法律和制度，重新明确以英格兰银行为核心，下设金融稳定委员会 FSC 作为金融体系系统性金融风险的监管者，成立金融政策委员会（Financial Policy Committee，FPC），负责监控和应对系统性风险，对英国金融体系系统性风险状况进行分析和评估，赋予其制定、决策逆周期资本缓冲和行业资本要求宏观审慎工具的职责。原 FSA 的职能则分别由新设立的审慎监管局（Prudential Relation Authority，PRA）和金融行为监管局（Financial ConductAuthority，FCA）承担，PRA 负责监管金融机构。FPC 做出决策后，由 PRA 实行监管行动。PRA 与 FCA 共同负责微观审慎监管。至此，确立了金融风险管理新格局，构建了宏观审慎监管的框架防范系统性金融风险。改革之后的英国金融风险监管体系呈现出了 PRA 与 FCA 的独立性与合作性共存的"双峰监管"模式，英格兰银行在金融监管体系中处于核心地位，主要负责货币政策的制定、宏观审慎与微观审慎监管政策的制定与执行。PRA 的主要职责是监管银行、存款、保险、信贷和大型投资机构。FPC 则负责对金融机构的具体业务进行监管，保护金融消费者权益，保障市场环境的良性运转。新的监管体系的运行保障了英国金融体系的稳定运转，但仍存在问题：一是 PRA 作为英格兰银行的附属机构，在协调微观监管和制定宏观审慎监管政策之间仍需要较大的成本；二是英格兰银行的监管责任较大。

为了进一步明确英格兰银行的金融监管职责，2016 年，英格兰议会颁布了《2016 年英格兰银行与金融服务方案》，这标志着由货币政策委员会（MPC）、金融政策委员会和审慎监管委员会（PRC）共同组成的英格兰银行组织架构正式形成，分别负责货币政策、微观审慎监管和宏观审慎监管的职能框架，也打破了原有的"双峰监管"模式，PRA 也从英格兰银行的从属地位中脱离出来，成为审慎监管委员会。方案同时确认了国家审计办公室对英格兰银行资金使用效率及效益进行监管审查的职能，强化英格兰银行的治理和问责机制。英国金融监管的发展路径是从"超级监管者"向"超级央行"的不断进化，在提高央行在金融监管中的主体地位和扩大其职责范围的同时,由英国议会和财政部依法对英格兰银行进行监督,实现终极监管的目的。

(三)欧盟的金融风险管理体系

欧盟原有的金融监管分为三个层次:欧盟委员会、欧洲中央银行和各成员国内部的监管委员会。其中,欧盟委员会负责法律法规的制定,欧洲中央银行负责欧元区货币政策的制定和执行,欧盟各成员国内部的监管委员会则具体负责各国的金融风险监管。"次贷危机"之后,欧盟意识到现有的金融风险监管体系难以化解系统性的金融危机,2008年之后相继签订了《谅解备忘录》,通过了《欧盟金融监管体系改革》《泛欧金融监管法案》《对冲基金监管草案》等。改革后的欧盟金融监管体系最主要的特征是宏观审慎监管与微观审慎监管密切配合。于2010年建立了欧洲金融监管体系(ESFS),其中,宏观方面设立了欧盟系统风险委员会(ESRB)。ESRB由欧洲央行(ECB)主责,成员包括欧委会以及欧洲银行管理局(EBA)、欧洲保险和职业养老金管理局(EIOPA)、欧洲证券市场管理局(ESMA)三大部门的负责人,主要职责是宏观审慎监管欧盟整个金融体系并防范系统性金融风险,还建立了关于重大风险的早期预警,但是ESRB的决议只能向其他监管部门提供建议或发布风险预警,对相关

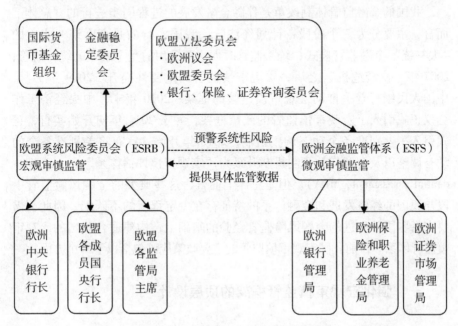

图11.1 欧盟宏观审慎监管框架

监管采用与否并没有法律的约束力;微观层面的金融风险监管责任实现主要 ESFS 依托由 EBA、EIOPA、ESMA 的具体职能部门负责,各成员国金融监管者(包括银行、证券、保险业监管协会)组成,日常职责包括:第一,制定统一的监管规则并确保规则的有效实施;第二,协调和管理成员国的监督机构,促进各成员国监督机构的跨境合作;第三,确保信息的准确性,保护消费者不受欺骗;等等。ESFS 的决策具有法律的效力,但 EBA、EIOPA、ESMA 对单个金融机构或金融市场并没有直接的监管权,各成员国的金融监管当局保留着对本国金融机构和市场的日常监管权力。ESRB 向 ESFS 提供系统风险的报告,提出建议和发布风险预警。ESFS 向 ESRB 提供具体的相关的监管数据。而 ESRB 提供的建议与预警采用与否取决于 ESFS 的相关监管部门。所有机构中有投票权的机构包括:欧洲中央银行、欧盟各成员国的央行、欧盟委员会、三个微观审慎监管局。其中欧洲央行(ECB)被赋予最广泛的监管权力。

第三节 完善我国宏观审慎监管的建议

我国的金融监管体制改革是伴随金融发展的进程同步进行的,总体上而言,主要分为三个阶段:计划经济阶段我国实行的是高度统一集中的"大一统"金融监管模式;统一监管时期主要采用的是金融业的统一监管;2007 年"次贷危机"之后,宏观审慎监管的重要性提升。2009 年 7 月,中国人民银行着手推动宏观审慎监管的框架;2010 年末,中央经济工作会议正式引入了宏观审慎监管的政策框架,并于 2011 年初开始实行,正式引入了差别准备金动态调整机制;2016 年开始,宣布将差别准备金的动态调整以及合意贷款管制机制升级为"宏观审慎评估体系"(macro prudential assessment, MPA)。但是总体上而言,这些典型的金融风险监管手段与我国的经济发展和金融体系的特征存在一定程度的不匹配,因此,需要在借鉴国外先进的金融风险监管经验的基础上,构建适合我国的宏观审慎监管体系。目前我国宏观审慎监管的主要政策应该包括以下六个方面。

一、强化宏观审慎监管框架的顶层设计

确立明确的宏观审慎监管目标,构建有效的资本监管标准。宏观审慎

监管的核心是在权责明晰的角度确定政策的制定者和具体执行者,明确系统性风险监管的主要责任部门以及可以采用的宏观审慎政策工具。对于政策的制定者和执行者应当有详细的工作细则和法律法规对各自的职责和权限进行划分,确定宏观审慎监管具体的程序、监管的步骤、报告的机制、信息采集和处理方式、宏观审慎监管的相互约束机制等。除工作细则以外,应当对目前已有的法律法规,如《中华人民共和国中国人民银行法》和《中华人民共和国商业银行法》等进行修改,在法律上确立中国人民银行在宏观审慎监管中的主导地位。从宏观审慎监管工具的选择上来看,除了原有的传统微观审慎监管工具外,宏观审慎监管在时间维度和截面维度上分别加入了新的工具。其中时间维度包括了经济繁荣期和经济衰退期。总的来看,可以加入的工具主要类别包括:面向借款人的工具、面向金融机构资产负债表的工具和逆周期的调控工具(见表11.3)。我国的宏观审慎监管应当结合金融产业发展的特点,适当地加强宏观审慎监管工具的应用和开发,同时加强各工具的有效性检验。

表 11.3 宏观审慎政策工具选择

	面向借款人的工具	面向金融机构资产负债表的工具	逆周期的调控工具	其他制度工具	
				税收	制度体系
经济繁荣期	DTI、LTV,交易准备金和折扣率的调整,控制信贷增速和投放目标	控制期限错配、货币错配、贷款准备金制度的建立	逆周期资本计提杠杆率约束动态拨备约束	对特定金融活动征税	盯市制度红利分配制度市场纪律制度
经济衰退期	交易准备金折扣率的调整	流动性的约束	逆周期的资本释放动态准备金制度	降税	产品标准化建立金融安全网
金融传染加剧期	资本结构的约束	金融机构风险敞口的限制	系统重要性机构计提资本	针对规模、网络结构外部性进行征税	设立中央交易对手,建立危机救助制度信息披露制度

二、完善金融系统性风险的预警框架

加强金融体系的压力测试,压力测试和系统性风险预警的根本目的是监测金融体系的系统性风险，预测宏观经济压力下金融系统的波动程度，将金融体系、宏观经济体系以及跨国经济联系在一起进行检测，是评估系统性金融风险、防范经济周期对金融风险的扩大作用的重要手段。2007年金融危机之后，世界各国金融监管当局分别将金融压力测试和系统性金融风险预警纳入宏观审慎监管的框架下，并在具体实施中发挥重要作用。我国宏观审慎监管中的金融压力测试开始于2003年对银行体系的监管，但系统性金融风险的预警和监管仍处于开发期。因此，应当结合国际先进经验，进一步确定金融压力测试的职能部门，将压力测试模型、技术和测试系统以及测试内容覆盖到金融体系所有的部门和业务。

三、微观审慎监管与宏观审慎监管相互配合

微观审慎的分业监管模式从本质上无法解决监管的套利行为，"影子银行"、表外资产、金融控股公司在具体业务操作流程中都可能存在套利行为，而宏观审慎监管则是基于宏观、逆周期和跨市场的角度，因此可以将微观审慎监管和宏观审慎监管相互配合，形成监管合力。宏观审慎监管侧重于金融机构的整体行为以及金融机构之间的相互溢出效应，因此主要应当着眼于政策的制定和工具的使用；而微观审慎监管则侧重于对金融机构的个体行为和风险偏好的监管，因此可以更加便利地采集资料和数据，是宏观审慎监管的重要补充。所以，应当加强宏微观审慎监管在不同行业、不同领域和不同市场之间的风险防范和处置防范衔接，形成互为补充、相互促进的综合金融监管体系。

四、实行差异化的金融监管政策

对于不同类型、规模的金融机构而言，金融风险的层次和表现存在差异，金融风险爆发的系统性影响程度也不同，因此，宏观审慎监管需要扩展监管对象的同时，也需要对其细分化和差异化处理。在判断各类机构对系统性风险的影响程度时，应当考虑其规模、传染性和可替代性，同时也应当从宏观金融风险控制的难度上进行明确的差异化处理。对金融机构的监管应扩展风险评价的指标体系，同时在系统性、连续性、透明性和差异性的原则下进行监管。对于一些特殊的金融机构，虽然其机构规模较小，但如果其联动性强、影响力大、杠杆率高，也应当作为影响系统性金融风险的重要机构进行考量。

五、货币政策与宏观审慎监管的配合

传统货币政策中并未将对金融风险的考量纳入目标体系，将物价稳定与金融稳定认定为同一目标。在宏观审慎监管的框架下，不仅宏观审慎管理能与微观审慎监管相互补充，同时也能够弥补货币政策目标的缺失，有效修正货币政策的"事后性"救助，提高货币政策对宏观经济的效力。因此，在宏观审慎框架的设计中，应当首先考虑如何与货币政策相配合，充分考虑经济发展的情境，进行政策组合的设计，在货币政策规则中应当考虑逆周期的操作方式，以及对资本价格、通货膨胀和杠杆率等宏观经济变量的监管。在政策配合中需要控制好货币政策与宏观审慎监管的权利的调和配置，防止产生道德风险的问题。

六、加强金融监管的国际合作

金融国际化发展是当今全球金融体系发展的重要特征，目前，金融风险很容易从一国溢出并在世界各国间传染，金融体系的外部性不断增强。因此，加强金融监管的国际协调尤为重要。金融国际化发展的特征包括：主要货币逐步实现自由兑换、金融机构国际化、金融市场和金融工具一体化、资本流动全球化、金融立法和交易习惯与国际惯例趋于一致等。金融监管的国际化协调工作应当包括：监管信息的交流和共享、确立有关国际银行的监管范围和监管责任、并表监管、对金融集团的监管、国际间的统一监管等。我国宏观审慎监管体系的构建需要在国际化的框架下进行。目前，我国已经是金融稳定理事会（FSF）的成员，因此，首先应当积极建立双边或多边的合作关系或区域性的合作体系，与其他国家积极磋商，签订双边谅解备忘录，举办监管联席会议。其次，我国的金融监管应当依照金融监管的统一标准进行，目前的金融监管标准包括巴塞尔协议、IOSCO 标准、IAIS 标准等，但这些金融监管标准是成熟市场的适用标准，因此应当积极推动适用于发展中国家的金融监管标准的建立。第三，建立跨国联合的监管机制和国际金融协调机构，开展统一的金融监管与金融救助，改进目前国际货币基金组织和世界银行等国际机构的写作方式，推动各国政府、金融主管部门、私人部门等进行有效的交流和合作，以现有的《巴塞尔协议》为基础，建立健全各国金融监管体系。第四，实现多边信息共享。随着区域经济一体化的发展，应当在区域内设立国际金融监管的信息

交流机制，对于重大的金融风险问题建立区域性的交流合作机制，降低金融监管的成本。最后，在国际化的金融监管中应当进行综合的并表监管。目前，欧洲共同体成员国和十国集团已经实现了并表监管，针对银行体系的国际金融风险进行了资本充足性、流动性和贷款集中度的国际监管。我国的国际化金融监管也应当积极加入并表监管，这对于防范系统性的风险具有重要意义。

参 考 文 献

中文参考文献

[1] 宝音朝古拉，苏木亚，赵洋. 基于 VAR 模型的东亚主要国家和地区金融危机传染实证研究 [J]. 金融理论与实践，2013（3）：29-34.

[2] 昌忠泽. 流动性冲击、货币政策失误与金融危机——对美国金融危机的反思 [J]. 金融研究，2010（7）：18-34.

[3] 曹廷求，朱博文. 银行治理影响货币政策传导的银行贷款渠道吗？——来自中国银行业的证据 [J]. 金融研究，2013（1）：107-121.

[4] 陈守东，填艳芬. 预算软约束对我国银行体系脆弱性影响的实证分析 [J]. 当代经济，2008（11）：6-7.

[5] 陈学彬. 当代金融危机的形成、扩散与防范机制研究 [M]. 上海：上海财经大学出版社，2001.

[6] 崔畅，刘金全. 我国股市投机泡沫分析——基于非线性协整关系的实证检验 [J]. 财经科学，2006（11）：24-30.

[7] 董秀良，曹凤岐. 国内外股市波动溢出效应——基于多元 GARCH 模型的实证研究 [J]. 数理统计与管理，2009，28（6）：1091-1099.

[8] 窦祥胜. 汇率制度资本流动与金融危机理论和实证分析——东亚金融危机视角 [J]. 广西经济管理干部学院学报，2003（10）：32-37.

[9] 范恒森，李连三. 论金融危机传染路径及对我国的启示 [J]. 财经研究，2001（11）：51-58.

[10] 方毅，张屹山. 国内外金属期货市场"风险传染"的实证研究 [J]. 金融研究，2007（5）：133-146.

[11] 付卫艳. 金融发展、金融稳定与经济增长的关联机制与实证分析

[D]. 吉林大学, 2014.

[12] 龚朴, 黄荣兵. 次贷危机对中国股市影响的实证分析——基于中美股市的联动性分析 [J]. 管理评论, 2009, 21 (2): 21-32.

[13] 管七海, 冯宗宪. 我国商业银行非系统金融风险的度量及预警实证研究 [J]. 经济科学, 2001 (1): 35-46.

[14] 韩德瑞, 秦朵. 动态经济计量学 [M]. 上海: 上海人民出版社, 1998.

[15] 韩俊. 银行体系稳定性研究 [M]. 北京: 中国金融出版社, 2000.

[16] 胡祖六. 东亚的银行体系与金融危机 [J]. 国际经济评论, 1998 (5): 13-17.

[17] 滑静, 肖庆宪. 我国商业银行亲周期的实证研究 [J]. 上海理工大学学报, 2007 (6): 609-612.

[18] 胡奕明, 唐松莲. 独立董事与上市公司盈余信息质量 [J]. 管理世界, 2008 (9): 149-160.

[19] 黄达. 金融学 [M]. 北京: 中国人民大学出版社, 2004.

[20] 黄飞鸣. 金融危机跨国传染的实证检验——以美国金融危机为例 [J]. 投资研究, 2012, 31 (5): 141-149.

[21] 黄金老. 金融自由化与金融脆弱性 [M]. 北京: 中国城市出版社, 2001.

[22] 黄金老. 论金融脆弱性 [J]. 金融研究, 2001 (3): 41-49.

[23] 黄义珏, 宋学锋, 夏峰. 东亚金融危机的定量分析 [J]. 中国矿业大学学报, 2000 (3): 129-132.

[24] 雷田礼. 关于货币危机传染途径的研究与实证 [M]. 北京: 经济管理出版社, 2009.

[25] 李成, 王建军. 国际金融危机: 直向性传染到交叉性传染的动态效应分析 [J]. 财经科学, 2009 (6): 33-39.

[26] 李扬, 黄金老. 金融全球化研究 [M]. 上海: 上海远东出版社, 1999.

[27] 林晶. 国际资本流动与拉美经济稳定 [D]. 中国社会科学院研究生院博士论文, 2002.

[28] 林朴. 银行竞争与银行体系脆弱性关系研究——兼论其对我国银行业的启示 [J]. 现代商贸工业, 2007 (7): 43-44.

[29] 林毅夫, 孙希芳, 姜烨. 经济发展中的最优金融结构理论初探 [J]. 经济研究, 2009 (8): 4-17.

[30] 刘慧悦. 金融投机攻击、金融脆弱性与金融风险管理 [D]. 吉林大学, 2013.

[31] 刘慧悦. 基于DCC-GARCH模型的新兴市场金融传染效应检验 [J]. 统计与决策, 2016 (12): 151 – 155.

[32] 刘慧悦, 刘金全. 金融投机攻击、金融危机理论进展和政策操作反思 [J]. 学习与探索, 2017 (7): 130 – 136.

[33] 刘慧悦, 刘金全, 张小宇. 金融危机前后我国货币政策传导机制的检验与识别 [J]. 上海经济研究, 2012 (11): 1 – 12.

[34] 刘慧悦, 罗月灵. 我国金融脆弱性区制状态划分及经济政策取向 [J]. 社会科学, 2017 (9): 54 – 65.

[35] 刘金全, 隋建利, 闫超. 金融危机下我国经济周期波动态势与经济政策取向 [J]. 中国工业经济, 2009 (8): 37 – 46.

[36] 刘金全, 谢卫东. 中国经济增长与通货膨胀的动态相关性 [J]. 世界经济, 2003 (6): 48 – 57.

[37] 刘金全, 崔畅. 中国沪深股市收益率和波动性的实证分析 [J]. 经济学季刊, 2001 (7): 885 – 898.

[38] 刘金全. 虚拟经济与实体经济之间关联性的计量检验 [J]. 中国社会科学, 2004 (4): 80 – 90.

[39] 刘璐, 刘海龙. 中国短期国际资本流动之动因分析——基于金融危机前后的比较分析 [J]. 现代管理科学, 2015 (3): 72 – 74 + 81.

[40] 刘卫江. 中国银行体系脆弱性问题的实证研究 [J]. 管理世界, 2002 (7): 3 – 11.

[41] 罗拥华, 梁阿莉. 金融风险与金融脆弱性——兼论我国金融脆弱性的特殊原因及控制对策 [J]. 延安大学学报 (社会科学版), 2006 (4): 67 – 71.

[42] 秦朵. 过度负债在多大程度上导致了韩国1997年的货币危机 [J]. 世界经济, 2000 (5): 9 – 18.

[43] 石俊志. 金融危机生成机理与防范 [M]. 北京: 中国金融出版社, 2001.

[44] 隋建利, 刘金全. 中美两国货币增长不确定性与经济周期联动机制的差异性分析 [J]. 国际金融研究, 2011 (7): 11 – 21.

[45] 孙立坚, 牛晓梦, 李安心. 经济脆弱性对实体经济影响的实证研究 [J]. 财经研究, 2004 (1): 61 – 69.

[46] 孙亮, 柳建华. 银行业改革、市场化与信贷资源的配置 [J]. 金融

研究, 2011 (1): 94 – 109.

[47] 万晓莉. 中国 1987 — 2006 年金融体系脆弱性的判断与测度 [J]. 金融研究, 2008 (6): 80 – 93.

[48] 王春峰, 马卫锋, 姜磊. 虚拟经济与金融脆弱性 [J]. 价格理论与实践, 2003 (4): 42 – 43.

[49] 王春峰. 金融危机——理论与模型 [J]. 天津大学学报 (社会科学版), 2000 (9): 171 – 177.

[50] 王胜邦, 陈颖. 新资本协议内部评级法对宏观经济运行的影响: 亲经济周期效应研究 [J]. 金融研究, 2008 (5): 48 – 64.

[51] 王雄威. 基于 Copula 理论、MMBP 方法度量多变量金融时间序列相关性 [D]. 吉林大学硕士学位论文, 2009.

[52] 王一萱. 资本项目国际收支危机与东南亚金融危机 [J]. 国际金融研究, 2001 (10): 10 – 15.

[53] 王义中, 何帆. 金融危机传导的资产负债表渠道 [J]. 世界经济, 2011 (3): 51 – 71.

[54] 韦艳华, 齐树天. 亚洲新兴市场金融危机传染问题研究——基于 Copula 理论的检验方法 [J]. 国际金融研究, 2008 (9): 22 – 29.

[55] 吴军. 当代金融预警方法述评 [J]. 世界经济文汇, 2006 (12): 71 – 83.

[56] 伍志文. 我国银行体系脆弱性的理论分析及实证考察 [J]. 金融论坛, 2003 (1): 2 – 9.

[57] 伍志文. 中国金融脆弱性 (1991—2000): 综合判断及对策建议 [J]. 当代经济科学, 2002 (5): 29 – 35 + 94.

[58] 项后军, 吴全奇. 垂直专业化, 计价货币与出口依市定价 (PTM) 行为研究 [J]. 管理世界, 2015 (4): 66 – 78.

[59] 肖德, 陈同和. 西方国际金融危机理论的比较研究 [J]. 世界经济, 2000 (10): 41 – 46.

[60] 肖红叶, 李腊生. 我国经济增长质量的实证分析 [J]. 统计研究, 1998 (4): 3 – 5.

[61] 谢婷. 浅析金融危机传染机制及防范对策 [J]. 经济金融观察, 2007 (19): 18 – 19.

[62] 邢毓静. 全球化环境下国际收支危机传染防范与策略选择 [N]. 中国信息报, 2001 – 11 – 01.

[63] 徐浩峰. 公允价值计量, 系统流动性与市场危机的传染效应 [J].

南开管理评论,2013,16(1):49-63.

[64] 徐明东,陈学彬. 中国微观银行特征与银行贷款渠道检验[J]. 管理世界,2011(5):24-38.

[65] 徐延利,刘丹. 金融危机实体传染机制分析[C]. 第十一届中国管理科学学术年会论文集,2009(10):322-325.

[66] 杨成长. 多管齐下防控系统性金融风险[N]. 中国证券报,2018-03-24(A07).

[67] 杨德权,刘旸. 新兴市场金融危机传染诱因的实证研究[J]. 价值工程,2006(11):141-145.

[68] 杨俊,李晓羽,张宗益. 中国金融发展水平与居民收入分配的实证分析[J]. 经济科学,2006(2):23-33.

[69] 杨柳勇,周强. 资产证券化与金融危机的国际传染——一个理论模型及经验检验[J]. 国际金融研究,2012(12):74-81.

[70] 叶五一,缪柏其. 基于Copula变点检测的美国次级债金融危机传染分析[J]. 中国管理科学,2009(3):1-7.

[71] 叶五一,韦伟,缪柏其. 基于非参数时变Copula模型的美国次贷危机传染分析[J]. 管理科学学报,2014,17(11):151-158.

[72] 余文卿. 商业银行亲周期性与宏观经济波动:一个基于信用风险评估模型的解释[J]. 安徽农业科学,2006(12):6072-6076.

[73] 印重. 金融稳定、通货膨胀与经济增长[D]. 吉林大学,2014.

[74] 袁德磊,赵定涛. 试论行业竞争对银行脆弱性的影响[J]. 外国经济与管理,2007(10):59-65.

[75] 曾诗鸿. 最优银行不良贷款的动态分析[J]. 世界经济,2005(4):60-66.

[76] 张明. 短期资本流入压力趋缓[J]. 中国外汇,2011(19):63.

[77] 张志波,齐中英. 基于VAR模型的金融危机传染效应检验方法和实证分析[J]. 管理工程学报,2005(19):115-120.

[78] 张志波,齐中英. 基于全球经济大系统的金融危机传染机制研究[J]. 商业研究,2006(13):40-43.

[79] 张志波. 金融危机传染与国家经济安全[M]. 上海:上海社会科学院出版社,2007.

[80] 赵霜茁,张晓静. 我国商业银行信贷投放亲周期性实证研究及缓释对策[J]. 金融理论与实践,2012(1):80-85.

[81] 赵振全,刘淼,于震. 金融加速器效应在中国存在吗?[J]. 经济

研究，2007（6）：27-38.

[82] 郑鸣. 金融脆弱性论［M］. 北京：中国金融出版社，2008.

[83] 周吉人. 重新认识流动性和流动性风险管理［J］. 宏观经济研究，2013（9）：3-7.

[84] 周小川. 守住不发生系统性金融风险的底线［J］. 中国邮政，2018（1）：13-16.

[85] 周助新，胡王婉. 我国信贷市场上的顺周期实证分析［J］. 武汉金融，2009（10）：30-32.

[86] 朱波，范方志. 金融危机理论与模型综述［J］. 世界经济研究，2005（6）：28-35.

[87] 邹薇. 基于 BSSI 指数的中国银行体系稳定性研究［J］. 经济理论与经济管理，2007（2）：47-53.

英文参考文献

[1] ABIAD M A. Early warning systems: A survey and a regime-switching approach［M］. International Monetary Fund，2003.

[2] ADRIAN T, SHIN H S. Financial intermediaries and monetary economics［M］. Handbook of monetary economics. Elsevier. 2010：601-650.

[3] ADRIAN T, SHIN H S. Liquidity and financial contagion［J］. Banque de France Financial Stability Review：Special Issue on Liquidity，2008，11：1-7.

[4] ADRIAN T, SHIN H S. Liquidity and leverage［J］. Journal of financial intermediation，2010，19（3）：418-437.

[5] AGHION P, DEWATRIPONT M, REY P. Competition, financial discipline and growth［J］. The Review of Economic Studies，1999，66（4）：825-852.

[6] AHUMADA A, BUDNEVICH C. Some measures of financial fragility in the Chilean banking system: An early warning indicators application［M］. Banco Central de Chile，2002.

[7] AÏT-SAHALIA Y, CACHO-DIAZ J, LAEVEN R J. Modeling financial contagion using mutually exciting jump processes［J］. Journal of financial

economics, 2015, 117 (3): 585 -606.

[8] AKERLOF G A, ROMER P M, HALL R E, et al. Looting: the economic underworld of bankruptcy for profit [J]. Brookings papers on economic activity, 1993 (2): 1 -73.

[9] ALLEN F, CARLETTI E. Credit risk transfer and contagion [J]. Journal of Monetary Economics, 2006, 53 (1): 89 -111.

[10] ALLEN F, CARLETTI E. Mark-to-market accounting and liquidity pricing [J]. Journal of accounting and economics, 2008, 45 (2 -3): 358 -378.

[11] ALLEN F, GALE D. Asset price bubbles and stock market interlinkages [M]. Cambridge: MIT Press, 2003.

[12] ALLEN F, GALE D. Financial fragility, liquidity, and asset prices [J]. Journal of the European Economic Association, 2004, 2 (6): 1015 -1048.

[13] ALLEN F, GALE D. Financial contagion [J]. Journal of political economy, 2000, 108 (1): 1 -33.

[14] ALLEN F, GALE D. Financial markets, intermediaries, and intertemporal smoothing [J]. Journal of political economy, 1997, 105 (3): 523 -546.

[15] ANDREASSON P, BEKIROS S, NGUYEN D K, et al. Impact of speculation and economic uncertainty on commodity markets [J]. International Review of Financial Analysis, 2016, 43: 115 -127.

[16] ANG A, BEKAERT G. International asset allocation with regime shifts [J]. Review of Financial Studies, 2002, 15 (4): 1137 -1187.

[17] APOTEKER T, BARTHELEMY S. Genetic algorithms and financial crises in emerging markets: proceedings of the AFFI International Conference in Finance Processing, F, 2000 [C].

[18] ARAúJO E. Macroeconomic shocks and the co-movement of stock returns in Latin America [J]. Emerging markets review, 2009, 10 (4): 331 -344.

[19] ARIAS G, ERLANDSSON U G. Regime switching as an alternative early warning system of currency crises: An application to south-east asia [M]. Citeseer, 2004.

[20] AYDEMIR A C. Risk sharing and counter-cyclical variation in market

correlations [J]. Journal of Economic Dynamics and Control, 2008, 32 (10): 3084 – 3112.

[21] BAE K-H, KAROLYI G A, STULZ R M. A new approach to measuring financial contagion [J]. The review of financial studies, 2003, 16 (3): 717 – 763.

[22] BAI J, NG S. Confidence intervals for diffusion index forecasts and inference for factor - augmented regressions [J]. Econometrica, 2006, 74 (4): 1133 – 1150.

[23] BAIG T, GOLDFAJN I. Financial market contagion in the Asian crisis [J]. IMF staff papers, 1999, 46 (2): 167 – 195.

[24] BANERJEE A V. A simple model of herd behavior [J]. The Quarterly journal of economics, 1992, 107 (3): 797 – 817.

[25] BAUR D G. Financial contagion and the real economy [J]. Journal of Banking & Finance, 2012, 36 (10): 2680 – 2692.

[26] BECK T, LEVINE R, LOAYZA N. Finance and the Sources of Growth [J]. Journal of financial economics, 2000, 58 (1 – 2): 261 – 300.

[27] BEKAERT G. Market integration and investment barriers in emerging equity markets [J]. The World Bank Economic Review, 1995, 9 (1): 75 – 107.

[28] BEKAERT G, HARVEY C R. Foreign speculators and emerging equity markets [J]. The journal of finance, 2000, 55 (2): 565 – 613.

[29] BEKAERT G, HARVEY C R. Time-varying world market integration [J]. The journal of finance, 1995, 50 (2): 403 – 444.

[30] BENMELECH E, DVIR E. Does short-term debt increase vulnerability to crisis? Evidence from the East Asian financial crisis [J]. Journal of International Economics, 2013, 89 (2): 485 – 494.

[31] BENCIVENGA V R, SMITH B D. Financial intermediation and endogenous growth [J]. The Review of Economic Studies, 1991, 58 (2): 195 – 209.

[32] BERG A, PATTILLO C. Are currency crises predictable? A test [J]. IMF staff papers, 1999, 46 (2): 107 – 138.

[33] BERG A, PATTILLO C. Predicting currency crises: The indicators approach and an alternative [J]. Journal of international Money and Finance, 1999, 18 (4): 561 – 586.

[34] BERGER A N, UDELL G F. The institutional memory hypothesis and the procyclicality of bank lending behavior [J]. Journal of financial intermediation, 2004, 13 (4): 458 - 495.

[35] BERNANKE B S. Nonmonetary effects of the financial crisis in the propagation of the great depression [J]. The American Economic Review, 1983, 73 (3): 257 - 276.

[36] BERNANKE B S, BLINDER A S. Credit, money, and aggregate demand [J]. The American Economic Review, 1988, 78 (2): 435 - 439.

[37] BERNANKE B S, BOIVIN J. Monetary policy in a data-rich environment [J]. Journal of Monetary Economics, 2003, 50 (3): 525 - 546.

[38] BERNANKE B S, BOIVIN J, ELIASZ P. Measuring the effects of monetary policy: a factor-augmented vector autoregressive (FAVAR) approach [J]. The Quarterly journal of economics, 2005, 120 (1): 387 - 422.

[39] BERNANKE B S, GERTLER M. Agency costs, collateral, and business cycle fluctuations [J]. American Economic Review, 1989, (79): 14 - 31.

[40] BERNANKE B S, GERTLER M. Inside the black box: the credit channel of monetary policy transmission [J]. Journal of Economic perspectives, 1995, 9 (4): 27 - 48.

[41] BERNANKE B S, GERTLER M. Monetary policy and asset price volatility [R]. National bureau of economic research Working Papers 7559, 2000.

[42] BERNANKE B S, GERTLER M L, GILCHRIST S. The financial accelerator and the flight to quality [J]. Review of Economics & Stats, 1996, 78 (1): 1 - 15.

[43] BERNANKE B S, GERTLER M, GILCHRIST S. The financial accelerator in a quantitative business cycle framework [J]. Handbook of macroeconomics, 1999, (1): 1341 - 1393.

[44] BESANKO D, THAKOR A. Response to "A Note on the Nonexistence of a Rationing Equilibrium in the Besanko-Thakor Model" [J]. International Economic Review, 1993, 34 (3): 739 - 740.

[45] BIKKER J A, HAAF K. Competition, concentration and their relationship: An empirical analysis of the banking industry [J]. Journal of Banking & Finance, 2002, 26 (11): 2191 - 2214.

[46] BISWAS A. The moderating role of brand familiarity in reference price perceptions [J]. Journal of Business Research, 1992, 25 (3): 251-262.

[47] BLACK F. Noise [J]. The journal of finance, 1986, 41 (3): 528-543.

[48] BLAKE J. Overcoming the 'value-action gap' in environmental policy: Tensions between national policy and local experience [J]. Local environment, 1999, 4 (3): 257-278.

[49] BLANCO H, GARBER P M. Recurrent devaluation and speculative attacks on the Mexican peso [J]. Journal of political economy, 1986, 94 (1): 148-166.

[50] BOIVIN J, GIANNONI M P, MIHOV I. Sticky prices and monetary policy: Evidence from disaggregated US data [J]. American Economic Review, 2009, 99 (1): 350-384.

[51] BOLLERSLEV T. A conditionally heteroskedastic time series model for speculative prices and rates of return [J]. The review of economics and statistics, 1987, 542-547.

[52] BOLLERSLEV T. Generalized autoregressive conditional heteroskedasticity [J]. Journal of econometrics, 1986, 31 (3): 307-327.

[53] BOLLERSLEV T. Modelling the coherence in short-run nominal exchange rates: a multivariate generalized ARCH model [J]. The review of economics and statistics, 1990, 498-505.

[54] BORIO C, FURFINE C, LOWE P. Procyclicality of the financial system and financial stability: issues and policy options [J]. BIS papers, 2001, 1 (3): 1-57.

[55] BORIO C, LOWE P. Assessing the risk of banking crises [J]. BIS Quarterly Review, 2002, 7 (1): 43-54.

[56] BOYER B H, KUMAGAI T, YUAN K. How do crises spread? Evidence from accessible and inaccessible stock indices [J]. The journal of finance, 2006, 61 (2): 957-1003.

[57] BRONER F A, GELOS R G, REINHART C M. When in peril, retrench: Testing the portfolio channel of contagion [J]. Journal of International Economics, 2006, 69 (1): 203-230.

[58] BRUNNERMEIER M K, PEDERSEN L H. Market liquidity and funding liquidity [J]. The review of financial studies, 2009, 22 (6):

2201 - 2238.

[59] BUITER W H. Borrowing to defend the exchange rate and the timing and magnitude of speculative attacks [J]. Journal of International Economics, 1987, 23 (3 - 4): 221 - 239.

[60] BURKART O, COUDERT V. Leading indicators of currency crises for emerging countries [J]. Emerging markets review, 2002, 3 (2): 107 - 133.

[61] BURNSIDE C, EICHENBAUM M, KLESHCHELSKI I, et al., The Returns to Currency Speculation [R]: National Bureau of Economic Research, 2006.

[62] BURNSIDE C, EICHENBAUM M, REBELO S. Hedging and financial fragility in fixed exchange rate regimes [J]. European Economic Review, 2001, 45 (7): 1151 - 1193.

[63] BUSSIERE M, FRATZSCHER M. Towards a new early warning system of financial crises [J]. Journal of international Money and Finance, 2006, 25 (6): 953 - 973.

[64] CABALLERO R J, KRISHNAMURTHY A. Global imbalances and financial fragility [J]. American Economic Review, 2009, 99 (2): 584 - 588.

[65] CABILES N A S. Hedging illiquidity risk through securitization: evidence from loan commitments; proceedings of the Proceedings of the Annual Meeting of the Midwest Finance Association, F, 2011 [C].

[66] CACCIOLI F, SHRESTHA M, MOORE C, et al. Stability analysis of financial contagion due to overlapping portfolios [J]. Journal of Banking & Finance, 2014, 46: 233 - 245.

[67] CAI Y, CHOU R Y, LI D. Explaining international stock correlations with CPI fluctuations and market volatility [J]. Journal of Banking & Finance, 2009, 33 (11): 2026 - 2035.

[68] CALVO G A. Capital flows and capital-market crises: the simple economics of sudden stops [J]. Journal of applied Economics, 1998, 1 (1): 35 - 54.

[69] CALVO G A. Fixed versus flexible exchange rates: preliminaries of a turn-of-millenium rematch [J]. 1999, 1 - 16.

[70] CALVO G A. Monetary and exchange rate policy for Mexico: key issues

and a proposal [J]. 1997, 1 – 39.

[71] CALVO G A, MENDOZA E G. Rational contagion and the globalization of securities markets [J]. Journal of International Economics, 2000, 51 (1): 79 – 113.

[72] CALVO G A, REINHART C M, VEGH C A. Targeting the real exchange rate: theory and evidence [J]. Journal of Development Economics, 1995, 47 (1): 97 – 133.

[73] CALVO S. Capital flows to Latin America: is there evidence of contagion effects? [M]. The World Bank, 1999.

[74] CAMINAL R, MATUTES C. Market power and banking failures [J]. International Journal of Industrial Organization, 2002, 20 (9): 1341 – 1361.

[75] CAPRIO G, KLINGEBIEL D. Bank insolvencies: cross-country experience [M]. The World Bank, 1999.

[76] CAPRIO G, KLINGEBIEL D. Episodes of systemic and borderline financial crises [R]: Washington: The World Bank, 1999.

[77] CAPRIO G, PERIA M S M. Avoiding disaster: policies to reduce the risk of banking crises [M]. The Egyptian Center for Economic Studies, 2000.

[78] CARAMAZZA F, RICCI L, SALGADO R. International financial contagion in currency crises [J]. Journal of international Money and Finance, 2004, 23 (1): 51 – 70.

[79] CARLSTROM C T, FUERST T S. Agency costs, net worth, and business fluctuations: A computable general equilibrium analysis [J]. The American Economic Review, 1997, 893 – 910.

[80] CARVALHO L, DI GUILMI C. Macroeconomic instability and microeconomic financial fragility: a stock-flow consistent approach with heterogeneous agents [J]. unpublished manuscript, January, 2014, 24: 1 – 79.

[81] CASHIN D. Crisis preparedness [J]. The Journal of school nursing : the official publication of the National Association of School Nurses, 1999, 15 (2): 26 – 27.

[82] CASHIN P. Government spending, taxes, and economic growth [J]. Staff Papers, 1995, 42 (2): 237 – 269.

[83] CETORELLI N, GAMBERA M. Banking market structure, financial de-

pendence and growth: International evidence from industry data [J]. The journal of finance, 2001, 56 (2): 617-648.

[84] CETORELLI N, PERETTO P F. Oligopoly banking and capital accumulation [R]. Working Paper Series WP-00-12, Federal Reserve Bank of Chicago, 2000.

[85] CHANG R, VELASCO A. A model of financial crises in emerging markets [J]. The Quarterly journal of economics, 2001, 116 (2): 489-517.

[86] CHANG R, VELASCO A. Financial fragility and the exchange rate regime [J]. Journal of economic theory, 2000, 92 (1): 1-34.

[87] CHIANG T C, JEON B N, LI H. Dynamic correlation analysis of financial contagion: Evidence from Asian markets [J]. Journal of international Money and Finance, 2007, 26 (7): 1206-1228.

[88] CHIARELLA C, HE X. Asset price and wealth dynamics under heterogeneous expectations [J]. Quantitative Finance, 2001, 1 (5): 509-526.

[89] CHIB S, NARDARI F, SHEPHARD N. Markov chain Monte Carlo methods for stochastic volatility models [J]. Journal of econometrics, 2002, 108 (2): 281-316.

[90] CIIICK V. Some reflections on financial fragility in banking and finance [J]. Journal of economic issues, 1997, 31 (2): 535-542.

[91] CHORDIA T, ROLL R, SUBRAHMANYAM A. Market liquidity and trading activity [J]. The journal of finance, 2001, 56 (2): 501-530.

[92] CICCARELLI M, MADDALONI A, PEYDRó J-L. Heterogeneous transmission mechanism: monetary policy and financial fragility in the eurozone [J]. Economic policy, 2013, 28 (75): 459-512.

[93] CIFUENTES R, FERRUCCI G, SHIN H S. Liquidity risk and contagion [J]. Journal of the European Economic Association, 2005, 3 (2-3): 556-566.

[94] CLAESSENS S, FORBES K. International financial contagion [M]. Springer Science & Business Media, 2013.

[95] COFFINET J, COUDERT V, POP A, et al. Two-way interplays between capital buffers and credit growth: Evidence from French banks [J]. Journal of international financial markets, institutions and money, 2012, 22 (5): 1110-1125.

[96] COGLEY T, SARGENT T J. Drifts and volatilities: monetary policies and outcomes in the post WWII US [J]. Review of Economic dynamics, 2005, 8 (2): 262 – 302.

[97] CONNOLLY R A, STIVERS C, SUN L. Commonality in the time-variation of stock-stock and stock-bond return comovements [J]. Journal of Financial Markets, 2007, 10 (2): 192 – 218.

[98] CONNOLLY M B, TAYLOR D. The exact timing of the collapse of an exchange rate regime and its impact on the relative price of traded goods [J]. Journal of Money, Credit and Banking, 1984, 16 (2): 194 – 207.

[99] CORSETTI G. Openness and the case for flexible exchange rates [J]. Research in Economics, 2006, 60 (1): 1 – 21.

[100] CORSETTI G, DEDOLA L, LEDUC S. International risk sharing and the transmission of productivity shocks [J]. The Review of Economic Studies, 2008, 75 (2): 443 – 473.

[101] CORSETTI G, MAĆKOWIAK B. Fiscal imbalances and the dynamics of currency crises [J]. European Economic Review, 2006, 50 (5): 1317 – 1338.

[102] CORSETTI G, PESENTI P, ROUBINI N. What caused the Asian currency and financial crisis? [J]. Japan and the world economy, 1999, 11 (3): 305 – 373.

[103] CORSETTI G, PERICOLI M, SBRACIA M. Some contagion, some interdependence': More pitfalls in tests of financial contagion [J]. Journal of international Money and Finance, 2005, 24 (8): 1177 – 1199.

[104] CROCKETT A. The theory and practice of financial stability [J]. De Economist, 1996, 144 (4): 531 – 568.

[105] CUMBY R E, VAN WIJNBERGEN S. Financial policy and speculative runs with a crawling peg: Argentina 1979 – 1981 [J]. Journal of International Economics, 1989, 27 (1 – 2): 111 – 127.

[106] DASGUPTA B. Capital accumulation in the presence of informal credit contract: Does incentive mechanism work better than credit rationing under asymmetric information? [J]. Computing in Economics and Finance 2005, 366 (11): 1 – 38.

[107] DE GOEDE M. Financial security [J]. The Routledge handbook of new security studies London: Routledge, 2010, 100 – 109.

[108] DEL NEGRO M, PRIMICERI G E. Time varying structural vector autoregressions and monetary policy: a corrigendum [J]. The Review of Economic Studies, 2015, 82 (4): 1342 – 1345.

[109] DELL'ARICCIA G, MARQUEZ R. Information and bank credit allocation [J]. Journal of financial economics, 2004, 72 (1): 185 – 214.

[110] DEMIRGüç-KUNT A, DETRAGIACHE E. Monitoring banking sector fragility: A multivariate logit approach [J]. World Bank Economic Review, 2000, 14 (2): 287 – 307.

[111] DEMIRGüç-KUNT A, DETRAGIACHE E. The determinants of banking crises in developing and developed countries [J]. Staff Papers, 1998, 45 (1): 81 – 109.

[112] DEMIRGüç-KUNT A, HUIZINGA H. Financial structure and bank profitability [M]. World Bank, 1999.

[113] DIAMOND D W, DYBVIG P H. Bank runs, deposit insurance, and liquidity [J]. Journal of political economy, 1983, 91 (3): 401 – 419.

[114] DIAMOND D W, RAJAN R G. Liquidity shortages and banking crises [J]. The journal of finance, 2005, 60 (2): 615 – 647.

[115] DIAMOND D W, RAJAN R G. The credit crisis: Conjectures about causes and remedies [J]. American Economic Review, 2009, 99 (2): 606 – 610.

[116] DIEBOLD F X, RUDEBUSCH G D. Long memory and persistence in aggregate output [J]. Journal of Monetary Economics, 1989, 24 (2): 189 – 209.

[117] DIEBOLD F X, YILMAZ K. Better to give than to receive: Predictive directional measurement of volatility spillovers [J]. International Journal of Forecasting, 2012, 28 (1): 57 – 66.

[118] DOOLEY M P. A model of crises in emerging markets [J]. The economic journal, 2000, 110 (460): 256 – 272.

[119] DOOLEY M P. Financial liberalization and policy challenges [R]. Working Paper 363, Inter-American Bank, 1997.

[120] DORNBUSCH R. Exchange rate expectations and monetary policy [J]. Journal of International Economics, 1976, 6 (3): 231 – 244.

[121] DRAZEN A. Political contagion in currency crises [M]. Currency crises. University of Chicago Press. 2000: 47 – 67.

[122] DRAZEN A, GRILLI V, The benefits of crises for economic reforms [R]: National Bureau of Economic Research Working Papers 3527, 1990.

[123] DREHMANN M, NIKOLAOU K. Funding liquidity risk: definition and measurement [J]. Journal of Banking & Finance, 2013, 37 (7): 2173 – 2182.

[124] DUMAS B, HARVEY C R, RUIZ P. Are correlations of stock returns justified by subsequent changes in national outputs? [J]. Journal of international Money and Finance, 2003, 22 (6): 777 – 811.

[125] EDISON H J. Do indicators of financial crises work? An evaluation of an early warning system [J]. International Journal of Finance & Economics, 2003, 8 (1): 11 – 53.

[126] EDWARDS S. Capital controls, sudden stops, and current account reversals [M]. capital controls and capital flows in Emerging Economies: policies, practices, and consequences. University of Chicago Press. 2007: 73 – 120.

[127] EDWARDS S, Interest rate volatility, capital controls, and contagion [R]: National bureau of economic research, 1998.

[128] EDWARDS S. Real exchange rates, devaluation, and adjustment: exchange rate policy in developing countries [M]. MIT press Cambridge, MA, 1989.

[129] EDWARDS S. Openness, productivity and growth: what do we really know? [J]. The economic journal, 1998, 108 (447): 383 – 398.

[130] EICHENGREEN B. European integration [M]. The Oxford Handbook of Political Economy. 2008.

[131] EICHENGREEN B. Hegemonic stability theory and economic analysis: Reflections on financial instability and the need for an international lender of last resort [R]. Center for International and Development Economics Research, Working Paper Series qt7g49p8kj, 1996.

[132] EICHENGREEN B, HAUSMANN R, Exchange rates and financial fragility [R]: National bureau of economic research, 1999.

[133] EICHENGREEN B, O' ROURKE K H. A tale of two depressions [J]. VoxEU org, 2009, 1: 1 – 8.

[134] EICHENGREEN B, ROSE A K. Contagious currency crises: Channels

of conveyance [M]. Changes in exchange rates in rapidly developing countries: Theory, practice, and policy issues. University of Chicago Press. 1999: 29 - 56.

[135] EICHENGREEN B, ROSE A K, WYPLOSZ C, Contagious currency crises [R]: National Bureau of Economic Research, 1996.

[136] EICHENGREEN B, ROSE A K, WYPLOSZ C. Exchange market mayhem: the antecedents and aftermath of speculative attacks [J]. Economic policy, 1995, 10 (21): 249 - 312.

[137] EICHENGREEN B, TOBIN J, WYPLOSZ C. Two cases for sand in the wheels of international finance [J]. The economic journal, 1995, 105 (428): 162 - 172.

[138] ENGLE R. Dynamic conditional correlation: A simple class of multivariate generalized autoregressive conditional heteroskedasticity models [J]. Journal of Business & Economic Statistics, 2002, 20 (3): 339 - 350.

[139] ENGLE R F, BOLLERSLEV T. Modelling the persistence of conditional variances [J]. Econometric Reviews, 1986, 5 (1): 1 - 50.

[140] ERB C B, HARVEY C R, VISKANTA T E. Forecasting international equity correlations [J]. Financial analysts journal, 1994, 50 (6): 32 - 45.

[141] FAUST J, GILCHRIST S, WRIGHT J H, et al. Credit spreads as predictors of real-time economic activity: A bayesian model-averaging approach [J]. Review of Economics and Statistics, 2013, 95 (5): 1501 - 1519.

[142] FERREIRA M A, GAMA P M. Does sovereign debt ratings news spill over to international stock markets? [J]. Journal of Banking & Finance, 2007, 31 (10): 3162 - 3182.

[143] FEENSTRA R C, Gains from trade in differentiated products: Japanese compact trucks [R]: National Bureau of Economic Research, 1986.

[144] FISHER I. The debt-deflation theory of great depressions [J]. Econometrica: Journal of the Econometric Society, 1933, 337 - 357.

[145] FLOOD R P, GARBER P M, KRAMER C. Collapsing exchange rate regimes: Another linear example [J]. Journal of International Economics, 1996, 41 (3 - 4): 223 - 234.

[146] FLOOD R P, GARBER P M. Collapsing exchange-rate regimes: Some

linear examples [J]. Journal of International Economics, 1984, 17 (1-2): 1-13.

[147] FLOOD R P, MARION N P, Speculative attacks: Fundamentals and self-fulfilling prophecies [R]: National bureau of economic research, 1996.

[148] FOLEY D K. Liquidity-profit rate cycles in a capitalist economy [J]. Journal of Economic Behavior & Organization, 1987, 8 (3): 363-376.

[149] FOLEY D K. Value, distribution and capital: a review essay [J]. Review of Political Economy, 2001, 13 (3): 365-381.

[150] FORBES K, RIGOBON R, Contagion in Latin America: Definitions, measurement, and policy implications [R]: National Bureau of Economic Research, 2000.

[151] FORBES K J, RIGOBON R. No contagion, only interdependence: measuring stock market comovements [J]. The journal of finance, 2002, 57 (5): 2223-2261.

[152] FORBES K, The Asian flu and Russian virus: firm-level evidence on how crises are transmitted internationally [R]: National Bureau of Economic Research, 2000.

[153] FRANCIS W, OSBORNE M. Bank regulation, capital and credit supply: measuring the impact of prudential standards [J]. Occasional paper, 2009, 36.

[154] FRANKEL J, ROSE A K. Exchange rate crises in emerging markets [J]. Journal of International Economics, 1996, 41 (3): 351-368.

[155] FRANKEL J A, SCHMUKLER S L. Crisis, contagion, and country funds: Effects on East Asia and Latin America [J]. SSRN Electronic Journal, 1996: 232-266.

[156] FREIXAS X, PARIGI B. Contagion and efficiency in gross and net interbank payment systems [J]. Journal of financial intermediation, 1998, 7 (1): 3-31.

[157] FURMAN J, STIGLITZ J E, BOSWORTH B P, et al. Economic crises: evidence and insights from East Asia [J]. Brookings papers on economic activity, 1998, (2): 1-135.

[158] GAVIN M, HAUSMANN R. The roots of banking crises: the macroeco-

nomic context [R]. Research Department Publications 4026, Inter-American Development Bank, 1996.

[159] GELOS R G, SAHAY R. Financial market spillovers in transition economies [J]. Economics of Transition, 2001, 9 (1): 53 – 86.

[160] GENNAIOLI N, SHLEIFER A, VISHNY R. Neglected risks, financial innovation, and financial fragility [J]. Journal of financial economics, 2012, 104 (3): 452 – 468.

[161] GERLACH S, SMETS F. Contagious speculative attacks [J]. European Journal of Political Economy, 1995, 11 (1): 45 – 63.

[162] GERTLER M, GILCHRIST S. The role of credit market imperfections in the monetary transmission mechanism: arguments and evidence [J]. The Scandinavian Journal of Economics, 1993, 43 – 64.

[163] GEWEKE J. Evaluating the accuracy of sampling-based approaches to the calculation of posterior moments [M]. Federal Reserve Bank of Minneapolis, Research Department Minneapolis, MN, 1991.

[164] GEWEKE J F, RUNKLE D E. A fine time for monetary policy? [J]. Federal Reserve Bank of Minneapolis, Quarterly Review, 1995, 19 (1): 18 – 31.

[165] GHOSH S R, GHOSH A R. Structural vulnerabilities and currency crises [J]. IMF staff papers, 2003, 50 (3): 481 – 506.

[166] GILCHRIST S, ZAKRAJŠEK E. Credit spreads and business cycle fluctuations [J]. American Economic Review, 2012, 102 (4): 1692 – 1720.

[167] GLICK R, ROSE A K. Contagion and trade: Why are currency crises regional? [J]. Journal of international Money and Finance, 1999, 18 (4): 603 – 617.

[168] GOLDFAJN M I, VALDéS M R O. Capital flows and the twin crises: the role of liquidity [M]. International Monetary Fund, 1997.

[169] GOLDFELD S M. A Markov model for switching regression [J]. Journal of econometrics, 1973, (1): 3 – 16.

[170] GOLDSTEIN I, PAUZNER A. Demand-deposit contracts and the probability of bank runs [J]. The journal of finance, 2005, 60 (3): 1293 – 1327.

[171] GOLDSTEIN M. The Asian financial crisis: Causes, cures, and system-

ic implications [M]. Peterson Institute, 1998.

[172] GONZáLEZ-HERMOSILLO M B. Determinants of ex-ante banking system distress: A macro-micro empirical exploration of some recent episodes [M]. International Monetary Fund, 1999.

[173] GONZáLEZ-HERMOSILLO M B. Developing indicators to provide early warnings of banking crises [J]. Finance & Development (IMF), 1999, 36: 36 – 39.

[174] GOODHART C A. Price stability and financial fragility [M]. Financial stability in a changing environment. Springer. 1995: 439 – 509.

[175] GOODHART C A, HOFMANN B, SEGOVIANO M. Bank regulation and macroeconomic fluctuations [J]. Oxford review of economic Policy, 2004, 20 (4): 591 – 615.

[176] GOODHART C A, SUNIRAND P, TSOMOCOS D P. A model to analyse financial fragility [J]. Economic Theory, 2006, 27 (1): 107 – 142.

[177] GORTON G. Banking panics and business cycles [J]. Oxford economic papers, 1988, 40 (4): 751 – 781.

[178] GOURINCHAS P-O, VALDES R, LANDERRETCHE O, Lending booms: Latin America and the world [R]: National Bureau of Economic Research, 2001.

[179] GRANGER C W, NEWBOLD P, ECONOM J. Spurious regressions in econometrics [J]. Baltagi, Badi H A Companion of Theoretical Econometrics, 1974, 557 – 561.

[180] GREEN E J, LIN P. Diamond and Dybvig's classic theory of financial intermediation: what's missing? [J]. Federal Reserve Bank of Minneapolis Quarterly Review, 2000, 24 (1): 3 – 13.

[181] GREENWOOD J, JOVANOVIC B. Financial development, growth, and the distribution of income [J]. Journal of political economy, 1990, 98 (5, Part 1): 1076 – 1107.

[182] GUZMAN M G. Bank structure, capital accumulation and growth: a simple macroeconomic model [J]. Economic Theory, 2000, 16 (2): 421 – 455.

[183] HAILE F, POZO S. Currency crisis contagion and the identification of transmission channels [J]. International Review of Economics & Fi-

nance, 2008, 17 (4): 572-588.

[184] HAMAO Y, MASULIS R W, NG V. Correlations in price changes and volatility across international stock markets [J]. The review of financial studies, 1990, 3 (2): 281-307.

[185] HAMILTON J D. Analysis of time series subject to changes in regime [J]. Journal of econometrics, 1990, 45 (1-2): 39-70.

[186] HAMILTON J D. A new approach to the economic analysis of nonstationary time series and the business cycle [J]. Econometrica: Journal of the Econometric Society, 1989, 357-384.

[187] HAMILTON J D, JORDA O. A model of the federal funds rate target [J]. Journal of political economy, 2002, 110 (5): 1135-1167.

[188] HAUSMANN R, GAVIN M. Securing stability and growth in a shock prone region: the policy challenge for Latin America [R]. IDB Working Paper No. 259, 1996.

[189] HELLMANN T F, MURDOCK K C, STIGLITZ J E. Liberalization, moral hazard in banking, and prudential regulation: Are capital requirements enough? [J]. American Economic Review, 2000, 90 (1): 147-165.

[190] HICKS J R. Value and capital: An inquiry into some fundamental principles of economic theory [M]. OUP Catalogue, Oxford University Press, edition 2, 1975.

[191] HIRSHLEIFER D, HONG TEOH S. Herd behaviour and cascading in capital markets: A review and synthesis [J]. European Financial Management, 2003, 9 (1): 25-66.

[192] HOGGARTH G, REIS R, SAPORTA V. Costs of banking system instability: some empirical evidence [J]. Journal of Banking & Finance, 2002, 26 (5): 825-855.

[193] HOLMSTRÖM B, TIROLE J. Financial intermediation, loanable funds, and the real sector [J]. The Quarterly journal of economics, 1997, 112 (3): 663-691.

[194] HONOHAN P. Banking system failures in developing and transition countries: Diagnosis and prediction [J]. Economic Notes, 2000, 29 (1): 83-109.

[195] HORTA P, MENDES C, VIEIRA I. Contagion effects of the subprime

crisis in the European NYSE Euronext markets [J]. Portuguese economic journal, 2010, 9 (2): 115 – 140.

[196] HOSHI T, KASHYAP A, SCHARFSTEIN D. The choice between public and private debt: an examination of post-regulation corporate financing in Japan [R]. Manuscript Cambridge: Massachusetts Inst Tech, Finance Dept, 1992.

[197] INGVES S. Cross-border banking regulation—A way forward: The European case [M]. International financial instability: Global banking and national regulation. 2007: 3 – 11.

[198] IYER R, PEYDRó – ALCALDE J L. Interbank contagion: Evidence from real transactions, F, 2005 [C]. Citeseer.

[199] JEON J Q, MOFFETT C M. Herding by foreign investors and emerging market equity returns: Evidence from Korea [J]. International Review of Economics & Finance, 2010, 19 (4): 698 – 710.

[200] KALANTZIS Y. Financial fragility in emerging market countries: Firm balance sheets and the productive structure [R]. Working Papers 00590808, 2005.

[201] KAMINSKY G L. Crises and sudden stops: Evidence from international bond and syndicated-loan markets [R]: National Bureau of Economic Research, 2008.

[202] KAMINSKY G L. Currency and banking crises: the early warnings of distress [M]. International Monetary Fund, 1999.

[203] KAMINSKY G L, LIZONDO S, REINHART C M. Leading indicators of currency crises [J]. Staff Papers, 1998, 45 (1): 1 – 48.

[204] KAMINSKY G L, REINHART C M. Financial crises in Asia and Latin America: Then and now [J]. The American Economic Review, 1998, 88 (2): 444 – 448.

[205] KAMINSKY G L, REINHART C M. On crises, contagion, and confusion [J]. Journal of International Economics, 2000, 51 (1): 145 – 168.

[206] KAMINSKY G L, REINHART C M. The twin crises: the causes of banking and balance-of-payments problems [J]. American Economic Review, 1999, 89 (3): 473 – 500.

[207] KAMINSKY G L, REINHART C M, VEGH C A. The unholy trinity of

financial contagion [J]. Journal of Economic perspectives, 2003, 17 (4): 51-74.

[208] KAMINSKY G L, SCHMUKLER S L. Short-run pain, long-run gain: Financial liberalization and stock market cycles [J]. Review of Finance, 2008, 12 (2): 253-292.

[209] KASHYAP A K, STEIN J C. The impact of monetary policy on bank balance sheets; proceedings of the Carnegie-Rochester conference series on public policy, F, 1995 [C]. Elsevier.

[210] KASHYAP A K, STEIN J C. What do a million observations on banks say about the transmission of monetary policy? [J]. American Economic Review, 2000, 90 (3): 407-428.

[211] KASHYAP A K, STEIN J C, WILCOX D W, Monetary policy and credit conditions: Evidence from the composition of external finance [R]: National bureau of economic research, 1992.

[212] KAWAI M. The East Asian currency crisis: causes and lessons [J]. Contemporary Economic Policy, 1998, 16 (2): 157-172.

[213] KEELEY M C. Deposit insurance, risk, and market power in banking [J]. The American Economic Review, 1990, 1183-1200.

[214] KENOURGIOS D, SAMITAS A, PALTALIDIS N. Financial crises and stock market contagion in a multivariate time-varying asymmetric framework [J]. Journal of international financial markets, institutions and money, 2011, 21 (1): 92-106.

[215] KEYNES J M. The general theory of employment, interest, and money [M]. Springer, 2018.

[216] KIM S J, MOSHIRIAN F, WU E. Dynamic stock market integration driven by the European Monetary Union: An empirical analysis [J]. Journal of Banking & Finance, 2005, 29 (10): 2475-2502.

[217] KINDLEBERGER C P. International capital movements [M]. CUP Archive, 1987.

[218] KINDLEBERGER C P, ALIBER R Z. Manias, panics and crashes: a history of financial crises [M]. Palgrave Macmillan, 2011.

[219] KING R G, LEVINE R. Finance and growth: Schumpeter might be right [J]. The Quarterly journal of economics, 1993, 108 (3): 717-737.

[220] KING M, SENTANA E, WADHWANI S, Volatiltiy and links between

national stock markets [R]. National Bureau of Economic Research, 1990.

[221] KING M A, WADHWANI S. Transmission of volatility between stock markets [J]. The review of financial studies, 1990, 3 (1): 5 – 33.

[222] KIYOTAKI N, MOORE J. Credit cycles [J]. Journal of political economy, 1997, 105 (2): 211 – 248.

[223] KIZYS R, PIERDZIOCH C. Business-cycle fluctuations and international equity correlations [J]. Global Finance Journal, 2006, 17 (2): 252 – 270.

[224] KODRES L E, PRITSKER M. A rational expectations model of financial contagion [J]. The journal of finance, 2002, 57 (2): 769 – 799.

[225] KOOPMAN S J, LUCAS A, SCHWAAB B. Forecasting cross-sections of frailty-correlated default [R]. Available at SSRN 1113047, 2008.

[226] KREGEL J A. Margins of safety and weight of the argument in generating financial fragility [J]. Journal of economic issues, 1997, 31 (2): 543 – 548.

[227] KRKOSKA L. Assessing macroeconomic vulnerability in central Europe [J]. Post-Communist Economies, 2001, 13 (1): 41 – 55.

[228] KRUGMAN P. A model of balance-of-payments crises [J]. Journal of Money, Credit and Banking, 1979, 11 (3): 311 – 325.

[229] KRUGMAN P. Balance sheets, the transfer problem, and financial crises [M]. International finance and financial crises. Springer. 1999: 31 – 55.

[230] KRUGMAN P. What should trade negotiators negotiate about? [J]. Journal of Economic Literature, 1997, 35 (1): 113 – 120.

[231] KRUGMAN P R, DOMINQUEZ K M, ROGOFF K. It's baaack: Japan's slump and the return of the liquidity trap [J]. Brookings papers on economic activity, 1998 (2): 137 – 205.

[232] KWACK S Y. Factors contributing to the financial crisis in Korea [J]. Journal of Asian Economics, 1998, 9 (4): 611 – 625.

[233] KYLE A S, XIONG W. Contagion as a wealth effect [J]. The journal of finance, 2001, 56 (4): 1401 – 1440.

[234] LAGUNOFF R, SCHREFT S L. A model of financial fragility [J]. Journal of economic theory, 2001, 99 (1 – 2): 220 – 264.

[235] LAU L J. Sources of Long-Term Economic Growth: Empirical Evidence from Developed and Developing Countries [J]. Mimeograph, May, 1994.

[236] LAVOIE M. Minsky's law or the theorem of systemic financial fragility [J]. Studi Economici, 1986, 29 (3): 3 - 28.

[237] LEAMER E E. In search of stolper-samuelson effects on U. S. wages [R]: National Bureau of Economic Research Working Paper No. 5427, 1996.

[238] LEEPER E M. Equilibria under 'active' and 'passive' monetary and fiscal policies [J]. Journal of Monetary Economics, 1991, 27 (1): 129 - 147.

[239] LEHNERT A, PASSMORE S W. The banking industry and the safety net subsidy [R]. Finance and Economics Discussion Series 1999 - 34, Board of Governors of the Federal Reserve System (U. S.).

[240] LEVCHENKO A A, MAURO P. Do some forms of financial flows help protect against "sudden stops"? [J]. The World Bank Economic Review, 2007, 21 (3): 389 - 411.

[241] LEVINE R, LOAYZA N, BECK T. Financial intermediation and growth: Causality and causes [J]. Journal of Monetary Economics, 2000, 46 (1): 31 - 77.

[242] LI J, SULA O, WILLETT T D. A new framework for analyzing adequate and excessive reserve levels under high capital mobility [M]. China and Asia Routledge Studies in the Modern World Economy. Routledge New York. 2008: 230 - 245.

[243] LIN W-L, ENGLE R F, ITO T. Do bulls and bears move across borders? International transmission of stock returns and volatility [J]. Review of Financial Studies, 1994, 7 (3): 507 - 538.

[244] LONGIN F, SOLNIK B. Extreme correlation of international equity markets [J]. The journal of finance, 2001, 56 (2): 649 - 676.

[245] LONGIN F, SOLNIK B. Is the correlation in international equity returns constant: 1960 - 1990? [J]. Journal of international Money and Finance, 1995, 14 (1): 3 - 26.

[246] LONGSTAFF F A. The subprime credit crisis and contagion in financial markets [J]. Journal of financial economics, 2010, 97 (3): 436 -

[247] MARTíNEZ-JARAMILLO S, PéREZ O P, EMBRIZ F A, et al. Systemic risk, financial contagion and financial fragility [J]. Journal of Economic Dynamics and Control, 2010, 34 (11): 2358-2374.

[248] MASIH A M, MASIH R. Are Asian stock market fluctuations due mainly to intra-regional contagion effects? Evidence based on Asian emerging stock markets [J]. Pacific-Basin Finance Journal, 1999, 7 (3-4): 251-282.

[249] MASSON M P R. Contagion: Monsoonal effects, spillovers, and jumps between multiple equilibria [M]. International Monetary Fund, 1998.

[250] MATUTES C, VIVES X. Competition for deposits, fragility, and insurance [J]. Journal of financial intermediation, 1996, 5 (2): 184-216.

[251] MATUTES C, VIVES X. Imperfect competition, risk taking, and regulation in banking [J]. European Economic Review, 2000, 44 (1): 1-34.

[252] MCKINNON R I. Money and capital in economic development [M]. Brookings Institution Press, 2010.

[253] MEIRELLES A J, LIMA G T. Debt, financial fragility, and economic growth: a Post Keynesian macromodel [J]. Journal of Post Keynesian Economics, 2006, 29 (1): 93-115.

[254] MENDOZA E G, QUADRINI V. Financial globalization, financial crises and contagion [J]. Journal of Monetary Economics, 2010, 57 (1): 24-39.

[255] MENDOZA E G, QUADRINI V, RIOS-RULL J-V, On the welfare implications of financial globalization without financial development [R]: National Bureau of Economic Research, 2007.

[256] MILESI-FERRETTI G-M, TILLE C. The great retrenchment: international capital flows during the global financial crisis [J]. Economic policy, 2011, 26 (66): 289-346.

[257] MINSKY H P. The financial fragility hypothesis: capitalist processes and the behavior of the economy [M]. Kindleberger Charles P and Laffargue Édouard Challe, 1982.

[258] MINSKY H P, KAUFMAN H. Stabilizing an unstable economy [M].

McGraw-Hill New York, 2008.

［259］MISATI R N, NYAMONGO E M. Financial liberalization, financial fragility and economic growth in Sub-Saharan Africa [J]. Journal of Financial Stability, 2012, 8 (3): 150 – 160.

［260］MISHKIN F S. Lessons from the Asian crisis [J]. Journal of international Money and Finance, 1999, 18 (4): 709 – 723.

［261］MISHKIN F S, Monetary policy strategy: lessons from the crisis [R]: National Bureau of Economic Research, 2011.

［262］MISTRULLI P E. Assessing financial contagion in the interbank market: Maximum entropy versus observed interbank lending patterns [J]. Journal of Banking & Finance, 2011, 35 (5): 1114 – 1127.

［263］MODIGLIANI F, MILLER M H. The cost of capital, corporation finance and the theory of investment [J]. The American Economic Review, 1958, 48 (3): 261 – 297.

［264］MODY A, TAYLOR M P. Financial predictors of real activity and the financial accelerator [J]. Economics Letters, 2004, 82 (2): 167 – 172.

［265］MODY A, TAYLOR M P. International capital crunches: the time-varying role of informational asymmetries [J]. Applied Economics, 2013, 45 (20): 2961 – 2973.

［266］MUNDELL R A. A theory of optimum currency areas [J]. The American Economic Review, 1961, 51 (4): 657 – 665.

［267］MYERS S C, MAJLUF N S, Corporate financing and investment decisions when firms have informationthat investors do not have [R]: National Bureau of Economic Research, 1984.

［268］NAKAJIMA J, KASUYA M, WATANABE T. Bayesian analysis of time-varying parameter vector autoregressive model for the Japanese economy and monetary policy [J]. Journal of the Japanese and International Economies, 2011, 25 (3): 225 – 245.

［269］NELSEN R B. Correlation, regression lines, and moments of inertia [J]. The American Statistician, 1998, 52 (4): 343 – 345.

［270］NELSON D B. Conditional heteroskedasticity in asset returns: A new approach [J]. Econometrica: Journal of the Econometric Society, 1991, 347 – 370.

[271] NELSON D B. Stationarity and persistence in the GARCH (1, 1) model [J]. Econometric theory, 1990, 318 – 334.

[272] NWOGUGU M. Decision-making, risk and corporate governance: A critique of methodological issues in bankruptcy/recovery prediction models [J]. Applied Mathematics and Computation, 2007, 185 (1): 178 – 196.

[273] OBSTFELD M. A strategy for launching the Euro [J]. European Economic Review, 1998, 42 (6): 975 – 1007.

[274] OBSTFELD M. Intertemporal price speculation and the optimal current-account deficit [J]. 1983, 2 (2): 1 – 145.

[275] OBSTFELD M. The logic of currency crises [M]. Monetary and fiscal policy in an integrated Europe. Springer. 1988: 62 – 90.

[276] OTANI A. Client resistance in counseling: Its theoretical rationale and taxonomic classification [J]. Journal of Counseling & Development, 1989, 67 (8): 458 – 461.

[277] PANICO C. The causes of the debt crisis in Europe and the role of regional integration [J]. Political Economy Research Institute University of Massachusetts, 2010, 1 – 20.

[278] PARK Y C, SONG C-Y. Financial contagion in the East Asian crisis: With special reference to the Republic of Korea [M]. International financial contagion. Springer. 2001: 241 – 265.

[279] PARK S, PERISTIANI S. Are bank shareholders enemies of regulators or a potential source of market discipline? [J]. Journal of Banking & Finance, 2007, 31 (8): 2493 – 2515.

[280] PAVLOVA A, RIGOBON R, Wealth transfers, contagion, and portfolio constraints [R]: National Bureau of Economic Research, 2005.

[281] PERIA M S M. The impact of banking crises on money demand and price stability [J]. IMF staff papers, 2002, 267 – 312.

[282] PEROTTI E C, SUAREZ J. Last bank standing: What do I gain if you fail? [J]. European Economic Review, 2002, 46 (9): 1599 – 1622.

[283] PERSSON T, TABELLINI G. The size and scope of government:: Comparative politics with rational politicians [J]. European Economic Review, 1999, 43 (4 – 6): 699 – 735.

[284] PESARAN M H, PICK A. Forecasting random walks under drift insta-

bility [R]. DNB Working Papers 207, Netherlands Central Bank, Research Department, 2008.

[285] PETERSEN M A, RAJAN R G. The effect of credit market competition on lending relationships [J]. The Quarterly journal of economics, 1995, 110 (2): 407-443.

[286] PHILIPPE J, JOSEPH K S. Financial risk management, domestic and international dimensions [R]. Blackwell Business, 1996.

[287] PHYLAKTIS K, XIA L. Sources of industry and country effects in firm level returns; proceedings of the Money Macro and Finance (MMF) Research Group Conference 2004 (No 10), F, 2004 [C]. Citeseer.

[288] PINHEIRO J C, BATES D M. Unconstrained parametrizations for variance-covariance matrices [J]. Statistics and computing, 1996, 6 (3): 289-296.

[289] PRIMICERI G E. Time varying structural vector autoregressions and monetary policy [J]. The Review of Economic Studies, 2005, 72 (3): 821-852.

[290] QUANDT R E. The estimation of the parameters of a linear regression system obeying two separate regimes [J]. Journal of the american statistical association, 1958, 53 (284): 873-880.

[291] RADELET S, SACHS J D, COOPER R N, et al. The East Asian financial crisis: diagnosis, remedies, prospects [J]. Brookings papers on economic activity, 1998 (1): 1-90.

[292] RAJAN R G. Why bank credit policies fluctuate: A theory and some evidence [J]. The Quarterly journal of economics, 1994, 109 (2): 399-441.

[293] RAYMOND G. Financial structure and development [M]. New Haven: Yale University Press, 1969.

[294] REPULLO R, SUAREZ J. Credit markets and real economic activity: a model of financial intermediation [R]. Available at SSRN 6947, 1995.

[295] ROCHET J-C, TIROLE J. Interbank lending and systemic risk [J]. Journal of Money, Credit and Banking, 1996, 28 (4): 733-762.

[296] ROJAS-SUAREZ L, WEISBROD S. Banking Crises in Latin America: Experiences and Issues [J]. Banking Crises in Latin America, 1996, 3-21.

[297] ROTEMBERG J J, KRUGMAN P. Speculative attacks on target zones [M]. Cambridge: Cambridge University Press, 1991.

[298] SACHS J, TORNELL A, VELASCO A, Financial crises in emerging markets: the lessons from 1995 [R]: National bureau of economic research, 1996.

[299] SACHS J, TORNELL A, VELASCO A. The collapse of the Mexican peso: what have we learned? [J]. Economic policy, 1996, 11 (22): 13 -63.

[300] SALANT S W, HENDERSON D W. Market anticipations of government policies and the price of gold [J]. Journal of political economy, 1978, 86 (4): 627 -648.

[301] SALGADO R M, RICCI L A, CARAMAZZA F. Trade and financial contagion in currency crises [J]. Imf Working Papers, 2000, 00 (55): 1239 -1248.

[302] SARNO L, TAYLOR M P. Hot money, accounting labels and the permanence of capital flows to developing countries: an empirical investigation [J]. Journal of Development Economics, 1999, 59 (2): 337 - 364.

[303] SCHINASI G J, SMITH R T. Portfolio diversification, leverage, and financial contagion [M]. International financial contagion. Springer. 2001: 187 -221.

[304] SCHNEIDER M, TORNELL A. Balance sheet effects, bailout guarantees and financial crises [J]. The Review of Economic Studies, 2004, 71 (3): 883 -913.

[305] SCHUMACHER M L, BLéJER M M I. Central bank vulnerability and the credibility of commitments: a value-at-risk approach to currency crises [M]. International Monetary Fund, 1998.

[306] SETTERFIELD 0 M. Financial fragility, effective demand and the business cycle [J]. Review of Political Economy, 2004, 16 (2): 207 - 223.

[307] SIMS C A. A simple model for study of the determination of the price level and the interaction of monetary and fiscal policy [J]. Economic Theory, 1994, 4 (3): 381 -399.

[308] SIMS C A. Macroeconomics and reality [J]. Econometrica: Journal of

the Econometric Society, 1980, 1 -48.

[309] SMITH M B D, DE NICOLó M G, BOYD J H. Crisis in competitive versus monopolistic banking systems [M]. International Monetary Fund, 2003.

[310] STEIN J C, An adverse selection model of bank asset and liability management with implications for the transmission of monetary policy [R]: National bureau of economic research, 1995.

[311] STEIN J C. Securitization, shadow banking & financial fragility [J]. Daedalus, 2010, 139 (4): 41 -51.

[312] STRAHAN P, Liquidity production in 21st century banking [R]: National Bureau of Economic Research, 2008.

[313] STOCK J H, WATSON M. Dynamic factor models [R]. Oxford Handbooks Online, 2011.

[314] STOCK J H, WATSON M W. Forecasting using principal components from a large number of predictors [J]. Journal of the american statistical association, 2002, 97 (460): 1167 -1179.

[315] STOCK J H, WATSON M W, Implications of dynamic factor models for VAR analysis [R]: National Bureau of Economic Research, 2005.

[316] STOCK J H, WATSON M W. New indexes of coincident and leading economic indicators [J]. NBER macroeconomics annual, 1989, 4: 351 -394.

[317] STOCK J H, WATSON M W. Vector autoregressions [J]. Journal of Economic perspectives, 2001, 15 (4): 101 -115.

[318] SUBRAHMANYAM A, TITMAN S. Feedback from stock prices to cash flows [J]. The journal of finance, 2001, 56 (6): 2389 -2413.

[319] SUNDARARAJAN V, BALINO T T, BALIñO J T, et al. Banking crises: cases and issues [M]. International Monetary Fund, 1991.

[320] SYLLIGNAKIS M N, KOURETAS G P. Dynamic correlation analysis of financial contagion: Evidence from the Central and Eastern European markets [J]. International Review of Economics & Finance, 2011, 20 (4): 717 -732.

[321] TAYLOR J B. Discretion versus policy rules in practice; proceedings of the Carnegie-Rochester conference series on public policy, F, 1993 [C]. Elsevier.

[322] TAYLOR L, O'CONNELL S A. A Minsky crisis [J]. The Quarterly journal of economics, 1985, 100 (Supplement): 871 – 885.

[323] TEMZELIDES T. Evolution, coordination, and banking panics [J]. Journal of Monetary Economics, 1997, 40 (1): 163 – 183.

[324] THEODOSSIOU P, LEE U. Mean and volatility spillovers across major national stock markets: Further empirical evidence [J]. Journal of Financial Research, 1993, 16 (4): 337 – 350.

[325] TOPI J P, VILMUNEN J. Transmission of monetary policy shocks in Finland: evidence from bank level data on loans [R]. Working Paper Series 100, European Central Bank, 2001.

[326] TORNELL A, Common fundamentals in the Tequila and Asian crises [R]: National Bureau of Economic Research, 1999.

[327] VAN DEN HEUVEL S J. The bank capital channel of monetary policy [J]. The Wharton School, University of Pennsylvania, mimeo, 2002, 2013 – 2014.

[328] VAN RIJCKEGHEM C, WEDER B: Financial contagion: Spillovers through banking centers [R]. CFS Working Paper, 1999.

[329] VELASCO A. Financial crises and balance of payments crises: a simple model of the Southern Cone experience [J]. Journal of Development Economics, 1987, 27 (1 – 2): 263 – 283.

[330] VIJVERBERG C-P C. An empirical financial accelerator model: Small firms' investment and credit rationing [J]. Journal of Macroeconomics, 2004, 26 (1): 101 – 129.

[331] VON THADDEN E-L. An incentive problem in the dynamic theory of banking [J]. Journal of Mathematical Economics, 2002, 38 (1 – 2): 271 – 292.

[332] WALLACE N. Another attempt to explain an llliquid banking system: With sequential service taken seriously [J]. Federal Reserve Bank Minneapolis Quarterly Review, 1988, 3 – 15.

[333] WALLACE N. Narrow banking meets the Diamond-Dybvig model [J]. Federal Reserve Bank of Minneapolis Quarterly Review, 1996, 20 (1): 3 – 13.

[334] WANG P, MOORE T. Stock market integration for the transition economies: time - varying conditional correlation approach [J]. The Man-

chester School, 2008, 76: 116 – 133.
[335] WILLETT T D, NITITHANPRAPAS E, NITITHANPRAPAS I, et al. The Asian crises reexamined [J]. Asian Economic Papers, 2004, 3 (3): 32 –87.
[336] WILLMAN A. Devaluation expectations and speculative attacks on the currency [J]. The Scandinavian Journal of Economics, 1989, 97 – 116.
[337] WONG M-L, LICINIO J. Research and treatment approaches to depression [J]. Nature Reviews Neuroscience, 2001, 2 (5): 343 –351.
[338] WOODFORD M, Fiscal requirements for price stability [R]: National Bureau of Economic Research, 2001.
[339] WOODFORD M. Price-level determinacy without control of a monetary aggregate; proceedings of the Carnegie-Rochester conference series on public policy, F, 1995 [C]. Elsevier.
[340] YANG J, BESSLER D A. Contagion around the October 1987 stock market crash [J]. European Journal of Operational Research, 2008, 184 (1): 291 –310.
[341] YANG S-Y. A DCC analysis of international stock market correlations: the role of Japan on the Asian Four Tigers [J]. Applied Financial Economics Letters, 2005, 1 (2): 89 –93.
[342] YUAN K. Asymmetric price movements and borrowing constraints: A rational expectations equilibrium model of crises, contagion, and confusion [J]. The journal of finance, 2005, 60 (1): 379 –411.
[343] ZARAZAGA C. Exchange rates: fixed, pegged, or flex? Should we care? [J]. Southwest Economy, 1997, 11: 9 –10.
[344] ZICCHINO L. A model of bank capital, lending and the macroeconomy: Basel I versus Basel II [J]. The Manchester School, 2006, 74: 50 – 77.
[345] ZHANG M Z. Speculative attacks in the Asian crisis [M]. International Monetary Fund, 2001.